JN301420

〔改訂版〕
交通学の視点

Viewpoint of Transportation Theory

生田保夫

流通経済大学出版会

改訂にあたって

　本書の初版が刊行されて既に数年が経ち、意外の好評を得て今日に至っているが、その間、世紀の転換期にあって様々な分野で大きな変化が起きていることは周知の通りである。情報化の進展、社会のグローバルな展開、とりわけ環境問題に対する認識の高まりは、これまでの領域を超えて地球環境という人類生存の基礎に関わる問題として、あらゆる分野から考察、検討を加えなければならない課題であることが強く叫ばれるようになってきた。この度の改訂にあたっては、主にこの問題を念頭に、交通学の立場からは、どのような理解、接近が必要であるかに焦点を当てようとしている。殊に、社会の諸活動がグローバルなネットワークの中に展開する時代にあって、交通量、交通距離は増大する一方であり、この問題に対して何らかの形で交通学の立場から、問題を提起し、処方の鍵を明らかにしていくことが必要になっているからである。科学・技術の進歩、産業・経済の発達、異文化の相互交流、等々、これらは人間社会の発展を端的に表す諸現象であるが、それは一方で膨大な資源需要を生み、最大の供給母体である地球資源環境を大きく変貌させて、近未来の生活にさえ危惧を抱かせるようになってきた。こうした状況にあって、人類は改めて生存と社会のあり方に地球科学的な視野に立った新たな選択が必要なことに気付き始めたのである。昨今、急速に理解を深めつつある循環型社会とは、正にそのことに注目した次代のあるべき姿を意識した社会様態に他ならない。そして、人間社会におけるその循環の場こそが交通過程そのものであることの意味を深く理解していかなければならないのである。本書が、こうした問題に対して新たな展望を描く一助ともなれば幸いである。

　なお、改訂にあたっては、懇切な御配慮を戴いた流通経済大学出版会の加治紀男事業部長に、厚く謝意を表する次第である。

我孫子にて、著者しるす

序

　人間社会の諸活動は、すべて何らかの形で人、物、情報の場所的移動を通じて行われている。今日、われわれの社会はグローバルな移動空間の中でさまざまな交流が行われ、ダイナミックな発展を遂げているが、それらはこの移動行為すなわち広い意味での交通を行うためのさまざまな手段が開発されることによって可能になってきた。この「交通」という行為を対象として、その特性を分析、解明していくことは、交通が人間社会の中で如何に基本的な行動として存在しているかを理解する機会を与え、それを社会の中により効果的に組織化していくことの必要性を改めて強く認識させることにもなる。そうした意味からも、交通は種々、さまざまな観点からする接近方法を通じて研究されねばならない存在であるといえよう。本書はこうした見地から交通の本質を明らかにしつつ、それが社会の中に如何に位置づけられ評価、発展されていくべきかを理解する上での視点を与えることを展望している。本書を通じて交通の分野に新たな理解を得る機会が広がれば幸いである。

　なお執筆にあたり、この分野に対する認識に適切な御指針をお示し戴いた明治大学名誉教授麻生平八郎先生、流通経済大学名誉教授中島勇次先生に心から感謝申し上げると共に、刊行に際し御寛容を戴いた流通経済大学佐伯弘治学長、ならびに懇切な御配慮を戴いた大学出版会の加治紀男事業部長に改めて謝意を表する次第である。

龍ヶ崎にて、著者しるす

目　次

第1章　交通の本質と意義 …………………………………………………………… 1
　第1節　交通の定義 ………………………………………………………………… 2
　第2節　交通の発達 ………………………………………………………………… 3
　第3節　交通システム形成の基軸分化 …………………………………………… 5
　第4節　産業革命と資本主義―交通体系の革新― ……………………………… 10
　第5節　国民経済の成長と交通 …………………………………………………… 14
　第6節　価値観の多様化と交通 …………………………………………………… 18
　第7節　情報化社会と交通 ………………………………………………………… 21

第2章　交通サービス ………………………………………………………………… 26
　第1節　交通と交通サービス ……………………………………………………… 26
　　Ⅰ　交通サービスの即時性 …………………………………………………… 26
　第2節　交通サービス生産要素 …………………………………………………… 29
　　Ⅰ　通　路 ……………………………………………………………………… 30
　　Ⅱ　運搬具 ……………………………………………………………………… 32
　　Ⅲ　動　力 ……………………………………………………………………… 33
　　Ⅳ　結節機能要素 ……………………………………………………………… 34
　　Ⅴ　エネルギー ………………………………………………………………… 37
　　Ⅵ　情　報 ……………………………………………………………………… 38
　　Ⅶ　労働力 ……………………………………………………………………… 40
　第3節　交通サービスの質評価 …………………………………………………… 42
　　Ⅰ　即時財としての基本的評価条件 ………………………………………… 42
　　Ⅱ　評価および評価因子 ……………………………………………………… 44
　　　1　場所（位置）因子 ………………………………………………………… 44
　　　2　時間因子 …………………………………………………………………… 44
　　　3　交通サービス生産要素因子 ……………………………………………… 45

　　　　4　交通サービス生産・供給システム因子 …………… 46
　　　　5　費用因子 ………………………………………………… 50
　　　　6　制度因子 ………………………………………………… 51
　　　　7　環境因子 ………………………………………………… 56

　第3章　交通サービスの生産・供給と需要 ………………………… 62
　　第1節　交通サービス生産・供給の基本特性 ………………… 62
　　第2節　交通システム形成の諸条件 …………………………… 66
　　　Ⅰ　技術的条件 ……………………………………………… 66
　　　Ⅱ　経済的条件 ……………………………………………… 68
　　　Ⅲ　制度的条件 ……………………………………………… 72
　　第3節　交通システムの形成基軸 ……………………………… 73
　　第4節　交通需要の基本特性 …………………………………… 77
　　第5節　交通需要の弾力性 ……………………………………… 80
　　　Ⅰ　交通需要の運賃・料金弾力性と交通費弾力性 ……… 82
　　　　1　運賃・料金弾力性 ………………………………… 82
　　　　2　交通費弾力性 ……………………………………… 84
　　　Ⅱ　交通需要の所得弾力性 ………………………………… 85
　　　Ⅲ　交通需要の質弾力性 …………………………………… 86
　　　Ⅳ　交通需要の交差弾力性 ………………………………… 87

　第4章　私的交通 ……………………………………………………… 90
　　第1節　私的交通の定義 ………………………………………… 90
　　第2節　私的交通システムと交通市場 ………………………… 94
　　第3節　私的交通と公共交通システム ………………………… 97
　　第4節　私的交通システムの限界 ……………………………… 99
　　第5節　情報化社会と私的交通 ………………………………… 101
　　　Ⅰ　情報化社会の諸条件 …………………………………… 101

Ⅱ　交通需要の多様化 …………………………………………… 102
　　　Ⅲ　私的交通化の促進 …………………………………………… 104
　第6節　ネットワークの経済と私的交通 ………………………………… 106

第5章　交通と市場メカニズム ………………………………………………… 113
　第1節　市場対象と範囲 …………………………………………………… 113
　　　Ⅰ　対象の整理 …………………………………………………… 114
　　　Ⅱ　範囲の問題 …………………………………………………… 117
　第2節　交通市場の供給構造 ……………………………………………… 120
　　　Ⅰ　参入の目的・形態 …………………………………………… 121
　　　Ⅱ　経営構造とその展開 ………………………………………… 123
　　　Ⅲ　費用構造の問題 ……………………………………………… 126
　　　　　1　通　路 …………………………………………………… 127
　　　　　2　結節機能要素 …………………………………………… 128
　　　　　3　運搬具・動力 …………………………………………… 128
　　　　　4　労働力 …………………………………………………… 129
　　　　　5　エネルギー ……………………………………………… 131
　　　　　6　情　報 …………………………………………………… 132
　第3節　経営の組織形態 …………………………………………………… 133
　　　Ⅰ　公共性と経営形態 …………………………………………… 134
　　　Ⅱ　公共性課題の市場接合 ……………………………………… 137
　第4節　交通市場における独占と競争 …………………………………… 141
　第5節　コンテスタビリティ理論と交通市場 …………………………… 144

第6章　運賃・料金の問題 ……………………………………………………… 150
　第1節　基本的役割 ………………………………………………………… 150
　　　Ⅰ　需要側面からの評価 ………………………………………… 150
　　　Ⅱ　供給側面からの論点 ………………………………………… 152

Ⅲ　社会的側面 …………………………………………………… 156
　　　　1　公共性との関係 ………………………………………… 156
　　　　2　資源の適正配分への貢献 ……………………………… 158
　　　　3　所得の再分配機能 ……………………………………… 158
　　　　4　外部性の問題 …………………………………………… 159
　第2節　運賃・料金形成理論 ………………………………………… 160
　　　Ⅰ　価値基準に基づく運賃・料金 ………………………………… 161
　　　　1　価値説と負担力主義運賃・料金 ……………………… 162
　　　　2　負担力主義と差別運賃・料金 ………………………… 164
　　　　3　差別運賃・料金と費用論争 …………………………… 166
　　　　　　―ピグー・タウシッグ論争― ………………………… 166
　　　Ⅱ　費用基準に基づく運賃・料金 ………………………………… 170
　　　　1　交通サービスの生産費 ………………………………… 170
　　　　2　運賃・料金と生産費の結合軸 ………………………… 173
　第3節　平均費用・限界費用価格形成原理と運賃・料金 ………… 180
　　　Ⅰ　価格形成理論と運賃・料金―費用との整合― ……………… 180
　　　Ⅱ　限界費用価格形成原理適用の現実的修正
　　　　　　―ホテリングの提唱とセカンド・ベスト理論― ………… 182
　　　　1　H.ホテリングの提唱 …………………………………… 182
　　　　2　セカンド・ベスト理論―ラムゼイ価格― …………… 183
　第4節　運賃・料金形成の諸因子 …………………………………… 186

第7章　交通と公共性―公共性基準の問題― ……………………………… 195
　第1節　公共性課題への接近 ………………………………………… 195
　　　Ⅰ　目的と対象 ……………………………………………………… 195
　　　Ⅱ　基準および担い手 ……………………………………………… 196
　　　　1　公共性基準の問題 ……………………………………… 197
　　　　2　公共性課題の分担 ……………………………………… 199

目 次

第2節　交通権の問題 …………………………………… 202
　Ⅰ　交通権の概念と位置づけ …………………………… 202
　Ⅱ　交通権の実現 ………………………………………… 203
　　1　移動の自由 ………………………………………… 204
　　2　移動できることの自由 …………………………… 205
　Ⅲ　交通権と公共性課題 ………………………………… 206
第3節　公共交通システムと私的交通システム ……… 207
　Ⅰ　公共交通システムの役割分担 ……………………… 207
　Ⅱ　私的交通システムの役割 …………………………… 209

第8章　地域と交通 ……………………………………… 214
第1節　社会活動の地域性 ……………………………… 214
　Ⅰ　地域と社会形成 ……………………………………… 214
　Ⅱ　分析視点 ……………………………………………… 215
　Ⅲ　立地の選択 …………………………………………… 217
　　1　資源因子 …………………………………………… 217
　　2　環境因子 …………………………………………… 218
　　3　社会関係因子 ……………………………………… 218
　　4　交通因子 …………………………………………… 219
　　5　費用因子 …………………………………………… 219
第2節　地域社会の形成と交通 ………………………… 220
　Ⅰ　交通に対する地域的認識 …………………………… 220
　Ⅱ　ネットワーク化と集積効果 ………………………… 222
　Ⅲ　交通投資と地域社会の成長 ………………………… 222
第3節　地域社会と交通調整 …………………………… 226
　Ⅰ　地域社会の秩序パラダイム ………………………… 226
　Ⅱ　交通調整システムの選択 …………………………… 227
　Ⅲ　私的交通システムの位置づけ ……………………… 229

Ⅳ	調整への意思決定	231
第4節	交通需要マネジメントの課題	232
Ⅰ	交通需要マネジメントの論点	232
Ⅱ	ＴＤＭシステム形成の基軸整理	235
Ⅲ	ＴＤＭの手法選択	236
Ⅳ	ＴＤＭと市場機能の導入	239
1	交通サービス需給への直接対応	240
2	交通サービス生産要素対象の市場化とＴＤＭ	242

第9章　交通と環境問題 …………………………………………… 245
　第1節　文明史的新たな選択 ……………………………………… 247
　第2節　交通学の視点と環境問題 ………………………………… 251
　第3節　交通システムの環境対応性 ……………………………… 256
　　Ⅰ　環境因子導入への評価因子別接近 ………………………… 256
　　　1　場所（位置）因子・時間因子の問題 …………………… 256
　　　2　交通サービス生産要素因子における環境対応 ………… 257
　　　3　交通サービス生産・供給システム因子における環境対応 … 258
　　　4　費用因子の環境認識 ……………………………………… 260
　　　5　制度因子の役割 …………………………………………… 261
　　　6　環境因子の設定 …………………………………………… 262
　第4節　環境指標―地球環境への対応、資源費用概念の導入― ………… 263
　　Ⅰ　資源費用の意味と位置づけ ………………………………… 264
　　Ⅱ　交通費用の資源費用的認識 ………………………………… 266
　　Ⅲ　交通過程増大と資源費用 …………………………………… 268
　第5節　環境負荷因子拡散の抑止と交通 ………………………… 269
　　Ⅰ　地域環境から地球環境への展開 …………………………… 269
　　Ⅱ　環境負荷因子拡散の抑止と交通学的認識 ………………… 271

第10章　交通政策 …………………………………………… 275
　第1節　交通政策の任務 ……………………………………… 275
　　Ⅰ　基本的視点 …………………………………………… 275
　　Ⅱ　交通システム形成基軸と交通政策 ………………… 277
　第2節　公共性と交通政策 …………………………………… 278
　第3節　私的交通システムと交通政策 ……………………… 280
　　Ⅰ　私的交通における政策的課題 ……………………… 281
　　Ⅱ　情報化社会と私的交通政策 ………………………… 282
　　Ⅲ　私的交通システムの政策的方向 …………………… 285
　第4節　市場形成と交通政策 ………………………………… 285
　　Ⅰ　市場形成と交通政策の対象 ………………………… 285
　　Ⅱ　市場特性と交通政策 ………………………………… 287
　　Ⅲ　競争の問題と交通政策 ……………………………… 289
　第5節　環境問題と交通政策 ………………………………… 291
　第6節　交通政策の総合性 …………………………………… 294
　　Ⅰ　総合性の問題 ………………………………………… 294
　　Ⅱ　調整の問題 …………………………………………… 296
　　Ⅲ　規制の問題 …………………………………………… 299

　参考文献 ………………………………………………………… 303
　索　引 …………………………………………………………… 313

第1章　交通の本質と意義

　われわれは個人、組織それぞれの形で持つ意思を何らかの手段、方法で実現するためにさまざまな工夫を行い続けている。人間社会の歴史はそうしたことの不断の展開であり、またその中に一定の法則性を見出そうとする努力の積み重ねである。われわれはこうした動きの中でそれぞれの価値判断にしたがって行動しているが、そこにはやはり一定の共通した様相があって、それを抽出することによって分類、整理し、理論化を施しながら、さまざまなシステムを形成し、その展開の上に発展を重ねてきた歴史の実践者に他ならない。こうした見方に立って社会の諸現象を分析していくと、それらは明らかに一つのはっきりした不可欠の実体的行為を基礎にしていることを認識させられる。それは時間と場所という物理的条件に関わる問題の克服を基礎的前提としているということである。

　人間社会のあらゆる事象が主体と客体との相互関係における時と場という空間因子に規定されている事実を知るとき、この関係を対象とした専門的かつ科学的研究の重要性が理解されてくる。社会科学の一端に、交通学が成立することの意味がここにある。

　われわれの行動が場所と時間という絶対的な物理的制約に規定され、その制約を如何に克服していくかということは、余りに基本的なことであるがために、かえって科学的研究の対象として等閑視してしまうことさえあることを注意しなければならない。

　交通とは何か。この問題を解明することが本書の目的である限り、この段階で直ちに正鵠を得た解答を与えることはできない。しかし、若干触れてきたように、人間社会の活動が時と場の条件の中に絶対的に規制されているという関係を捉えることによって、取りあえずこの問題に関する議論を進めていくため

の輪郭を明らかにしておくことはできるであろう。

第1節　交通の定義

　交通は物理的条件を基礎にしているとはいえ、単にそれだけのものとして移動現象全般に敷えんして解釈されるものではない。
　第1に、それはあくまでも人間社会における主体的な意思展開に関わって規定される性質のものであるということである。このことは交通の問題を論ずる場合における最も基本的な認識であり、この点を欠いている場合には、交通の概念の中に含めることはできない。その意思の発現が個人、組織・集団あるいはどのような種類、性質のものであるかは問うところではないが、いずれにしても、そうした意思によって直接、間接に制御された移動現象に焦点を合わせた、われわれ自身の主体的行為であるということに基本的性格がある。
　第2に、交通は人間の意思に由来した移動行為に他ならないが、それは何らかの客体との関係において成立する。一般的に分類すれば、人、物、情報の3種がこれにあたる。人は、それ自体、意思の発現者であるが、同時に、自身、他者は別にして、人を通じて意思の実現が行われるという展開があるということである。それに対し、物は最も一般的な対象として、それとの関係の中で意思の実現を図るという構図はより理解し易い。そして、いま一つこの過程で重要な役割を果たすのが情報である。情報はそれ自体としては必ずしも主体者意思の要求を直接に充たすものとは限らないけれども、意思実現過程のあらゆる展開に合目的方向性を与えるための不可欠の対象である。したがって情報の移動についても当然に第3の交通態様として含めて考えなければならない。これは通信という表現で述べられることも多いが、情報の交通ははるかに広い範囲にわたって展開していることを考えておかねばならない。より正確には、すべての交通過程は何らかの形で情報交通を伴って行われているということこれである。

第1章　交通の本質と意義

　第3に、交通は移動という行為を基礎とする概念として、場所と時間という二つの因子が必ず関わってくることは先に述べたとおりである。第一次的には前者すなわち場所の移動がポイントになるが、それは当然に時間の移動と不可分の関係にあるから、交通の問題を論ずる場合には、この二つが必ず重要な規定因子として現われてくる。ただ、交通は場所の移動ということに主眼が置かれているから、定義上は場所的移動という表現を使うのが普通である。そして、それは位置（場所）の効用に関する行為として理解されていく(1)。位置はそれ自体ですでに空間的関係の中で効用を形成する最も重要な基本的要素の一つである。交通過程はその変化を通じて客体である交通対象の価値を変化させる過程である。交通の問題が経済的側面から接近する場合に最も論理的分析がし易くなるというのもこうした関係に由来する。

　以上のような点を考慮しながら、交通の概念を整理し、定義すると次のようになろう。すなわち、交通とは、人間社会において、個別主体がそれぞれの価値基準に基づき、人、物、情報の場所的移動を通じて、価値実現を図る実体過程である。

第2節　交通の発達

　交通が人間社会におけるさまざまな価値基準に基づいた意思の実現過程を担う基礎としてあると理解されたとき、われわれの歴史の中で、それがどのような展開を示してきたかを概観しておくことは重要なことである。むろん、ここでの目的は各地域、各時代の様相をとらえようとするものではない。ポイントは交通が歴史の展開の中でどのような役割、存在を示してきたかを確認することにある。

　端的にいって、われわれの歴史は人、物、情報の場所的移動という交通現象の連続的な展開過程の中から形成されてきたといってよい。個々の事象すべてに、それぞれ何らかの形の交通手段の存在と発達が基礎にあるということ、正

にこのことである。「動く」ということ、この一事こそがわれわれの生存の基点であることを考えれば、あらゆる人類史の展開が、それを保証する交通手段の如何によって規定されてきたことは言をまたない。ある意思を現実の場に実体化しようとするとき、それに関わる客体、人、物、情報がそれぞれに持つ場の不足条件を移動を通じて、より充足された状況を補償、実現する手段として、交通手段の発達は時に極めて象徴的に顕在化する。いわゆる交通革命といった現象を示すことがあることは周知のとおりである。そして、そのような状況が現われる時代は、他の時代に比してより一層、空間的拡大を期待する人間の意思が社会の主要な指向因子として広がりつつあるのが普通である。

　文明発祥の歴史を見るとき、それは明らかに交通の要衝に地の利を得ていたのであり、その後の人間社会のさまざまな現象は交通関係の展開を基礎にした歴史に他ならない。特に、ルネサンス時代以降の世界史の動きは、地理的な広がりを求めるさまざまなモティベーションが、それを実現する交通手段の不断の発達を促してきた。所謂、大航海時代の幕開けはそれを象徴するものであり、重商主義、植民地獲得競争、さらには資本主義時代の到来を大きく展望して、その技術的基礎を確立していく産業革命の時代、そして今日に至る一連の技術開発は常に交通手段の飛躍的な向上を促してきた。殊に市民社会の成立と共に国民国家を単位とした国民経済の形成、発展は、基本的人権としての交通権に対する意識の拡大と共に、内外における地域間交通の飛躍的な成長を促す土壌を与えることとなった。封建遺制を急速に脱脚していく姿は、この一連の展開の中に顕著に現われていく。正しく交通の展開は、その時代の社会構造を最も端的に実証する現実の場に他ならない。

　国民経済の成長は、同時に資本主義経済の成長という時代の基軸を背景にしてきたことは、交通問題を分析する際に重要な課題を提起してきた。さらに資本主義の無国籍性は、国境を越えた市場の拡大を求めて国際社会にネットワークを持つ交通圏の不断の拡大を要求するモティベーションを与えてきたことは周知のとおりである。それは明らかに近代史に現われてきた一つの特徴的な交通現象であった。そしてさらに、資本主義という経済基軸を越えて産業・経済

の発達は技術の不断の発展と相関しつつ交通圏の連続的な拡大を促してきた[2]。

実際、交通が価値実現の実体過程であるという本質から、社会のあらゆる場面で人間の欲求行動の現象形態として、技術的条件が整備されれば直ちに何らかの展開を示す起動性を持っている。そして資本主義と国民経済という二つの軸は、経済成長の縦軸と横軸として交通空間の飛躍的拡大に顕著に結びつく動機を与えてきたという点で、歴史的意味が特に大きく評価される。そして市場メカニズムはそれらを効率的に作動させる装置として今日の経済社会をダイナミックに動かしている。

このメカニズムが分業に基づく高度の専門化と競争の促進によって高い水準の付加価値形成構造を実現する装置であることは周知のとおりである。それが交通システムの能力に基本的に規定されていることは改めて指摘するまでもない。

こうした社会の変化の中で要請されたさまざまな交通システムの展開過程は、そこで形成されてきた種々の交通機関のライフサイクルが描く軌跡に他ならない[3]。殊に高度な技術的な変化はこのライフサイクルに断層的な変化をもたらす革新の時代をもたらしてきた。先にも触れた交通革命と呼ばれる時代は、正に交通過程が社会の価値実現システムに大きくインパクトを与えることによって、それまでとは異なった水準での社会構造の展開が起動し始める歴史的過渡期を形成する。例えば、経済が離陸するといった例は端的な例で、それを可能にする交通システムの整備が着実に進んでいなければならない。そうした関係を立証する歴史的事象は枚挙にいとまがない。

第3節　交通システム形成の基軸分化

すでに明らかなように、われわれの行動はそれがどのような意思によるものであれ、それを実体化させる過程として交通過程を経なければ実現することは

できない。しかも、その展開は一様ではなく、極めて多岐にわたる交通形態となって現象しているということである。歴史的な動きの中で取り上げられているさまざまな交通現象も、実はそうした展開現象のある特徴的な部分の人、物、情報の移動現象をとらえて議論しているのが普通である。このことは交通を対象として研究を行う場合に、特に注意しておかねばならないことである。むろん、どのような交通現象であれ、そこに内在する本質においては基本的に共通するものがあることはいうまでもない。留意すべきことは、そうした本質を抽出する分析、理論化の過程で、対象とされる交通の現象的特殊性に何らかの形で影響され、バイアスが掛かることである。重要なことは、むしろ交通現象の多くが交通という概念意識の中ではとらえられていないということである。そのことから来る対象選択の特殊化が、この問題を生み易くさせているということに特に注意しておく必要があるということである。

　いい換えれば、交通の研究はまず最初にこの対象に関する認識の整理が必要だということである。それが先に示した交通の定義から引き出される当然の認識であることは改めて指摘するまでもない。いずれにしても、交通過程は幾つかの条件が重なった時、その基本的性質が極めて特徴的な形で表面に現われてくることによって、その本質と重要性を再認識させられる局面となる。殊に市場経済が強力に社会の核として展開している時代にあっては、その空間的条件のあり方から交通条件に対する要請は連続的かつ普遍的に拡大しており、有機的に構築されたより質の高い交通サービスを供給できる大規模な交通体系の形成が不可欠になってくる。こうした動きの中で、交通システム形成における核となる幾つかの基軸が明らかになってくる。

　交通が人間の意思発現を動機とした価値実現の実体行為として、不可欠の物理的過程である以上、生存の第一次的基礎要件であることはいうまでもない。したがって、その目的如何にかかわらず、交通を実施するための手段を確実なものにしておかねばならない。交通システム形成の基軸選択は、正にこの点の認識評価に鋭く規定されているといってよい。

　すでに明らかなように、この極めて簡明な関係から第一次的には、個別主体

第 1 章　交通の本質と意義

自身の交通能力が排他的にかつ可及的に自己の交通需要を充足する状態にあるようなシステム形成基軸に選択が行われるはずである。自家用交通システム、より包括的に表現すれば私的交通システムと呼び得る形成基軸がそれである。実際のところ、生来の機能として移動する能力を持つ人間は、一定の私的交通システムを所与のものとして存在しているのが普通であり、この発展型としてのシステムが、あらゆる意味でここでの対象となっていることは明らかである。人間社会が築いてきた歴史の大部分は、このシステムの領域内で刻まれてきたものである。その意味で私的交通システムが交通システム形成の最も基本的な基軸として交通を論ずる場合の第一次的対象でなければならない。

しかし、私的交通システムは一方でその基本的特性それ自身が交通能力向上の制約条件としても働くことに注視しなければならない。多くの点で技術的にも、経済的にも個別私的能力の範囲で達成し得る交通能力には限界があり、また個々それぞれの格差が著しい。こうした制約は社会の発展過程において、それを著しく阻害する因子として働くことになりかねない。いい換えれば、交通システムが社会全体を有機的に結合し、かつそこに立地する各個別主体の意思実現が可及的に行い得るような共通の目的に沿った基軸によって、体系的に形成されていくような関係が必要だということである。

「共通の目的」に沿った基軸は、一般に公共性（common, public）基準という概念の中で論じられる。むろん、ここでの公共性とは、特定の機関によって規律、運営される組織原理といったような狭義の枠組ではない。特定の個別主体のみの交通需要を対象とした交通システムの形成基軸に対置する広義の概念枠を指向していると理解すればよい。可及的に多数の交通需要者を対象とした交通システムの形成基軸、すなわちこれである。公共機関によって組織、運営される狭義の所謂「公共交通機関」は、不特定多数の交通需要者を対象とした公共性の最も高いシステムではあるが、それはこの基軸下に形成されるシステムの端的な一例であるに過ぎない。社会における交通システムの形成基軸として公共性基準の持つ意味は、より広い弾力的な概念枠として存在している。いい換えれば、交通システムは、私的システムと公共性基準という二つの基軸を

両軸にして有機的な価値実現のネットワークを形成、発展させてきた歴史をたどってきたということである。

しかし、こうした社会の交通システムに共通の需要を対象とした公共性基準が一般化し、有効に作動し始めた歴史はそれほど古いものではない。むしろ極めて限られた目的に対して社会に組み込まれるという特殊性の中に推移してきた歴史の方がはるかに長い。それらは主として政治、軍事といった優れて巨視的広域性を特徴とする本来的に社会全体を対象とした組織経営に関わる交通需要が対象であった。いい換えれば、社会を構成する大部分の成員、個別主体の需要条件はある部分を除けば、基本的には私的交通システムの範囲で達成される価値実現構造を成してきたということである。

確かに、陸路あるいは海路において長遠な交通路が開かれ、地域特産の交易活動が始まった歴史は古い。例えば、すでに前数世紀の時代にヨーロッパからアジアにかけて陸つづきの交通路が開かれており、また、一世紀頃には、地中海から紅海、ペルシア湾を経て、アラビア海からインドに達する海路も開かれ、ギリシア系商人が季節風を利用して活発に交易活動を行っていたことが知られている。オアシスの道あるいは海の道として世界史を彩るグローバルな交通の展開である。殊に前者は「絹の道」シルク・ロードとドイツ人地理学者リヒトホーフェンの命名になって余りにも有名である。あるいはまた、近代ヨーロッパの幕開け、ルネサンスの時代を境として始まる大航海時代、そこで行われていた交通は、交通需要者とそれを実施する者とが依然として未分化な私的交通システムの大規模な展開として行われていたものである。交易活動において商人が自ら輸送活動に携わるものとして商人輸送、マーチャント・キャリア (merchant carrier) と呼ばれる形態であった。実動の大部分は商品の輸送という行為にあるわけで交通史の上から見て重要な輸送形態ではあるが、交通を専門に行う事業者として存在していたわけではない。そうした交通業として独立した存在は、陸上、内航といった分野で比較的小規模な形で行われていたに過ぎなかった。近代市民社会への歴史的過渡期という社会構造の中では、社会活動の大半は私的交通システムの範囲で足りていたし、また、経済構造も再生

第 1 章　交通の本質と意義

産圏に限界があって安定的な大量の交通需要が専門の交通事業者の大規模な発生を促す段階になかったというのが実態であった。むろん、情報交通の領域ではかなり早い時代から専業化が見られていたが、それも量的には限られたものでしかなかった。

　交通機関が社会的に独立の機関として発達していく条件は、経済活動を中心に社会の日常的な展開が個別の交通能力を越えた範囲にまで拡大する社会構造の成長が必要である。それは分業が社会の再生産体系の骨格となっていく時代の発展段階を意味する。歴史的には、18世紀産業革命の時代を経てさまざまな技術が経済構造に飛躍的革新をもたらす中で急速に進行していく時代が大きな契機となっている。産業の多元化、殊に工業の発達は分業とそれに基づく一連の再生産過程に生ずる位置差の克服という課題を大きく社会全体の問題として浮き上がらせてきた。生産要素の空間的位置を克服して安定した再生産構造を構築し、経済循環の持続的発展を図ろうとする時、最も難しい課題が交通距離の増大とその能力向上の解決という問題である。産業革命は、正にそうした課題に対する技術的条件の克服に解答を与える歴史的エポックを現出させた。実をいえば、18世紀の中頃から展開し始めるこの動きは、今日さらには次世紀へと続く激しい人類史の躍動に他ならない。その一連の動きの中で展開されてきた科学技術の発達は、大きく社会のパラダイムを変貌させてきた。そして、その展開の中で最も大きなインパクトを社会的にもたらしてきたのは、交通技術の飛躍的な向上による行動空間の広がりであった。それは紛れもなく交通革命の時代と呼ぶに相応しいダイナミックな歴史的展開である。人、物、情報という諸資源が効率的な交通システムの下に形成された有機的ネットワークの中に組織化された時、それが如何に激しい展開を見せるかということを立証する壮大な実験の歴史であるといって過言でない。

　こうした動きの中で、交通需要の増大、就中、大量に安定した需要が社会的分業を支えるインフラストラクチュアとしての交通システムを要求するようになってくる。交通が単に特定個別主体の私的な価値実現を果たすための手段としてではなく、社会のさまざまな成員から社会的分業関係の中で共通に要請さ

れる交通需要の充足を図るために必要な交通システムの形成が不可欠になる。こうした社会的要請は交通サービスを専門に供給する交通事業の成立を促す。先に述べたコモンの概念の中で成立する交通システムの形態である。これを一般にコモン・キャリア（common carrier）という呼び方をしている。ここでのコモンの概念が社会的に共通な必要性の中に性格づけられた存在であって特定の組織形態に限定されたものでないことは既に触れたとおりである。したがって、公共機関が管理運営する大規模な形態から、私企業の形で組織される経営形態をとるものといったように供給システムにはさまざまな形態があり得る。その意味でコモン・キャリアを公共交通機関と訳すと認識上、差異が生ずるかもしれない。むろん、最もコモン性の高いシステムの形成はそうした上位機関によって組織されるものに違いないが、コモン・キャリアとはそれらを含めたより広義の交通システムとして理解されるものである。いずれにしても、コモン・キャリアの存在が社会的に一般的に要請される時代の構造は、産業革命を契機とした技術開発の上に大きく開花した。

第4節　産業革命と資本主義－交通体系の革新－

　産業革命は社会の活動、殊に経済活動の発展に不可欠な技術的条件を高め、付加価値の高い再生産体系の形成に著しいインパクトを与えた。それは時代の思潮が潜在していた個々の能力を顕在化させる社会的背景となって脈動し始めた時期と相関している。そして、その思潮は経済活動の中で資本主義という意識構造となって成長していったことは周知のとおりである。
　資本主義はその生成過程が示すように、人間の本性を顕著に反映した経済意識であるから、それを可能にする社会的背景の醸成が不可欠であった。ヨーロッパ社会で育ったこの意識が、ルネサンス、啓蒙思想の時代を経て開花されてきた個人という存在への覚醒の上に成長してきたことは、よく知られているとおりである。その意味で資本主義は近代史を象徴する時代の申し子であるとい

第 1 章　交通の本質と意義

ってよい。

　その同じ時代背景が産業革命を誘引し技術的条件を整備していったことは、前述のとおりである。資本主義と産業革命、これを車の両輪として市民社会が国民経済という枠組を与えられた時、社会は資本主義的生産様式という経済の仕組を軸として国際間の激しい競争の渦の中に巻き込まれていくことになる。それは今日に至る歴史の基調であるといってよい。⁽⁴⁾

　資本主義という優れて時代の背景に彩られた歴史性の強い経済の基軸は、人間の利益追求の社会的表象である。そして、それは利益機会の不断の開発というインセンティヴをもって歴史的堪航性を示してきたことは周知のとおりである。具体的にいえば市場の拡大、ここにすべての行動が収斂してくる。

　市場はそこに流通する商品の特性を反映した展開を示すことはむろんのことながら、需要分布の二次元性に強く誘導されて空間的拡大を常に指向する。広義には分業が存在すれば、何らかの形で市場という交換の場が必要になることはいうまでもないが、それは資本主義経済という場において最も効果的に有効性を発揮する機能を持っている。空間的拡大は交通手段の発達なくしては実現できないから、そのための大規模かつ効率的な能力を持つ交通システム形成への強い要請が一般化してくることになる。今日に至る世界的な交通ネットワーク形成の端緒は、正にこうした時代のモティベーションに発しているといってよい。

　重要なことは、交通は価値実現の実体過程として、それを実行するためには必要な交通手段への先行投資が絶対条件として存在しているということである。しかも、それが大規模かつ継続的に行われなければならないことが少なくないところに最大の難しさがある。これは私的投資の負担力を越える課題である。むろん市場の規模が限られている場合には、個別の私的な投資の範囲で足りるが、資本主義というモティベーションは、この範囲を大きく越えて市場の拡大を指向する。当然、そこで現われてくるシステムは、社会において共通に利用できる施設としての交通投資、すなわち社会的間接投資あるいは社会資本といった形で呼ばれる投資形態を必要とする。コモン・キャリアはそうした社

会的要請の高まる中で成長してきた交通機関の端的な例である。また、より基礎的な基盤投資として道路、ターミナル、その他付帯して発生する部分への投資等が重要な対象となるが、これらは公的機関による公共投資という形態が中心となって主導されていくのが一般的である。それは明らかに社会的要請という積極的な理由と同時に、投資の不確定要因を公共性の中に危険回避する補償行為として性格づけられる面もあろう。が、いずれにしても、こうした社会的要請が時代の申し子として、資本主義経済の基盤投資的性格を色濃く持ってきたことは認識しておかねばならない。交通資本の産業資本に対する従属性といった表現がよく用いられるが、それは正にこうした様相を資本関係の上でとらえたものに他ならない。

　交通における公共性論も一面、社会において分業が産業・経済の基礎構造として位置づけられる程に成熟した発展段階に達し、共通の安定した交通需要の充足手段を必要とするようになって急速に前面に出てきた概念でもある。その意味で公共性自身、極めて歴史性を持った概念の一つであることは避けられない。公共性という言葉は明らかに市民社会の発展と共に成長してきた存在であるが、そこで芽吹いてきた産業・経済が資本主義的生産様式という再生産構造によって有機化され、市場展開の中に位置づけられた時、それは著しく特徴的な存在として機能してきた。むろん、公共性が市民社会の特徴をより前面に出して、新たな社会基軸として発展していく段階も当然あり得ることで、歴史的に資本主義成長の梃子として機能する時代を経てきたとしても、それに埋没する概念であるわけではないということも理解しておく必要がある。したがって公共性基準という形で交通システム形成の基軸の一つとして取り上げる場合にも、それは社会の発展段階に応じた展開を示す生きた存在として考察していく必要があるということを留意すべきである。

　資本主義は、しかし、市民社会成長の過程でそれを経済活動という場に見る時、最も歴史的適合性を持ったパラダイムとして作用してきた。資本の現象形態である商品は市場の不断の拡大を促す媒体として交通機関の発達に強力なカンフル剤の役割を果たしてきたから、このインパクトの中に交通システムは極

めて多様な選択を実現してきた。が、その中軸に常に資本主義的生産様式という再生産システムがあって、それに如何に整合的であるかが、評価の第1に置かれてきたこと、これこそが正に歴史的認識の重要性であるといわねばならない。

　資本主義は商品の生産、流通に資本の展開を凝縮させている。前者は多種多様かつ大規模な工場制工業の様式を発展させ、後者は先に述べたように広域にわたる市場形成のための交通網の整備、拡大に強力な刺激を与えてきた。殊に工業の発達は技術的特性からする定地性と大規模な生産力によって立地域に大量の安定した交通需要を生み出した。それは交通サービスを専門に取り扱う事業経営の必要性となって交通システムの新しい形態を成長させる土壌となった。コモン・キャリアが社会的基礎施設として強く要請されるようになる初期的動因としてこれは大きな意味を持っている。交通が学問の対象として強く認識されるようになるのも、こうした要因が社会全体の構造因子として強力に作用する歴史的条件が現われ始めたからであった。[5]

　しかし、他方で交通は価値実現の実体過程として需要主導的システム化が能力を大きく規定する存在であるため、依然として交通需要者自身が排他的に利用できる交通システムの拡大も並行する。特に工業においては、工場における製造工程の延長として場外交通過程の統一的システム化が極めて重要な技術的要件になる場合が少なくない。殊に基幹産業に属する分野では大量の安定した資源需給を確保するために、独自の輸送システムを保持する必要度は高い。こうしたものも含め、工業分野で独自の排他的な交通システムを形成している場合、これをインダストリアル・キャリア（industrial carrier）と呼んでいる。

　経済の成長と共に社会の活動範囲が広域かつ多種多様になるにしたがって、共通の交通需要に対応するコモン・キャリアの成長が不可欠になることは前述のとおりである。が、それは個別交通需要の特殊性に対して必ずしも適切なシステムではない。基本的には、大量、定期、安定、定形型の交通需要を主たる対象として、平均化された交通サービスを供給することに主眼が置かれている。当然、個別需要対応性という点では二次的にならざるを得ない。広域化、多種

多様化は共通性の高い交通需要をも増加させるけれども、それよりもはるかに高いレベルで個別性の高い特殊交通需要を発生させる。それに対応する交通システムは需要主導性のより高い私的交通システムによらざるを得ない。特に資本主義経済における激しい市場競争は価値実現の時間的、場所的条件の拘束性を如何に緩和するかという問題に直面する。この課題に対する個別需要対応性への要求は、効率的なコモン・キャリア型のシステムの成長と共に、私的交通システムの同時並行的な発達を必要とする。ある条件下では両者は代替的競争関係に入ることも少なくないが、その主たる関係は補完的協力関係の下に発展すべき存在であるといわねばならない。

第5節　国民経済の成長と交通

　産業革命と資本主義、この両者が歴史上もたらしたさまざまな分野での変化は、あらゆる意味で交通体系の飛躍的発展を要請してきた。殊に経済活動の急拡大は量的にも質的にも空間的条件の改善を不可欠なものとして、交通施設の社会的位置づけについての議論を深める機会を与えることとなった。この問題は社会の形成構造に関わるものとして、国家あるいは地域社会の制度的関係と経済への規制関係の問題を大きくクローズアップさせてきた。周知のように国家という主権領域の枠組が、時代の思潮に結びついて巨大な組織として稼動する条件が整えられてきた時、経済は急速に成長過程に入ることが多い。
　近代市民社会の成長の中で国民国家という社会構造を形成しつつ、経済は国民経済という巨大な組織体を発達させてきた。それは国家という規模における有機的再生産機構を内蔵した強力な組織力をもって、持続的成長を可能にする生産力を持ち得る存在であることに大きな特徴がある。そして、それは歴史的諸関係の中で主として資本主義という時代の思潮に指導されて成長してきたことは周知のとおりである。むろん国民経済は市民社会という土壌の上に成長する経済体系であるから、資本主義を固有の指導原理としているわけではない。

第 1 章　交通の本質と意義

ただ、少なくとも近代市民社会の成長と共に発達してきた国民経済が資本主義をまずその中軸として実体化してきたことは間違いない。資本主義的生産様式によって組織化された国民経済は、強力な成長エネルギーを内蔵することによって短期間の間に最も重要な機構として定着した。そして、そこに新たな基軸を加えつつ時代の様相を最も的確に反映する存在として展開しつつあるのが依然として今日の姿であるといってよい。

その意味でこの国民経済は、成長軸をまず資本主義的生産様式に依拠しつつ成長してきたとはいえ、一方でそれが成熟するにしたがって、市民社会という本来の潮流が着実に芽を育ててくるという展開を示して新たな様相を現わしてもきた。資本主義とは市民社会における経済活動の一つの選択軸であって、それ自体が一体的なものであるわけではない。むしろ、国民国家の歴史的展開過程で、より一層市民社会的要請が強く前面に押し出されてくる状況が見られる。

かように国民経済という存在が、それを構成する成員の価値意識の変化の中で異なった展開を示すことを十分理解しておく必要がある。が、いずれにしても、国民経済の成長、発展は市民社会における最も現実的な経済的要請であり、それを基礎にして国際社会も含めた大規模な社会生活が営まれているということである。

国民経済の成長という巨視的な視野の中で交通の問題を取り上げようとする場合、かような歴史的環境の中で極めて広範な社会関係を総合的に取り扱わねばならないという難しい問題を抱えているところに一つの特徴がある。

第 1 に、国民経済という概念の下で考える場合には、それがどのような体制の下にあったとしても、必ず総合交通体系という視点からの接近がなければならないということである。歴史的には明らかに資本主義の発達と並行して成長してきた経緯を持つけれども、それは国民経済を組織化する一つの歴史軸であって市民社会としてより広範な側面を同時に成長させてきているのである。いい換えれば、国民経済はそれ自体、すでに独立の社会的組織論理を自生させつつ時代の様相を反映する存在として展開しているということである。その意味でこの視点に立った交通問題の議論は、優れて総合的有機性を持った立場から

対処しなければならない。

　第2に、国民経済という巨視的視野に立って交通を考えるということは、常に公共性という問題に触れなければならないということである。この場合、公共性の定義、評価には幾つかの立場が見出せるに違いないが、基本的には社会的共通需要という需要形態が主軸となった議論であって、むろん公共性自体の中にもプライオリティの問題が出てくることは当然であるけれども、これを第1の基準とした方向性の下にあるということである。殊に国民経済形成の初期の段階にあっては、この基準の政策的明示がその後の発展方向と特徴を決定づけるという点で、社会的基礎構造形成の最重要課題として挙げられなければならない。

　第3に、国民経済的水準での交通体系は、それを実現する過程で行われる各種の施策、投資の大規模かつ長期にわたる特性をもって、単に交通システムの発展ばかりでなく、直接、間接に他の諸部門にもたらされる広範な波及効果の存在が強く意識されているということである。実際、その過程で交通投資が産業・経済の発達に主導的な役割を果たしてきたという例は枚挙にいとまがない。殊に金属、機械、燃料といった経済成長の軸となる基幹産業部門の発達に大きな機会を与えてきたことはよく知られている。所謂、前方・後方連関効果を大規模に引き起こすことによって持続的成長の基盤を形成し、経済の離陸を大きく促進する動機を与えてきた。[6]

　第4に、この段階での交通投資の多くがそうであるように、資本の回収、収益性という点で極めて不確実性が高いという先行投資性に特徴づけられて、資本の調達に困難を伴うことが多いという点である。殊に利潤追求を第一とする私的資本の積極的な参入を期待することは難しく、何らかの形で公的機関の参入、補助・保護政策の実施を必要とする。また他方で国民経済は国家という主権領域を枠組として形成される経済体系である以上、それを安定的に秩序維持する手段を必要としている。交通機関はあらゆる場合における価値実現の実施過程を担うものとして、国民経済の育成と共に、この社会秩序システムの構築のための手段としても不可欠な基礎施設として存在する。したがって、国民経

第1章　交通の本質と意義

済の成長が個別主体の利益活動に主たる動因を置きつつも、それが持続的に発展していくためには、どうしても公的機関を介した大規模な交通システムの形成を基礎条件として実現しなければならない。そして社会的関係が多様化する中で、国民経済も形成基軸を多元化し複合体として新たな様相を呈していくことになる。

　資本主義は国民経済成長を促すに極めて重要な役割を果たしてきたけれども、国民経済はそれ固有のものである訳ではない。国際社会に多様な歴史を持って展開してきた人類史の地域性に裏打ちされた社会関係を土壌として成長してきた経済であって、それ自体が独自の展開能力を持つ有機性の中に、混合経済体制といった多元的基軸をもって展開する時代を迎えていることは周知のとおりである。

　第5に、国民経済が国家という主権構造を基礎として成立している限り、そこでは主権者の意思がどのように反映されるかという社会関係の問題が存在している。資本主義はその関係の端的な存在として歴史的画期を築いてきたが、国民経済という環境は市民社会が持つ、より多様な価値観の実現可能な関係が期待されている。いい換えれば、そこに参加するための条件が体制として市民社会的条件を、どのような形で組織化していくかということである。その最も基本的な課題は交通権の問題であろう。交通権の理解には幅があるけれども、それは社会における現実の自由度を表わす最も基本的な尺度としての権利である[7]。国民経済はその権利の具体化の中で実現している経済体系であってみれば、交通権をより高度な水準で保証し得るような体制、制度、社会慣行の成熟が期待される。そして、その状況下に交通システムの形成が具体化されることによって、より発展した国民経済と社会関係が展望される。

　国民経済は、しかし、それ自体で独立完結する経済体系であるわけではない。その発展過程で国際的関係の中に新たな成長軸を見出していく体系でもある。それは今日の社会において最も安定した権利保障機構である国家という行政システムの下に再生産単位を求めつつも、資源・人口の偏在、経済成長の諸段階に相応して、より広域な経済空間を目指して展開していく存在である。殊に資

本主義と市場の展開がそれを強力に推進する動因となって顕著な加速性を示してきたことは周知のとおりであり、更にそれは情報化の進展によってグローバルな展開を示していく。こうした様相は交通システム形成に新たな基軸を求めつつあり、多国籍間に共通の規範をもってより自由度の高い交通条件を構築することが必要となってきている。

第6節　価値観の多様化と交通

　交通過程が個別主体の要請に基づいた価値実現の実体過程であるという本質を考える時、その社会における価値意識の問題が重要な検討課題にならざるを得ない。社会の発展とは、その成員である個別主体の内面における価値意識の葛藤とその実現性の相互関係の中に、場所因子と時間因子が結合して生ずる現象に他ならない。そして、それは歴史の蓄積の上に必然的に多様性を帯びてくる。

　交通における価値観に関わる問題は、個々の微視的な課題からグローバルな巨視的領域まで、極めて多角的な視野からの分析が必要である。しかし、ここではそうした問題が多様化という動きの中で、交通の展開に大きな方向性を与えつつあるという点に焦点を合わせて触れておくに留める。

　第1に、価値観が多様化するということは、それが現実社会に転写されていく中で実体構造の多元性を交通過程を通じて具体化していくという現象を生み出す。それは各分野でさまざまな需要構造の変化という形で現われる。そして、その変化は交通過程においては、それを実現する交通サービス評価の個別化傾向という現象となって顕われてくる。それは交通システムの多様化、就中、個別需要対応性の優れたシステム、いい換えれば私的交通システムへの傾斜をより高めたシステムへの変化が強く要請されるという状況に他ならない。

　第2に、この傾向が社会の各層、各分野で進行していくことは、長期的には社会の構造それ自体を変質させるという秩序体制の問題にまで浸透していく可

能性を蔵している。それは当然のことながら、交通システム全体の大規模な変化をもたらさずにはおかない。殊に社会的基礎施設の領域としての交通施設の時間的、場所的諸因子に関わる個別需要対応能力の向上が不可欠であり、公共交通機関さえもがこの傾向からの例外ではあり得ないという状況が現実化していく。

第3に、価値観の多様化する社会とは、基本的に交通の自由度(mobility)によって規定される価値実現過程の多様化を展望している社会に他ならない。単に抽象的な思索行為の領域に留まる限り、それが社会構造を基礎から大きく変貌させていくという現象にはならない。しかし、そうした意思状況が社会体制の開放性と共に強力な実体化への要請として働き始めると、この問題は長期的には社会のパラダイムを変質させる様相を呈してくる。ある意味で人類史の変遷はそうしたことの繰り返しの中で発展してきたといってよい。しかし、それが今日、改めて強く指摘されることの意味は、個別意思の多様化はむろんのこと、それを現実化する技術的条件の飛躍的な進歩が持続的支持を可能にしているという社会的基盤があるからである。それは細分化する価値実現過程に応ずる需要対応能力の高い交通システムを可能にしつつある。そして情報化の急激な進展は仮想現実の実体化を強く求める社会的状況を深化させているといわねばならない。

第4に、価値観の多様化とは現実には需要条件の多様化に結びつくことに他ならないから、それに応ずる交通システムが極めて細分化された個別評価を受けて選択されることになる。その細分化は交通サービスの評価に関わる諸因子に規定される一連の交通需要からなる結合需要の連鎖をより複雑化させる。価値実現の実体過程として交通過程は多くの場合、複数の種類の交通需要の結合から成っている。価値観の多様化はこの結合需要構造に直接、間接に影響を与える社会的な需要条件の変化に他ならない。それは交通システム形成上、極めて難しい問題を含んでいる。結合需要される交通サービスの評価がより多元的な因子条件の下に置かれて、それに対応する能力を持った交通システムが強く要請されるからである。ここでは不特定多数の交通需要を対象とした平均的な

交通サービスを量産する形態のシステムでは、十分な対応力を持ち得ない。一連の交通過程の中で何らかの形で、著しく個別的な特殊交通需要が結合的に発生してくるからである。私的交通システムへの要請が急速に高まってくる理由がここにある。

　第5に、この問題は主として交通サービスの質評価に関わる問題として存在していることである。端的にいえば、価値実現過程に関わるあらゆる状況に可及的に対応し得る自由度の高い交通サービスに対する要求に他ならないからである。元来、交通は人間が自己完結能力に限界がある存在として諸環境の中に賦存する諸資源との代謝関係をより効果的に行う行為として発展してきた。このことは交通過程自身の上に価値展開が表象されていることを示唆している。価値観の多様化とその実現への要請とは、この一連の展開過程の今日的様相に他ならない。しかも、それがある一部面だけに限られるのではなく、社会全体を包摂した幅広い分野にわたって展開しているところに著しい特徴がある。交通技術の発達、情報化の進展、そして何よりも、そうした行動を実体化することを承認する社会的関係の一般化が基礎を成していることはいうまでもない。

　すでに明らかなように、価値観の多様化は連綿とした試行錯誤の蓄積の上に培われてきた意思活動の現在という場での展開に他ならない。それが現実の社会の中で具体的な成果を期待する意識行動へと発展して、複雑な価値実現過程の実体化を強く指向する交通システムの形成が求められているところに顕著な歴史的特徴を見出すことができる。殊に経済活動の分野における個別価値実現能力向上への要求は強く、一連の再生産過程を持続的成長へと発展させるための最も具体的な要請であるといえよう。それは明らかに一つの共通した方向性を示唆している。すなわち、あらゆる意味において個別需要対応能力の向上という点で、交通システムが私的要請に可及的に接近していく必要性を求められているということである。技術的特性、経営形態、管理・運営システム、等々の如何にかかわらず、私的交通システムとしての特性があらゆる分野で考慮されなければならない社会的状況にあるということ、これである。

第1章　交通の本質と意義

第7節　情報化社会と交通

　価値観の多様化は社会のさまざまな分野における新たな認識展開の可能性を増大させる。それは今日の顕著な現象として進みつつある高度情報化による社会構造の再編成の流れと軌を一にしている。情報化社会とは、さまざまな形で展開される情報活動が社会の基礎構造にインパクトを与え、それまでの社会に比べ、情報の役割が飛躍的に高められている社会と概要される。人間社会は典型的に情報依存型社会といってよく、持続的な情報の蓄積と利用・開発を通じて築き上げられてきた社会である。その意味で今日繰り広げられている情報化は、文明史論的視点から見て正に人間社会の本質的特徴を端的に表わしている社会的現象といわねばならない。[8]

　情報化という問題は、情報それ自体の性質もさることながら、それを有意化する過程で現われてくる手段・方法の問題が主導的役割を果たすことが多い。事実、現在進んでいる情報化の展開も、エレクトロニクス技術の急速な発達と、それを利用したソフトウェアの開発が、情報の生産、蓄積、処理、伝達の量、質、速度を飛躍的に高めることを可能にしつつあることが現実的動機となっている。むろん、社会における情報需要のポテンシャルがあってのことであることはいうまでもないが、情報化社会が実現する条件の過半が技術的側面に依存していることは間違いない。

　情報にしろ人、物を対象とするにしろ、ある時代、場所において、革新的、断層的な変化をもたらすためには、そのような技術的条件の決定的変化が前提となっているというのが普通である。しかも、それは産業・経済構造にまで組み込まれて、持続的に展開が行われるほどに高い水準の変化でもなければならない。だから、情報が社会を主導的にリードする局面をとらえての表現である情報化社会においては、情報に関連したさまざまの分野が産業・経済の中にイクスプリシットに組み込まれた状況が現われてこなければならない。それは丁

度、資本主義経済の成長が交通革命を前提とし、また、それが交通部門として一個の産業分野を成し、交通市場を大きく形成していったのと類似のことである。そして、ある地域では、経済の発展段階とシンクロナイズして、交通部門への投資が他の産業発展を誘う主導的役割を果たし、その後の持続的経済成長への離陸台となっていったことはよく知られている。[9]

　情報化の過程で現われてくる、情報およびそれに関連するソフト、ハードへの需要は、それに対応した産業・経済部門を生み、その前方・後方に連鎖する波及効果は大規模な有効需要をもたらし、経済成長への新たな主導部門たり得るものになろうとしている。そして情報化の中で最も大規模な投資が必要とされるのは、情報伝達手段部門であり、それによってネットワーク化の実現条件が整備されることが基礎条件となっている。これは情報交通という形での交通投資の一つであり、他の交通投資の場合と同様、大きな成長インパクトを与える投資になることはいうまでもない。

　人間社会のあらゆる場面で不可欠な手段として、交通部門への投資はこうした事態を期待させ、かつ実現させてきた歴史を持っている。情報化社会に対して抱く期待の最も大きな側面の一つがここにあることは疑う余地がない。もし、その点での現実的可能性が見えてこないとすれば、情報化社会への展望は空想の域を出ない。しかし、さまざまな形で提出されている情報化への未来図は、経済の持続的成長に結びつく産業構造の変化を引き起こすほどに、情報への要求を強めていることを確信させるものになっている。所謂、脱工業化社会といった議論の中でのテーゼは、まさしくこの展望の中に社会の変化を見出そうとしているといってよい。[10]

　実際、経済活動の様態が財・サービスへの直接的関与から、そうしたものの有効な配分関係を事前に確認し、資源の有効利用を図りつつ個々の目的を達成しようとする情報迂回型への比重が高まってきていることは間違いない。それは価値観の多様化といった個別化指向が進む中で、比較的限られた種類の財・サービスの量産といった供給側面主体のこれまでの方式が限界にきていることが大きな理由の一つとなっている。こうした状況の中では競争市場における不

第 1 章 　交通の本質と意義

確実性は着実に高まる傾向を示し、事前検証能力の向上を求めて、情報関係への需要はどうしても強くなる。

　情報化が進展する条件の一つは、自己の持つ需要表に対し、情報による検証・確認の作業を必要とする度合が高められたか、あるいは高められ得る状況に置かれていることである。

　それは一般に自由度が高く、知的レベルが高ければ高いほど要請が強く、かつ現実化する。したがって、情報化社会といっても、過去のさまざまな文明現象と同様、地域差の激しいものであることはいうまでもない。さらに、情報は常に個々の価値判断との関係で要請され、有意化するものだから、情報化社会というのは必然、高度に自己欲求の実現を目指そうとしている段階での社会構造ということになる。ここでは同時に、質への要求も高まり、その実現の担い手である交通手段は多様な役割を求められ、個別対応性への要求は一層強くなる。重要なことは、情報化も実体性を高めていくには、それを実現する条件整備が必要で、この段階で交通過程の問題と結びついてくることになる。

　情報化は、一連の関連産業群が現われ、それが経済の持続的発展を促す核となって波及効果をもたらすことが期待されていると共に、他方で、その成果を社会全体に浸透させて、情報有意化の量、質、速度を可及的に高め得る状況を不断に希求する。

　情報は情報自体の展開の中で、その役割を終えてしまう場合も多い。また、有意化、実体化するにしても間接的であったり、長期間を経てのことであったりすることがしばしばである。しかし、いずれにしろ、それが産業・経済の持続的発展に結びつき、下部構造からの隆起をもたらすものでなければならない。

　情報化社会は、高度に発達した工業経済を所与の条件とした産業社会の発展型に他ならないからである。

　産業革命を契機として発達してきた工業は、人間の物質的欲求に対して、それ以前の段階とは比べものにならない程の高い水準で応えてきた。情報化社会もそうした環境を否定していると見るのは妥当ではなく、それをより洗練させて、一層の質を達成しようとする欲求実現への手立てであると見なければなら

ない。ただ、それが情報の領域に重心がシフトしているという点で、これまでの工業社会と異なる様相を呈していくであろうということである。いうならば、情報化社会は工業社会の発展過程で到達する一つの帰結であるということにもなる。[11]

この情報化に重点がシフトした社会にあっては、情報の実体規定性が著しく強くなるから、情報および情報化の経済が新たに加わる行動指針として重要な地位を占めてくる。情報・情報関連産業の成長、それに伴う市場の発達、これらが主導性をもって経済の持続的成長が展望されもする。情報の収集、蓄積、分析、処理、等々への接近はさまざまな形で行われ、関連部門への投資は着実に増大していく。各市場では顧客との間で双方向型情報交通が展開され、情報ネットワークの稠密化が進む。そうした情報ミックスの中で、各企業、組織は情報による系列化によって優位性を高めようとする経営戦略を展開していく。[12]

情報化はあらゆる意味で、各分野で情報迂回距離を高めることが不可欠の発展段階にある中での現象である。それは情報交通における分析課題であると同時に、一連の交通過程がそうした情報化の方向性に強く規定されて展開していく新たな時代の様相として、巨視的な立場から検討されねばならない人間社会の大きな動きである。

注

(1) Bonavia, Michael R., *The Economics of Transport*, James Nisbet & Co. Ltd. and the Cambridge Univ. Press, Revised, 1954, chap.1. Sax, Emil, *Die Verkehrsmittel in Volks-und Staatswirtschaft*, Erster Band, *Allgemeine Verkehrslehre*, Verlag von Julius Springer, Berlin 1918, ss. 13〜17.

(2) Voigt, Fritz, *Verkehr, Die Entwicklung des Verkehrssystems*, Duncker & Humblot, Berlin, 1965.

(3) Fair, Marvin L. and Ernest W. Williams, Jr., *Economics of Transportation*, Harper & Brothers Publishers, N.Y., 1959, chap. 3.

(4) 麻生平八郎『交通経営論』白桃書房, 昭和39年, 第2章. 今野源八郎編『交通

第 1 章　交通の本質と意義

　　経済学』青林書院新社, 昭和48年, 第1章.
(5)　今野源八郎『前掲書』pp.35〜52. 富永祐治『交通学の生成』日本評論社, 昭和18年.
(6)　Hirschman, Albert O., *The Strategy of Economic Development*, Yale Univ. Press, 1958, 麻田四郎訳『経済発展の戦略』厳松堂出版, 昭和36年, 第六章. Rostow, W.W., *The Stages of Economic Growth*, Cambridge Univ. Press, 1960, 木村健康・久保・村上訳『経済成長の諸段階』ダイヤモンド社, 昭和37年, 第二〜四章.
(7)　交通権学会編『交通権―現代社会の移動の権利』日本経済評論社, 1986年, 第二章. 清水義汎編著『現代交通の課題』白桃書房, 昭和63年, 第1,2章.
(8)　拙稿「情報化社会と交通」, 流通経済大学流通問題研究所『流通問題研究』No.16, 1990年10月, pp.1〜3.
(9)　拙著『アメリカ国民経済の生成と鉄道建設―アメリカ鉄道経済の成立―』泉文堂, 昭和55年.
(10)　今井賢一『情報ネットワーク社会』岩波書店, 1984年. 斎藤精一郎『情報エコノミーの衝撃』日本経済新聞社, 昭和60年. 梅棹忠夫『情報の文明学』中央公論社, 昭和63年. 公文俊平『情報文明論』NTT出版, 1994年.
(11)　Toffler, Alvin, *The Third Wave*, W. Morrow & Co., N.Y., 1980, 横山二郎監修『第三の波』日本放送出版協会, 昭和55年, 第11章〜.
(12)　今井賢一・金子郁容『ネットワーク組織論』岩波書店, 1988年, 第2,3章. 郵政省通信政策局編『ネットワーク型産業構造と経営革新』大蔵省印刷局, 平成2年. 宮川公男編著『経営情報システム』中央経済社, 平成6年, 第1〜3章. Lucas, Henry C., Jr., *Information Systems Concepts for Management*, fifth ed., Mitchell McGraw-Hill, 1994, Part Ⅰ,Ⅱ,Ⅲ.

第2章　交通サービス

第1節　交通と交通サービス

　交通は交通対象の場所（位置）の移動に基本的特性を置いた行動であり、それが実施されるためには一連の交通手段、システムの準備がなければならない。この過程は価値実現を図る上ですべてに共通の条件であるが、日常的には必ずしも交通と呼ばれているわけではない。交通学は、この「共通の条件」に研究の焦点を当てているところに学問上のレゾーン・デートルがある。

　われわれの行動はそれぞれ個別主体が持つ価値基準の下に行われている判断を通じて、その意思に方向づけられた、人、物、情報の場所的移動という作業行為そのものに他ならない。この行為が実現されるためには、一連の資源投入を行いつつ、対象の位置変化に伴う効用の変化という価値展開を具体化する再生産過程が必要である。この人、物、情報すなわち交通対象の場所的移動を行うための作業行為を交通サービスといい、それを生産する一連の過程を交通サービス生産過程という。交通に関わる理論の形成は、あらゆる意味でこの交通サービスの性質を基礎にして論じられなければならない。

I　交通サービスの即時性

　交通は交通サービスの生産と消費を通じ、交通対象である人、物、情報の場所的移動という形で行われる。この関係を理解するために、交通サービスというものがどのような特性を持ったものであるか議論を深めておく必要がある。[1]

　第1に、交通サービスは経済学が取り上げている財・サービスの内、後者、

サービス（用役）一般に共通するものとして、いくつかの特性を持つ。さまざまな資源を投じて行われる一連の再生産過程において、労働行為の多くが生産物に対象化され、それを通じて迂回的、間接的に需要者の要求を充足する形をとるのに対し、サービスは直接に対象に働きかける労働行為それ自体を指す概念として存在している。直接に対象に働きかける行為とは、生産されたサービスは同時並行して消費されながら、労働行為が対象に価値実現を働きかけているという関係を指している。この生産と消費が同時に行われる関係をとらえて、サービスは一般に即時性を持つ財、すなわち即時財と呼ばれている。

　このサービスという概念の中でとらえられている関係は、まさしく交通対象に働きかけて、その場所的移動を達成する交通サービスの役割に対応している。実をいえば、あらゆる資源は財として、その有用性を実体化させる過程は、この労働行為が直接に対象に働きかける作業過程を通じて行われる。いい換えれば、交通サービスの生産、消費を通じて行われる交通過程とは、この財すなわち人、物、情報の持つ有用性を実体化させる作業過程に他ならないのである。その意味で、われわれの社会におけるあらゆる行為は何らかの形で人、物、情報の場所的移動から成っており、不断の交通過程の連続から成り立っているといってさしつかえない。一般的にその多くは交通と呼ばれてはいないが、本質においては交通そのものに他ならない。交通学とは、そうした視点に立って人間社会の諸現象を分析、研究する学問として存在しているということができる。

　第2に、交通サービスが即時財であるということは、それ自体として独立に物理的な形で客体化させることができないことを意味している。したがって、それを事前に生産して貯蔵しておくことができず、交通を実施するためには、交通需要の発生以前に交通サービスを生産するための手段を準備しておくという形態を採らざるを得ない。一般に交通機関とか交通手段と呼ばれているものは、こうした状態に置かれた存在であり、交通過程の中で交通サービスが生産、消費され、交通対象の場所的移動という形の完成財として目的を達するための中間財として位置づけられている。

　交通に関する問題は、こうした基本的組織条件の理解なしには論理性のある

議論は行い得ない。結局、交通の問題は交通サービスの生産に関わる手段ならびに、それを如何に運用するかというシステムの問題を軸に展開する社会関係の中に、最重要の研究課題を見出しているということである。

　第3に、交通サービスはそれ自身としては客体化できないという点で、時に無形財と呼ばれ、それ故に価値形成過程における位置づけが曖昧になりかねないという問題がある。交通サービスとは結局、経済学で取り上げられているサービス一般に共通する労働過程が直接、労働対象に対し生産要素の効用を有用効果あらしめる作用過程を交通論の立場から説明しようとしている概念に他ならない。この関係の中で、そうした行為は労働対象に対し直接的であるという意味において、形態の客観化が特殊化されている。実をいえば、これはすべての財がその効用を有用化させる過程で必ず発生するわけで、交通過程というのは分析的に見ると、結局、このプロセスをとらえたものに他ならない。そして、その過程を実施するためには、交通サービスというサービス行為の生産、消費という過程が存在しなければならないという論理関係である。

　形態的には、交通サービスそのものは対象の移動という行為それ自体の動的な物理的現象として存在しており、それ自身では固定化された形での客体化はされ得ないという特性にある。ただ、それを無形財といういい方で呼称することは誤解を招きかねない。少なくとも交通過程自体は交通対象の場所的移動を通じて位置変換という形で客体化されているのであって、交通と交通サービスとを同義のものと取り扱うことが適切でないことは明らかである。交通は交通サービスの生産、消費を通じて実施される実体現象であることを理解しておかねばならない。

　第4に、交通が即時財である交通サービスの生産、消費を通じて行われているということは、その生産・消費条件によって評価の個別化が避けられないということを意味している。これは交通サービスに関わる供給・需要両側面の諸条件から収斂してくる問題である。交通サービスの生産過程が需要条件に規制される度合は、生産と消費の場所的・時間的分離が可能な財貨の生産過程の比ではない。交通サービスというのは、交通需要との相対的関係の中で極めて流

動的な形で生み出され、かつ評価される性質のものだということである。この点は交通問題を扱う場合に極めて重要なことで、特に交通システム形成に強い指向性を与える原因になっていく。

　第5に、交通サービスは即時財として、それ自体を客体化させ場所的・時間的移動を行うことはできないから、それによる供給構造への規制力は著しく強い。と同時にまた一方で、その性質は需要構造に一定の方向性を与える。すでに明らかなように、交通需要の発生動機は交通対象の移動によって得られる効用を通じて需要者の要求する価値実現を図るという点にある。そこでは交通サービス需要は必ず発生する必需要件であって、この関係が交通需要に強い指向力となって働く。すなわち、個別需要対応性を持った交通システム形成への可及的追求である。私的交通システム化への傾斜が常に一般的傾向としてあるのは、こうした底流が基本的にあるからである。交通サービスの生産過程と消費過程が場所的、時間的乖離なく需要条件を可能な限り十分な形で充足し得るシステムは、必然的に需要側面により傾斜したものにならざるを得ないことは多くの説明を要しない。

第2節　交通サービス生産要素

　すでに明らかなように、交通とはさまざまな形で求められている価値を実現するための一連の実体過程であって、それはあらゆる人間社会の活動に共通した不可欠のプロセスとして存在している。それが交通サービスの生産、消費を通じて行われるという論理関係の中で、交通過程が実は交通サービス生産に関わる諸要素の特性、あるいは生産システムなどさまざまな問題を具体的に反映する過程でもあるということに注目しなければならない。そして、その最も基本的な特徴は交通サービス生産要素の特性に関わって現われてくる。それを主として機能性を基準にして分類すると次の7要素に分類することができる。すなわち、通路、運搬具、動力、結節機能要素、エネルギー、情報、労働力の7

要素である。

　交通はこれら7要素がさまざまな形で組み合わされ、それぞれの目的に沿った交通サービスを生産、消費することによって実施されていく。そして、価値実現の実体過程に携わるすべての要素は、何らかの形でこれらの諸要素に分類され得るということである。実のところ、その多くは交通とは呼ばれない形でこの過程に加わっているが、本質においては交通過程そのものに他ならず、その意味において交通機関であり交通システムの一端を担う存在としてあるということである。

　重要なことは、交通サービスの生産はこの7要素がどの一つも欠いてはならず、しかも交通需要、具体的には交通対象の存在と時間的、場所的一致が達成されていなければならないということである。交通システムの形成とは、この一群の関係を過不足なく実現することに最大の課題を負っている。しかし、交通機関として一連の交通過程に参入してくる多くの場合、これら7要素のすべてを一つの組織内にまとめていることは少ない。否、むしろ、そうした形をとることは、極めて例外的な存在でしかないといった方が正しい。実際、技術的、経済的、制度的あるいは特殊目的条件から、7要素を一体化することが必要あるいは望ましいといった場合を除けば、一般的には要素の一部を保有して参入する方法が選択される。それは先に述べたように交通サービスが即時財であることに伴って生ずるさまざまな制約、そして通路要素を顕著な例として極めて大規模な先行投資を必要とすることが少なくないこと、それに何よりも多くの点で不確実性の高い投資部門であること、これらの理由がそうした行動を導き出している。こうしたことも含め、交通システムの形成、供給構造を分析する上で、交通サービス生産要素それぞれの特性を理解しておくことが不可欠になる。[2]

I　通路

　交通は結局、交通対象である人、物、情報が基本的属性として持つ位置の効用の変化の中に何らかの価値認識を置いている行為に他ならない。したがって、

第2章 交通サービス

位置を規定する通路の問題は、交通における最も基本的な課題として存在している。ここにおいて通路とは、交通対象が場所的移動を実現するための空間的概念であり、その種別を自然条件に求めて陸、海（水）、空を挙げ交通機関の基本分類としていることが多いことは周知のとおりである。むろん、こうした分類が極めて大雑把なもので、技術的にはより多くのさまざまな工夫がなされ得るし、また、それらを結合して複合形態を成しているものも少なくないことはいうまでもない。要するに、それは交通過程が実施される移動空間の2点を結びつける媒体に他ならない。

重要なことは、この媒体の連続性の中に交通空間が規制されているということにある。通路におけるこの連続性に基づく技術的不可分性は、あらゆる意味で交通過程の基礎条件を成すものとして最も難しい問題を提起している。通路に不連続性がある交通機関はシステムとしては存在し得ても、価値実現の実体過程を担う装置としては限られた能力しか発揮し得ない。より質の高い交通サービスを供給し得る能力を持つための最も重要な要件の一つは、この通路の不可分性を如何に実現するかに掛っている。でき得れば、通路を可能な限り排他的に使用できる条件を確立することが望まれる。しかし、通路が基本的に空間条件に規定されていることは、こうした行動は他の参入を著しく制限する独占の問題を引き起こす。技術的不可分性は当然、大規模な投資を必要とし必然的に経済的独占を生み出す。所謂、自然独占の問題である。これが社会における価値実現能力、すなわち交通の自由度を低下させることに結びつくことは好ましくないから、一般には公共性基準の下に最も強力な規制対象として位置づけられていることが多い。

技術的に、あるいは組織経営上からも通路を含む生産要素を一元的に管理することが望ましいと評価され、鉄道が最も高い交通サービスを供給し得る能力を持って陸上交通機関の中で圧倒的な地位を占めた時代、独占の問題は交通政策上、最も難しい課題として存在した。それは高い質の交通サービスということもさることながら、基本的に通路条件が自然独占を導く構造を持っていたからである。交通に関わる議論の多くがこの問題に時間をさき、また多くの理論

を生み出す対象として交通分野に学問的成果をもたらしてきた。交通と公共性の問題はその中心的な課題であり、交通理論の多くがその系譜の中で育ってきたことは周知のとおりである。また今日の陸上交通の中心を成している道路交通は正に通路問題そのものであり、他の領域においても領空、領海あるいは公海上の国際問題もこの分野の課題である。いずれにしても、通路要素は交通過程を規定する第一の要素として、他の要素以上に独立した取り扱い、理論的整理が必要な対象であることは間違いない。それは大きくは社会の体制とも関わる問題として存在している。

II 運搬具

　交通において運搬具とは、交通サービスを交通対象に直接、有用効果あらしめて場所の移動を行うための接点に位置づけられる要素である。交通サービスの効用はこの部分を通じて交通対象に付加されていく。重要なことは、運搬具は需要と供給の両側面を整合的に繋ぐための二元的な要請を充足しなければならないということである。基本的には生産された交通サービスが交通対象の位置変換に可及的効率性をもって結びつくような構造、能力を持っていれば足りる。

　しかし、交通過程は単に場所的移動だけではなく必ず時間的移動を伴う。これは交通対象自身への時間的変化を利用した二次的な付加価値の増加が期待される余地のあることを意味している。運搬具に付属設備を設けて着地点までの間に追加的な加工処理を行うことも可能であるし、ごく単純には早摘果実を輸送の間に適当なレベルまで熟成させて市場価値を高めるという方法は、よく知られている。また旅客交通にあっては、交通過程自体が重要な付加価値対象であって、運搬具である客席・客室の居住環境の善し悪しは交通サービスの質評価の最も重要な要素である。情報にあっては、むしろ情報を載せた媒体である交通対象が原形を維持して交通過程を実施するというのは、単に幾つかの種類のものとして挙げられるに過ぎないという程度であり、情報交通過程自身が巨大な加工工程として展開している。むろん情報の内容自身が変えられているわ

けではないが、それを伝達する過程での物理的形象は著しい加工が加えられて相手方にまで達している。

いずれにしても、運搬具は交通サービスの需要・供給の接点にあって両側面から価値形成が重複して現われる場としてあり、多様な形象を表わし得る。この要素を通じて交通サービスの質、形態の差別化を促し、競争力の強い交通システムとして交通過程に参入することも図られる。交通サービス生産要素の中で最も個別対応性に富み、交通システム多様化の核になる要素である。

また一方で、その対応性は交通対象を運搬具を通じて標準化、規格化し、交通過程の効率的システム化を可能にする。例えばコンテナリゼーション、パレチゼーションといったものはその顕著な例であり、物流システムの世界に革新的変化をもたらしてきたことは周知のとおりである。実際、異種交通機関間に一貫輸送システムの形成を可能にしたのは、この運搬具要素の技術的改善に負うている点が多い。

多様化、標準化、規格化等々、価値観が多様化する中で、交通サービスが持つ交通対象の移動を通じて価値実現を図るという能力に弾力的に対応しながら、より自由度の高い交通システム形成を行う上で、運搬具要素の担う役割は著しく大きいといわねばならない。

Ⅲ　動力

技術的に見れば、交通システムというのはエネルギー変換を通じて交通対象の位置変化を実現する組織体系に他ならない。したがって、エネルギー変換を実現する動力装置の発達は、しばしば交通システムの飛躍的な変化をもたらし、交通革命といった瞠目すべき現象を引き起こしてきた。それは多くの場合、エネルギー革命と並行して現われ、社会の技術的様相を大きく変える契機となってきた。

動力装置はエネルギーを動力に変換する原動機と、それによって生み出された動力を作業過程に伝える伝達装置、そしていま一つ、それらをコントロールする制御装置が組み込まれていなければならない。この三つの機能の発達はそ

のまま人類の文明史に現われているが、風力、水力、重力、動物といった自然発生的な動力を主とした交通システムの歴史が長い。が、これらの動力を直接利用する方法は能力に自ずから限界があり、そうした交通システムが中心となっていた時代の生産力は限られた人口の生存を可能にしていたに過ぎなかった。その意味で蒸気機関の発明を契機として始まった産業革命は、人間社会の発達、人口の増大を可能にする歴史的エポックとして象徴的であったといえよう。その後の引き続く産業・経済の発達、社会的関係の活発化は、いずれも飛躍的な交通需要を生み出し、効率的な動力装置の開発は資源の有効利用の観点からも不可欠なものとして、交通システムの中核に位置づけられてきている。

交通システムにとって、動力装置の開発は一つの極めて難しい技術的条件に制約されている。それは一連の交通過程に動力を継続的に作動させるための連続性を如何に確保するかということである。むろん、形態的には種々のものがあるわけであるが、基本的にはその条件が常に充足されていなければならない。大規模なエネルギー発生装置の開発が必要な一方、端末の極めてミクロスコピックな部分の動力システムまで著しく広範である。特に今日見られる多様な交通需要に対応する能力を持った交通システムの発達は、少量、多品種、多頻度、ジャスト・イン・タイムな需要の増大と共に交通過程の細分化を一層促進させ、動力システムにも大きな変化が求められている。

IV　結節機能要素

結節機能要素とは、交通対象と交通システムの結合、あるいは各種交通システム間の結合を実施するための機能を有する要素を指す。人、物、情報が交通システムによって産出される交通サービスを利用して、価値実現過程に参入するためには、この結節機能を持った部分がなければならない。また、交通過程は多くの場合、異種交通機関を結合した複合システムの形態を採っているから、これらを結合するための機能を持った施設、設備が必要となる。

交通システムにおける結節機能要素の基本的役割はこの二つになるが、これが位置する場は人、物、情報の集中する所になることから、単に交通システム

第 2 章　交通サービス

要素としての機能ばかりでなく、他のさまざまな要素が集積する場にもなる。

　交通システムの機能としての結節機能要素は、交通対象が交通過程に出入りするための役割であるから、それ自体は交通の実施過程としては二次的な扱いを受けやすい。そのため、この部分が隘路化して交通システム全体の機能が効率的に作動しないということが起こりがちになる。実際、多くのターミナルにおいて、貨物の滞留、旅客の著しい混雑、その他さまざまな形の問題が日常化していることは周知のとおりである。さらに異種交通システム間の接合機能としては、それが整合的に調整されていないと、交通過程の価値実現能力は著しく低下する。交通需要というのは、先にも触れたとおり複数の交通システムへの結合需要を成していることが多い。したがって、それら接合する結節機能が不整合であった場合の交通過程の能力低下は直接的かつ極めて顕著であるといわねばならない。

　例えば、港湾、空港といった異種性が大きい交通システムを接合するターミナルにあっては、こうした状況が特に起こりやすく、従来からその隘路性が強く指摘されてきた。殊に港湾の場合、歴史も古く伝統的な社会構造の中で、その近代化は国際化の進む中で常に要請されてきた課題であった。[3]その一つとしてコンテナリゼーションを契機とした荷役作業の機械化が港湾経済の革新的な変化をもたらし、効率的な国際一貫輸送システム形成に大きく寄与してきたことは、交通過程における結節機能の重要性を顕著に立証した例として印象深い。[4]また、空港にあっては急激な国際化の進展する中で、旅客、貨物の急増に処理能力の拡充が追いつかず、激しい混雑をきたすといった例はしばしば見かけるところである。[5]

　第 2 に、結節機能要素は単に交通対象と交通過程を接合するという技術的関係だけではなく、それが交通サービス需・給関係の臨界面に位置していることから両側面の調節機能を果たし得るということである。たびたび触れてきたように、交通サービスは即時財であるため、交通システムの効率的運営は需要を如何に確実、安定的に確保するかという問題に掛っている。したがって、結節機能要素を通じて需・給調節を行い得る場が提供されるということは事業経営

上、大きな意味を持っている。殊に、供給交通サービスの生産・供給システムを通じて需要を誘導、制御することが可能であれば、この目的にかなって供給側面からは極めて有効な経営戦略の要素となり得る。実際、前記のコンテナリゼーションによる港湾の近代化にしても、多分に、この需要調整機能の有効な作動によって具体化してきたところが大きい。また、今日、さまざまな分野で叫ばれている物流の合理化も、物流センター機能の調節能力が大きな核になっていることは周知のとおりである。

　この需・給調節の機能は、特に交通市場形成に決定的な意味を持っている。市場とはそれ自体、元来、需・給調節のメカニズムに他ならない。しかし、それが実際に展開する空間は、この結節機能が果たされる場においてである。殊に交通市場の場合、取引される対象が即時財であるため、その需・給はターミナルにおける情報が評価の第一次資料にならざるを得ない。市場における競争あるいは独占といった状況も、具体的にはここにおける情報条件の中で判断される以外に直接的な方法はない。たとえ一定期間、一定領域といった幅のある条件下で競争条件が充足されたとしても、需要発生時点において充足されなければ、単なる数値上の仮想競争条件でしかない。それが即時財市場の基本特性であることを改めて認識しておかねばならない。交通市場の供給構造は、常に需要条件との場所的・時間的因子に関わる相対的関係の中で評価される極めて流動性の高い構造を持っているということである。

　第3に、結節機能要素が位置する所は、価値実現ネットワーク形成の接合ターミナルとして、その過程に参入、関連するさまざまな種類の人、物、情報が集積する。正しく人間社会の展開は交通の立場から見れば、この結節機能が立地するターミナル空間の諸現象に他ならない。立地論はこの点に焦点を当て、価値論の中に位置の効用概念を導入し、その変化が価値実現過程の実体であることを示唆した[6]。この点の認識が交通を対象とした理論として、交通学の形成上、一つの核心を成していることはたびたび指摘してきたとおりである。

　位置、それはあらゆる存在の空間的価値表現である。その変化が新たな価値関係を実体化する。社会はターミナル空間に賦存するポテンシャルの大きさに

比例して肥大化する。立地論、地域論において集積の問題が論じられ、地域間交通量の測定に重力モデルが応用されるのも、そうした論理関係が基礎にあるからである。いい換えれば、地域はそこに立地する人、物、情報の集積構造の中にさまざまな社会関係を展開するが、同時にそれは結節機能のターミナル空間として交通システムの形成構造に著しく影響される存在であるということになる。

かように結節機能要素が立地する所は、交通対象が交通過程に結びつく場として、価値実現に関わるあらゆる種類の現象が現われる空間を形成する。そのことから、単に技術的な要件としてだけでなく、より多元力な要素を持った社会を形成する場として、その視点に立った研究対象として存在していることにも留意しなければならない。

V　エネルギー

交通機能あるいは交通システムといわれているものは、交通需要に応じた交通サービスを供給するという形の中でエネルギーの交換関係を実現している装置に他ならない。動力要素のところで触れてきたように、エネルギー構造はあらゆる社会生活、就中、産業・経済の基礎として、極めて影響力の大きい部分である。交通システムはそれをエネルギーの源である諸資源を交通過程に投入して新しい位置関係に基づく価値構造を再生産する役割を果している。

技術的には風力、水力、重力、動物などの初期的なものから石炭、石油、放射性物質といった内燃性のエネルギー交換装置を経るもの、あるいはまた太陽エネルギーを直接電気にして宇宙エネルギーを地球資源に組み込むシステム等々、近代科学技術はさまざまな資源をエネルギー循環の中に効率的に組織化するシステムを開発してきている。このエネルギー循環と交通過程の技術的整合化こそ、交通システム高度化の第一義的要請である。

今日のエネルギー構造は18世紀産業革命発祥以来の系譜に連なり、その中心が化石エネルギーに置かれてきたため、その有限性と環境破壊の問題が急速に浮上してきて、新たなエネルギー開発の必要性が叫ばれていることは周知の

とおりである。科学技術の普及速度、社会体制の類似化、情報化の進展、国際化、グローバル化といった展開があらゆる意味でエネルギー資源の幾何級数的な消費拡大に結びつき、再生産性の高いエネルギー循環システムの開発が不可欠な時代に入っていることは多言を要しない。いい換えれば、エネルギー条件が交通システム発展の限界条件を規定するといった状況が予見される程、国際社会は急激なエネルギー需要を生み出す発展段階に入りつつあるというのが文明史的展望であるといってよい。

高度情報化を背景とした社会関係は、明らかに膨大な交通需要を生み出す。それは同時にエネルギー循環、再生産体系の持つ法則性に規定された人間社会の限界を如何にして打開していくかという課題を提起している。その意味でエネルギー条件は交通システムのライフ・サイクルを巨視的な領域において規定する因子として最も難しい基礎的な課題を提示し続けているといってよい。そして今や、それは地球物理学的な規模の問題としてあることは、人間社会の発展が大きく位相を変える文明史上の転換期を示唆しているともいえよう。

Ⅵ 情 報

交通過程において情報の役割は主として次の三つに要点を持つ。

第1に、交通サービスは即時財であるため、それを事前に実体検証することができないから、需要者は当該交通システムに関わるさまざまな情報から間接的に類推、評価するしかないということがある。したがって、交通サービスを情報客体化することによって代替的に検証するという方法に頼らざるを得ない。

第2には、交通サービスの生産・供給に関わって、特に二つの点で情報依存性が他にも増して高くなっていることである。一つは、交通サービスの生産が需要発生に応じた逐次生産を最も好ましいとする、即時財特有の性質があることに由来する。要するに交通サービス生産要素が需要条件に応じて即時に生産過程に入り得るようなシステムが準備されていなければならない。これはシステムという形での情報結合が成されていなければならないことを意味する。い

第2章 交通サービス

ま一つは、生産・供給を可能な限り効率的合理性をもって実施するために必要となる情報条件である。これは前者のシステム形成のための情報が主として内因的であるのに対し、一連の生産・供給過程で外因的に発生してくる種々の情報があると共に、それに需要に関する各種情報が加わる。これらはいずれも他律性の強いものであるが、即時財の生産・供給装置である交通システムには避けられない規制条件である。

第3は、正にこの需要条件に関わる情報の問題である。交通サービスにとって需要情報は生産および供給条件の絶対要件で、情報としては外因的であるがそれ無くしてはその過程を開始することができないし、また開始する意義を持てない。実のところ、この情報充足性は必ずしも十分でないのが実態である。殊に公共性の高い交通機関の場合のように、定時・定型性が強い交通システムにあっては、ごく一般的に見られるところである。また、私的交通システムにあっても、限界生産力に整合したような情報が安定的に得られるわけではない。また交通市場に参入する事業者にとっては、経営の成否がこの他律的な需要情報の如何に掛っており、この問題への対処が最大の関心事であることはいうをまたない。

すでに明らかなように、交通サービスの生産・供給過程は、同時に生産要素に対する需要発生の過程でもある。しかも、それは生産要素すべてに対する結合需要の形をとっているところに最大の特徴がある。加えて、時間因子において需要主導的であるところに一層の難しさがある。むろん、供給側面に独占を可能とするような条件がある場合には、供給主導の生産も実現できようが、その場合にあってさえ、需要発生の時間的条件をすべてコントロールできるわけではない。需要と供給の情報的一致は私的交通システムにおいて最も高いレベルで達成される。いい換えれば、交通サービスの需・給分業が進めば進む程、情報乖離を生む条件は多くなるということである。

分業は社会の発展、就中、経済の成長にとって最も重要な組織形態であるが、技術的、社会的に要素別、部門別に分離した組織関係にあって情報結合は不可欠の基礎的条件である。当然、高度に発達した産業社会は、高度に情報化され

た社会でなければならない。それにもかかわらず情報化の推進が改めて強調されるのは、分業の発達が必然的にもたらす空間的乖離の拡大が要素間、需・給間の情報バランスの非整合を助長しているからである。いうまでもなく、それは価値実現の実体過程である交通過程そのものの問題に他ならない。そして情報化社会とは、さらに進んで情報の中で先験的に即時財の持つ不確実性を最小化するデザイン・システムが工夫されて、交通過程の不整合を可及的に縮小する方法の実現が期待されている社会でもある。それは正しく情報化の経済が顕著に作動する社会であることを予見している。

Ⅶ 労働力

　交通サービスは、サービス一般の共通特性である労働あるいは労働＋労働手段が、その有用性を労働対象の上に直接有用効果あらしめる作業行為自体を指したものに他ならない。交通サービスの生産要素もこうした定義上は、労働力は労働の母体であり、他の要素は労働手段として位置づけられるものであることはいうまでもない。交通過程という労働過程が、これらの生産要素の有用性が労働対象である交通対象に直接働きかけ、場所の移動を通じて位置効用の変化を実現する過程であることは、はっきりしている。そして、生産要素の一つとして、労働力の持つ意味は交通サービス生産の最も原初的な要素として存在していることを、特に注目しておく必要がある。これは労働力の第一次的実体である人間自身が一つの交通システムとして存在しているという意味もある。が、より一般的に、交通サービスの生産過程において、労働力が生産の主軸的要素として存在しているという点に重要性を見出している。

　交通システムの種類如何にかかわらず、労働力要素は他の生産要素を手段として交通サービス生産の役割を担うものであるから、その位置づけはやはり第一次的要素として考えられなければならない。この点は交通事業経営の場で顕著な課題として現われてくる。特に資本主義的生産様式の下に組織化されている企業における労使関係が、交通企業の場合、殊に難しい問題を提出していることは周知のとおりである。交通サービスが即時財であることによる生産性向

第 2 章　交通サービス

上の難しさと、生産が需要発生時点に著しく制約された形を採らざるを得ないことに主たる理由がある。

　一般に交通事業の分野が他の事業分野に比して労働集約性が高いことはよく知られている。収益性を高めるためには、需要条件、就中、それが発生する場所的・時間的条件の中で可及的に生産性を高める経営組織の構築が必要である。労働集約的とは実は、この時点の状況が経営構造全体を大きく規定しているというところにポイントがある。

　需要発生時点以外の生産は収益性向上にまったく結びつかないということは交通事業経営上の最大の制約であり、またこの制約の中に如何に経営環境を高めていくかは非常に難しい課題である。交通部門において労使関係が悪化し易く、また労働運動が起き易いのも、こうした生産構造に因るところが大きい。他方、資本の側からすれば、需要条件、労使関係、いずれもが収益性に直結して経営の自由度が著しく制限されて、幾つかの特殊な条件が維持されない限り積極的に参入する部門にはなり難い。持続的に需要の発生が確保し得ること、労働力が需要の発生に応じて弾力的に調整できること、これらが基本的条件である。前者は参入に制限があって相対的に供給の独占性が高められるような条件が期待されるし、後者は省力性の高い技術の開発や労働市場の開放性が進むこと、これらが期待される。その逆の方向、特に前者に関連して規制緩和政策などによって競争が激しくなると、他の部門以上に収益性の悪化へ結びつく度合が強く、急速に供給側面の分解が始まる。

　労働力要素は他の生産要素と異なり人格的要素と不可分の関係にあるため単なる生産力基準で制御できない難しさがある。その時代、地域の社会的関係が生産関係に直接、間接に制約条件として加わってきて不確定性が避けられない要素でもある。

第3節　交通サービスの質評価

I　即時財としての基本的評価条件

　交通サービスの質評価の問題は、それが即時財であるということからする基本的な特性がある。(7)

　第1に、即時財であるということは、質評価の条件が場所と時間の変化と共に連続的に変化するという微分的現象下にあるということである。その変化幅は直ちに評価の安定性の如何に反映されてくる。著しく閉鎖的な安定的条件が設定されているような場合は例外として、一般には何らかの変化幅をもって交通過程が推移しており、ある許容幅の中での平均的な評価を受け入れて価値実現を図っているというのが実態である。しかし、この許容幅も交通システムの形成構造によって、また需要条件の違いによって変化していく流動性を持った存在であることも即時財評価における特徴である。

　第2に、交通サービスの即時性は、評価が著しく個別的になるという傾向を避け得なくさせる。一定の耐久性をもって価値の客体化が可能である財貨の質評価は、その範囲において一定の安定性を持つことができる。それに対し、即時財にあっては、生産・消費の同時性の中にシンクロナイズして即時・個別的に行われざるを得ない。交通サービス質評価の難しい点である。

　第3に、即時財であるということは、それを事前に入手し直接評価することができないということである。そのため評価は準備されている生産要素個々ならびに生産・供給システムに関する各種情報、あるいは利用経験者からの情報といったものから、間接的に評価するという形でしか行えない。この間接評価性が交通システムにおける情報信頼性への要請を著しく強いものにしている。一般に、情報の信頼性は、他の事情にして等しいとすれば、場所と時間における差の大きさに比例して減衰する傾向を持つ。したがってこの乖離をできるだけ縮小しようとする一般的要請が常に存在しているということになる。

第2章　交通サービス

　第4は、交通サービスの生産・消費、需要と供給の量的関係から生ずる評価の流動性の問題である。実質的に評価の対象となる交通サービスの量は移動される交通対象の量と交通距離を基本的な尺度として測定される。この内、即時性との関係で検討されねばならない量の問題は、主として前者に関するものである。

　この問題は生産・消費の関係、需要・供給の関係に分けた上で相互の関係を理解しておく必要がある。

　生産と消費の関係について。交通サービスは即時財として、生産されたものは同時に消費されるという物理的関係にあるから、生産量＝消費量という量に関する即時財条件ともいうべき関係が存在している。しかし、この関係が直ちに需要・供給の量的関係を表わすということにはならない。

　交通サービスの供給量という場合、価値実現過程に結合する量が問題なのであって、単に生産された量がそのまま供給量になるわけではない。いい換えれば、供給量は需要量に規定されるという関係の下にあるということになる。むろん需要量が直ちに供給量になるという単純な関係ではない。生産された交通サービスは、その一部分が当該生産過程の中で中間財として自己消費され、需要充足に供される交通サービスの質に付加価値として加わっていく。このプロセスの中ですでに生産量＞供給量という不等式関係が生じてしまう。さらに需要量と供給量の関係は、充足実現量という条件下で比較する限り、どのような場合でも供給量≧充足需要量という需・給量条件が成立する。むろん、未実現需要が存在し潜在需要化しているものを含めた需要との比較関係では、供給量＜需要量という関係はいくらでも成り立ち得る。しかし、今ここで議論しているのは、ある交通サービス生産条件下に供給された交通サービスが需要との関係でどのような量的関係が実現されるかという問題であり、その関係の中ではかような不等式関係が成り立つということである。

　以上の関係を整理すると4者の間には、生産量＝消費量＞供給量≧充足需要量の量的関係が存在するということになる。この量的関係は当然、交通サービスの質評価に差異をもたらす。[8]

Ⅱ 評価および評価因子

　交通サービスの質評価は以上のような基本的特性を持ちながら、一般に次のような諸因子を通じて行われる。場所（位置）因子、時間因子、交通サービス生産要素因子、交通サービス生産・供給システム因子、費用因子、制度因子、環境因子の7因子である。これらの因子から快適性、信頼性、利便性、安全性、低廉性、迅速性、等々の二次指標が工夫されて、費用・便益分析（cost-benefit analysis）などの手法を導入しつつ評価を加えていくことになる。[9]

1　場所（位置）因子

　人、物、情報そのいずれに限らず、すべての存在は何らかの形で場所（位置）を基本的属性の一つとして持っている。価値実現はそれら対象の位置変換を通じて得られる新たな効用形成を通じて行われる。したがって、交通サービスの質評価における最も基本的な因子としてあらゆる場合に第一次的評価フィルターとなる。端的にいえば、交通システムはこの場所移動の自由度を如何に効率的に実現できるかという点に最大の関心事があり、他はそれを保証する諸条件を整えるための二次的因子に過ぎないといっても過言ではない。

2　時間因子

　場所の変化は時間因子と不可分の関係の中で成立する。距離はその結果として生ずる空間的位相差に他ならない。交通サービス評価において、時間因子は供給時点、速度、頻度（密度）、確実性、定期性、利便性といった指標の主因子として機能する。時間は位置と共にあらゆる価値実現過程の基礎条件であって、その拘束度は交通の自由度と反比例の関係にある。特に、即時財として供給と需要の時間的乖離の大きさは価値実現の機会充足性に関する最も重要な要素として、それを可及的に縮小することは交通システム形成上、最重要の課題になっている。社会の発展は分業の高度化に依拠するところが大きく、再生産構造の空間的拡大が進めば進むほど、交通距離は増大し交通サービス需・給関係が分業的に行われる度合も強くなる。交通サービス評価における時間因子の占める比重は一層高まる傾向にあるといってよい。

　また、価値観の多様化、ネットワーク社会の進展、市場における競争、これ

らは個別主体間の情報結合と共に再生産循環の空間的拡大と速度に関わって時間価値意識を著しく高める社会環境を形成しつつある。殊に市場における競争の激化が進む中で、利益機会獲得の確率を高め、資本の回転を向上させて収益拡大を図るために、時間価値は極めて重要な価値尺度になっている。資本主義社会において交通機関の発達、就中、速度、頻度への要求が著しく強いのは、こうした時間因子条件が利益機会に直接、間接に結びついている度合が高いからである。

3　交通サービス生産要素因子

あらゆる財、サービスがそうであるように、交通サービスの質は生産過程における技術的要素の如何に大きく関わっている。先に挙げた7要素が整合的かつ有機的にシステム化され、需要との間に必要かつ十分な充足条件が達成されること、これが基本的な評価の構図である。しかし、交通サービス生産・供給過程において、この条件を安定的に実現することは、なかなか難しい。需要発生との即時的な関係の中で実施されていかなければならない課題だからである。

同一の生産要素から産出された交通サービスであっても、場所的・時間的乖離がある限り代替性は小さく、またほとんどゼロに等しいということが少なくない。価値が客体化される財貨のように、製品間の相互補償によって全体として質評価の結果を向上させるという方法が採れないからである。しかも、産出交通サービスの質は需要発生時点における稼動生産要素の中の最も低い生産能力の要素に規制されるという著しい制約がある。この非代替性と下位拘束性は交通システム全体の編成を著しく非弾力的なものにし、かつ、評価の不安定を縮小するために発生需要量を越える過大な生産能力を投入しなければならないという非生産性にも繋がる。特に不特定多数の需要を広域、長期にわたって対象としなければならないような交通事業にあっては、この問題は一層深刻になる。しかも、価値観の多様化が進む中で、評価の視点が浮動化すれば、さらに一層その不確実性は増す。

生産要素を準備し需要の発生を待って生産を開始するという組織構造が如何

に不安定な経営体質を生むか、その例は枚挙にいとまがない。正しく交通部門というのは、交通サービス生産を開始するために生産要素を整えて待機する一連の事業群からなる準備産業の様相を呈している。この受動性の中に交通資本の従属性が指摘され、あるいはサンクコスト化し易い部門として周知されている。

　いずれにしても、交通サービスの質評価が生産要素因子に関わって現われる現象は著しく微細にわたって、かつ個別的であるという特徴に尽きる。すべての価値実現過程はこれら生産要素の限界生産力が整合的に現われ、改善されていくことが期待されている。ある要素の機能向上が生産能力を大きく高めたというような現象は、正しくその要素が能力向上を阻害する隘路的存在であったことの証左に他ならない。即時財においては、この隘路性の問題は他に比して大きく結果に反映する。

　他方、ある生産要素が他の要素よりも高い限界生産力を持っていた場合、それは当の産出交通サービスの付加価値を増大させるかといえば、直ちにはそうならない。それは当該交通サービスとは別の結合的な価値展開が並行して発生しているに過ぎない。そしてその交通サービスを消費して実現される交通過程の中には、別の形で付加価値化していく可能性があることはいうまでもない。いい換えれば、交通サービスの生産過程はそこに投入される諸要素を通じて、単に交通対象の場所的移動という第一次的目的充足だけでなく、結合的に二次的生産活動が付随して発生していることが少なくないということである。しかも、これらの存在が交通サービスの評価に独立的であるとは限らないところに、一層の難しさがある。

　交通過程に入ってくる際の交通対象はいずれも未完成財の状態にある。交通サービス生産要素とは、交通サービスの生産という迂回過程をへてそれを完成するために加わってくる中間財に他ならない。ここに問題の核心がある。

4　交通サービス生産・供給システム因子

　交通サービスの質は生産要素の技術的能力に因るところが大きいことは事実であるが、それを効果的に組織して需要充足能力を如何に高めるかがより重要

な課題である。生産・供給システムが評価の最も重要な因子として存在するのは、この理由による。交通対象にとって交通過程は価値実現の完成に向けて引き続き継続される一連の過程に他ならない。その意味で生産・供給システムとは、単に需要の受動的な充足条件を整備すれば足りるという存在ではない。複雑、多様化する需要に対応して、しかも、より積極的に価値実現過程をデザインして付加価値を高めることに寄与するシステム形成こそが社会における成長条件である。交通の自由度とは、こうした観点からの認識であり、持続する再生産ネットワークの効率的有機性を高める一連の過程を総合的に評価する指標を与える。

　a　需要側面からの要請

　交通需要の側面から見るとき、生産・供給システムの評価は、需要動機、需要意思の程度、負担能力、交通対象の物理的条件、経済的条件などが基礎となって、相対的に析出されてくる問題である。一般的には、所与のシステムから供給される交通サービスを受動的に評価することが多い。しかし、価値実現が単に交通対象の質だけでなく、最終的な段階に至る一連のプロセスが重要な意味を持つというトータルな認識が高まるにつれ、評価意識が積極化してくる。特に需要行動の多様、多元化は交通過程をも含めた総合的な評価の中に新たな価値系を形成させていく。このことは交通システム形成における需要指向性の傾向が強まっていくことを意味する。

　重要なことは、交通サービスの生産・供給システムの設計にあたっては必ず生産要素のシステム的評価が一体となって行われなければならないということである。これは再生産空間が距離的、時間的に拡大すると共に、価値実現過程の交通論的認識がどうしても必要になってくることからもきている。交通距離・時間の増大が、交通過程をやむを得ない派生的な現象といった二次的評価で済ますには、余りにもその比重が大きいという現実の問題をつきつけてくるからである。

　いい換えれば、交通を社会の諸循環、再生産過程の中で部分的な補完機能として位置づけるような接近方法では、もはや十分な理論形成が難しくなってい

ることを立証する現象が顕われているということである。交通が人間社会における主体的な意思活動下に行われる価値実現の実体過程であるという本質的理解が必要なことを再認識する動きであるといわねばならない。生産、流通、消費、あるいは生産、分配、交換、消費といった経済過程の範疇分類にしても、それは何らかの基準に基づく価値展開過程の性格づけであって、それを具体化している基礎に一連の交通過程が存在していることを改めて強調しておく必要がある。

社会の諸現象はこの価値展開過程と交通過程の二元構造を成しているところに一大特徴がある。したがって、交通を価値展開過程の範疇分類の中で矮小化するような理解、理論だては、基本的に誤りなのである。その意味で交通需要にしても、交通対象に対する需要を本源需要とし、それを派生需要として二次的意識の中で評価する方法が適切でないことはいうまでもない。本源需要と呼ばれるもの自身の中に交通過程が組み込まれていなければ、それは単なる抽象的な対象認識でしかない。

かように、交通過程の本質に関わって交通対象の価値実現が行われる一連の過程を総合的に判断する必要性が高まるにつれ、交通サービスの評価因子として生産・供給システムの問題は需要側面からの意識が急速に高まってくる。要点は生産、供給に関係する諸要素が如何に需要対応性の高い形でシステム化されるかに掛っている。

b　システム形成の方向性

この問題は交通の本質に鑑みて、二つの視点から接近していく必要がある。社会的側面と機能的側面からである。

交通の問題は、巨視的には常にその社会の価値形成形態を実体的に反映するものであるから、交通システム形成の基準は当然、それに沿った形で現われる。今日の社会で最も一般的な体制は、自由主義と民主制を軸にした社会体制であることは周知のとおりである。その中で展開される価値形成過程に応ずる交通システムは、大別すると次の三つの基軸に沿ったものになる。公共性基準、私的システム、市場メカニズムの3基軸である。

第 2 章　交通サービス

　交通サービス生産・供給システムの最も原始的な形態は、いうまでもなく私的システムによるものである。原始的形態であると同時に、価値実現のための不可欠な要件として最も基本的な回帰形態でもある。しかし、社会の発展は分業を基礎にしており、その中で生ずる交通量、交通距離等の増大に私的システムの範囲では対応し切れず、交通サービスを専門に生産・供給するシステムの発達が必要になってきた。所謂、他人輸送とかコモン・キャリアと呼ばれる形態の交通システムである。

　今日、それらが、公共性基準や市場メカニズムを基軸として展開していることは周知のとおりである。前者は社会の基礎的条件を保証し、後者は利益追求と資源の有効利用という目的に適じながら多様な展開を示す。特に公共性基準は社会体制を反映して、交通権の問題に深く結びついていることは既に触れてきたとおりである。各基軸に基づくシステムがそれぞれの目的に中心的役割を果たすことはいうまでもないが、実際の交通過程は各基軸システム個々独立に完結し得るわけではない。また、例えばある交通事業が高い公益性を認められて公共性基準に強く傾斜していたとしても、実際には市場メカニズムの中で競争関係の中にあったり、特定の需要者との間に個別的な契約を結んで事実上、私的交通システムとして機能する交通サービス供給を行う場合も十分にあり得る。

　要するに生産・供給システムの社会的マクロ的な側面は相対的に現象するものであって、各基軸が独立に展開しているわけではなく、個々のシステムに幅をもって規制関係を示していくというのが実態である。

　いま一つの機能的側面について。交通が価値実現の実体過程である以上、交通対象の場所的移動に参与する交通サービスが機能面で需要条件に如何に整合的に生産・供給されるかは重大な課題である。最も望ましい条件は、個別需要に排他的に対応し得るシステムが安定的に構築されていることである。しかし、こうしたシステムを交通対象を通じて得られる価値実現達成の最終過程まで組み込むことが出来るのは、むしろ限られた場合でしかない。一般的には、特殊性、頻度、負担力、費用・効果分析などを通じて排他的な私的交通システム形

49

成の範囲が決められ、他は別のシステムに委ねるという形をとる。

　交通需要というのは、特性上、評価が他に比して個別的傾向になる度合が高い。場所と時間の2因子に規定されて交通対象の価値実現が著しく左右される関係にあるからである。このため需要主体的に使用できる交通システムへの要求は基本的な特性として常に存在しているといってよい。その意味で私的交通システム化への指向は一つの明確な法則性の中での現象である。殊に機能的に特殊性の高い需要であればある程、この傾向は強くなるわけで、価値観の多様化という動きの中では、さらに一層促進されていく方向にあるといえよう。

5　費用因子

　ここで意味する費用とは、交通サービスを取得するために発生するあらゆる種類の犠牲量を指している。交通サービスに関する負の評価はこれによって行われることになる。交通需要充足に必要とするシステムの選択は、それによって行われる交通過程の中で生み出される便益と発生費用の相対関係で決められる。が、それは多分に理論的な表現であって、実際の交通過程に照し合わせて算式評価上の妥当性を追究しようとするとさまざまな問題に直面する。重要なことは、交通過程の中で生産・消費される交通サービスについて、需要者は連続的な評価判定をし続けているとは限らないということである。むしろ多くの場合、極めて包括的、概略的、かつ結果論的な形で行われているのが普通である。

　いま少し整理していえば、目的意思の発現からそれを実現するまでに発生する交通サービス需要に関わる費用への意識は、他の財・サービスの需給における意識に比べ、はるかに不安定、不確定性が大きいというのが実態だということである。交通が価値実現過程にさまざまな形で組み込まれているため、交通サービスに対する費用区分が明らかにし難い場合も多く、他の費用項目の中に埋没してしまっていることが珍しくないからである。

　例えば、事業所内、家庭内あるいは他の種々の施設内での移動に関わる費用でさえ交通費として計上することはほとんどないといってよいし、まして加工、工作、組み立てなどの作業工程での移動に関する費用など交通サービスに関わ

第2章　交通サービス

る費用として考えられることはまずない。実務上、交通費として抽出する意味がないということもあろうし、原価計算における費用項目の設定が、ここで論じているような交通の本質を考慮して行われているわけではないから、当然のことに過ぎない。かように一般に交通費として計上されているものは、交通過程全体で発生する交通サービスに関する費用の一部分でしかないことを理解しておく必要がある。

　交通サービス評価における費用因子の問題は、実現価値量との比較判断に委ねられる相対的な問題として、第一次的評価因子として位置づけられているわけではないということ、そして多くの場合、交通需要自身、本源需要であると見る交通対象からは二次的な派生需要として、負の位置づけがなされていることも視野に入れておかねばならない。結局、交通サービスに対する評価は、交通それ自体への負性意識と、それにかかる費用の問題と、二重のマイナス意識の中で行われているということになる。

6　制度因子

　これは交通サービスの場合に限らず、あらゆる財・サービスの評価において何らかの形で枠組を与える強い規制因子となっている。

　重要なことは、制度というものの概念が非常に幅広い範囲にわたっていることで、広義には、社会の体制、文化、それらに基づくあらゆる秩序規範が挙げられる。それが比較的安定して推移している場合には、議論の幅は限られてくる。しかし、一般的には何らかの形で流動的に展開しているのが普通であって、特に時代の過渡期あるいは多様化が強調されるような状況が現われてくるような場合、社会の秩序パラダイムに変化が生じてくる。そうした変化は、価値実現過程に影響して、交通サービス需給の場に直ちに反映してくる。[10]

a　社会的規制力の枠組

　制度として規制力を持つ最も典型的なものは、社会的強制力を持つ「法律」制度である。ここに体制的な特殊性が結びついて、現実社会の最も強力な秩序枠として現われてくる。これを外縁にして、他のさまざまな調整システムが加わって行動に一定の秩序を与えながら展開しているのが社会の一般的姿であ

る。例えば、経済活動にあって需給関係を規定する市場メカニズムもその一つである。個別的には、それぞれが持つ組織機構、それらを連鎖的に拡げていくさまざまなネットワーク・システムもまた、ゆるやかな形ながらその枠づけの中に入っていく。

　重要なことは、ここでの制度とは、何らかの形で個別主体の行動を規律していくソフトウェアの一群であると幅広く解釈しておく必要があるということである。それは、当然、価値実現過程である交通過程で生産、消費される交通サービス評価の規制因子として働いてくる。交通問題を考える場合には、当の交通需要、供給システムがどのような制度枠の中で行動しているかの認識が不可欠で、しかもそれが社会の動きの中で変化する存在であることを理解しておかなければならない。

　加えて、それらは内生・外生、自律・他律諸因子の複合状況下にあって、法制度のように強力な外生・他律性をもって、回避できない所与のものとして受容しなければならない規範も少なくない。また、多くの社会的慣習や各分野での慣行といったものも、この種のものと同様の外生的規範として存在している。

　今日の情報化の進展は、こうした面においても着実に流動性を与えつつある。特に交通の分野では、永く規制業種の主たるものとして推移してきた関係上、規制緩和論の中心的な対象となっていることは周知のとおりである。実際、多くの部面で在来の制度枠を越えて展開している実態があり、緩和論はこうした状況を追認する手立てであると共に、さらに多様化、競争の激化に対応できるより自由度の高い制度基盤を構築することの必要性を展望しているともいえよう。

　むろん、規制は単なる抑制ではなく、保護、促進といった目的を遂行する手段でもあり、例えば公共性の領域に加わる対象などは、こうした政策が不可欠である。限られた資源構造の下で、より自由度の高い社会規範を形成する上で、規制政策が最も重要な制御システムであることは依然として変わりない事実を認識しておく必要がある。規制緩和とは規制自身を否定しているわけではなく、新しい社会状況に即応した見直しの必要を示唆した動きとして理解しておく必

第 2 章　交通サービス

要がある。全体としては、対象のより巨視的な把握の上に立った、制御システムの導入という方向性の中での変化であるといってよいであろう。[11]

交通システム、交通サービスの評価というのは、社会的ソフトウェアである諸制度の下に規定された歴史性の中で行われている存在であるということを認識しておかなければならない。

b　市場機構

社会がその時代に、資源の利用に関してどのような再生産システムを選択しているかは、制度因子に関連する最も重要な論題の一つである。制度を基本的に規定する、所謂、体制の問題は、まずここに最も顕著な形で投影されてくる。今日、多くの社会で受け入れられている資本主義下での再生産システムが、市場機構という秩序メカニズムを中軸に展開していることは周知のとおりである。

法律制度が権力を背景にした強制力を基に拘束的・垂直的規制関係にあるのに対し、市場機構は参入・退出の自由性、需給双方関係の中で水平的規制関係にあるところに特徴がある。社会の発展が分業の促進によって営まれ、かつ需給のバランスが先験的に確実に把握できない限り、財・サービス交換の場として何らかの形で市場機構の存在が必要である。さらに、有限な資源をより有効に配分するメカニズムが市場の競争性の中に期待されることが、市場機構を一層意味のある再生産システムとして認識させるものにしている。

重要なことは、市場機構といっても、それはさまざまな種類の実用システムがあるのであって機械的な無機質なものではないということである。社会体制、産業・経済の発展段階、その他社会を規定する諸要素が再生産体系の中に組み込まれて、その系列の中で引き出されてくる、優れて歴史性を持った社会的メカニズムとして選択されているということである。その意味で今日の社会が選択している市場機構とは、参入・退出の自由度が高く、資源の有効利用を促進して社会の厚生増大に寄与する競争的市場に焦点が合わされているということ、ここにポイントがある。

これは交通サービスの評価因子として考える場合、重要な認識である。この

有効なメカニズムを交通サービスの生産・供給システム、需給関係の中に如何に作動させるかという課題に直面するからである。端的にいえば、それは明確に二つの局面において作動する。一つは、いうまでもなく交通サービスそれ自体を取引対象として展開する市場であり、他は、交通サービス生産要素を対象とした一連の市場群である。

　前者は一般に交通市場と呼ばれて、交通システム形成上の一つの基軸形態として理解されているものである。交通サービスの需給自身の中に直接、市場メカニズムの有効性を作動させることが期待されている市場である。が、交通事業は参入・退出の自由な競争的市場が有効に展開することが難しい分野として、規制政策が最も強く実施されてきたことは周知のとおりである。需要側面から見れば、社会的必要性という面で寄与することが要請されている場合が少なくなく、安定した供給構造が求められていることもある。それは単に経済分野だけでなく、政治、安全保障、福祉等々の社会的諸分野にわたって一定の役割分担が期待されている場合が多いことも重視しなければならない。本来、公共性基準の下に別個のシステム枠で対応すべき部分が、需要に共存して複合需要の構造をなしているところに問題の難しさがある。交通需要には概して、こうしたケースが多く、それに対処する供給側に多重の要求が付加される結果になる。従来から交通部門における公的介入がごく一般的なこととして受け入れられてきた理由の多くがこうした点にあることは周知のとおりである。[12]

　また、他方で供給構造の中に市場への自由な参入・退出あるいは競争を阻害する因子を持ちやすいことも、交通市場の特徴である。その中で最も強く指摘されてきたのは独占の問題である。交通過程の連続性は必然的に大規模な投資を必要とし、特に技術的不可分性を主因とする自然独占の発生を顕著な例として独占性を生み出す要素は多岐にわたる。[13]その端的な例が鉄道に見られることはよく知られている。独占性を引き出す最大の因子は通路要素にあるわけで、この部分の投資、運営がどのような形で営まれるかが要点になる。鉄道の場合、技術的、経営的に見て一元的に管理できる経営構造が望ましいとして、通路を含め生産要素の多くを保有する事業経営の態勢を採ってきたことは周知のとお

第2章 交通サービス

りである。これが鉄道において独占が一般化する主因となって、鉄道が中心となった時代の交通市場が著しく規制介入を強めた交通政策の対象となってきたことは記憶に新しい。

　交通事業が大規模な投資を必要とするという投資条件は独占の問題を回避することの難しさを物語っているが、それは技術的な条件に由来するところが大きく、この面での改善は市場構造、殊に供給側面の弾力性が図られる構造的な変化が伴うものでなくてはならない。鉄道が独占を生む理由の第1が通路を中心とした要素投資の肥大化と技術的条件に因るというように、少なくとも社会的に評価される水準での大規模な投資を必要とするような交通システムにあっては、こうした要素部分は別個の経営が行い得るシステムが不可欠である。このことは、競争の促進が市場メカニズムの特性を生かす条件である以上、競争可能な交通市場形成のための構造的整備が前提であることを示唆している。

　即時財である交通サービスを生産・供給する事業にとっての最大の課題は不使用能力部分をできるだけ少なくして生産性向上を如何に図るかにある。これは需要の存在が不可欠の絶対条件であるということにおいて、競争の激化は他に比してはるかに厳しい需要獲得競争に立ち入らざるを得ない。時に原価を下まわる価格競争が展開されることも珍しいことではない。これは一つには交通サービスが他の財・サービスに比して差別化が行いにくいという性質にも因っている。価格競争の激化は如何に原価を引下げるかの工夫以外に行きつく所はない。それが限界に達した時、市場から離脱していく。この場合、元々、生産性向上の難しい交通事業にあっては、待機状態にある各要素の個別生産性評価の中で費用の削減を図る以外に他にほとんど方法がない。多くの場合、こうした費用管理の手法で実現できる価格競争力は直ぐに限界に達し、市場退出という結果を招く。

　いい換えれば、競争的市場実現の条件は、大規模な投資を不可避とする要素への投資方法、不使用能力を可及的に縮小できるようなメカニズムの導入、これらが図られなければ、結局、市場退出、競争の低下、独占化への傾向という構図は避けられない。交通市場が簡易に規制の廃止というような緩和策が採れ

ない理由の一つがここにある。その他、安全性、信頼性など、即時財の特性から事前に明示されるような共通の制度も不可欠である。これらはどのような形であるにしろ規制的要因であることに変わりはない。それらが交通サービスの質を大きく規定する要素になることは敢えていうまでもない。

　c　組　織

　広義の制度枠として、個々独立に形成される「組織」という形の枠組である。これはさまざまな形で多重構造をなしていることが多く、交通サービス評価において、需給両側面に制約的に働く。今日、あらゆる分野において構造的流動化が起きている中で、個別組織の著しい改変が生じており、それが同時に価値実現の一連の過程を強く規制していく動向がある。殊に産業・経済の分野における流動化は激しく、多角化、業際化、国際化がごく普通の様態となって、組織の複合性が評価の視点を大きく変えつつある(14)。いい換えれば、組織自体が多元的要素を有機的にシステム化できる能力を持ったものでなければならないという客観的状況が展開しているということである。

　社会が開放性を強めていく時代の顕著な特徴に他ならないが、そうした状況下に組織が有機的にネットワーク化され、新しい再生産能力を発揮するためには、共通の基盤として高度の情報化が不可欠である。その意味で情報のダイナミズムを飛躍的に高めるための情報および情報化への投資が積極的に行われなければならない発展段階にあるといえよう。

　個別主体にとって組織形成の基本原理は、価値実現過程の自由度を可及的に高めることに尽きる。今日、それは明らかに情報・情報ネットワークの中にその岐路を探ろうとしている(15)。

　交通サービスの評価は、こうした状況の中でシステムそれ自体にまで立ち入って、需要対応性という著しく個別的な課題に如何に対処し得るかという点に重点が置かれてきているということである。

　7　環境因子

　すべての価値実現が交通過程を通じて行われている以上、人間社会に関わって生ずるさまざまな因子が評価に加わってくる。今日、急速に社会認識を深め

第2章　交通サービス

つつある環境問題が交通サービスの質評価に何らかの形で規制因子として関与してくるのは、当然のことと言わねばならない。殊にその問題が地域的な課題から地球環境全体を視野に入れた領域にまで拡大してきている状況の中では、改めてその特性、評価指標としての位置づけを明確にしておく必要があろう。

　ここにおいて環境とは、一連の交通過程、すなわち、そこに関係する交通主体、交通対象、交通システムが交通サービスの生産・消費を通じて展開する価値実現の過程を取りまく総ての外的条件を指している。元来、人間社会とは、環境との相互関係の中に相対的優位の条件を育成することによって発展してきた歴史の蓄積に他ならない。当然、その行動自身が負の環境条件を増大させるような方向で作用することは可及的に阻止、抑制されねばならない。しかも交通サービスそれ自体がこの課題に対処する関係は、即時財の特性上、需給両側面からの異なる評価が同行、直面する場としてあること、そして更に、環境条件はこの関係に外生的因子として規制、作用し、加えて、その特性を整合的に内部化していく技術、システムの導入が要請されているということである。この関係の中で交通サービス評価のあり方は、当事者以外の外部関係が何らかの形で直接・間接に関わってくるところに問題の難しさがある。そこに人間社会の持続的発展を展望して地球科学的なレベルにおける環境問題という極めて巨視的な課題が前面に出て来ているのである。こうした諸側面を持つ環境因子からする交通サービスの質評価については、少なくとも次の諸点が配慮されていなければならない。

　第1には、交通サービスの需給に関わる技術的条件が環境負荷条件を可及的に抑制、排除する組織、構成を成し、それらが経済的、制度的等、社会的諸条件において促進的にシステム化されることが基礎的に認識、整備されていくのでなければならない。

　第2には、人間社会の持続的発展が、その基礎となる資源条件の大方を地球科学的環境下に依存しているという現実の中で、資源利用の長期的展望に立った効果・効率の実現を図るマクロ的な思考、システムの一般化が必要である。例えば、循環型社会といった社会形態の想定は、そうした接近方法の一例である。

第3に、この視点に立って資源利用を考察する場合、交通学的な立場からは、次のことを理解しておかねばならない。それは、利用資源が交通対象と交通システムと、この2形態に分かれて展開しているという事実である。前者が有用化資源の直接対象であり、後者がその有用性を実体化する交通過程実現の役割を担っていることは言うまでもない。地球環境にまで広がる環境問題とは、正にこの関係の中に展開する諸現象に総てが起因している。ここから引き出されるポイントは、次の2点である。一つは、両資源が結合して展開する極めてミクロ的な現実の諸側面であり、いま一つは、両資源の構成関係に関わる、よりマクロ的な課題である。環境問題が人間社会と直接・間接に触れる総ての諸条件に関わり、それが交通過程を通じて起きる課題である以上、両側面に共にあることは言うまでもない。重要なことは、前者が後者に大きく規定されることから、後者の問題を明確に整理しておかねばならないことである。

　第4に、その要点は、交通対象化資源は交通過程を通じ形質・位置関係を変化させながら有用性を実体化させていくという関係にあって、他の条件に変化がない限り、交通対象化資源量の如何にかかわらず交通距離の増大は、地球環境から資源化される量の増大をもたらすという、このことにある。いうならば、交通システム化資源は交通対象化資源有用化実現のための手段、費用としての位置づけにあり、その意味において同一価値実現に投入される量は、可能な限り少なくすむことが望ましいということになる。そして、そこに即時財である交通サービスの性質からする交通システム化資源自身の生産性非効率の問題がさらに加わる。言い換えれば、交通システムは資源有用化の担い手として不可欠な手段であり持続的発展の基礎でありながら、環境論的には抑制的認識が必要だということになる。

　第5に、こうした基本認識の下に、需要条件を充たしながら交通過程に関わる総ての技術的要素を直近のミクロ・個別環境から地域環境、さらには地球環境全体にまで総合・有機的に対応したシステム構築を必要としているということと、持続的発展を希求した循環型社会の実現には、これが不可欠であるというところに難しさがある。そして、こうした諸課題を背景に、交通サービス質評

第 2 章　交通サービス

価は、需要・供給の両側面と共に、環境が第3の評価領域として加わってきたということ、殊に地球科学的といった極めて巨視的な人間社会外条件にまで広がる領域が入ってきたということは、これまでとは違った意識レベルで評価が行われなければならないことを意味している。ここでは少なくとも、地球科学的・人間社会的の両側面からの接近において、人類生存の条件を後退させるような環境変化をもたらすあらゆる諸条件を抑止、回避する評価の均衡実現が不可欠である。より積極的には、その均衡がより高いレベルで実現されることが期待されていることは言うまでもない。

　かように交通サービスの質評価に関する環境因子の位置づけは、その多くが著しく相対的な状況下にある。このことは、この問題への認識が十分な時間的経過を経ていない以上、避けられないことながら、次のことは明瞭になってきている。すなわち、人類生存の資源条件がその大方をまず地球自身に負っているという事実に鑑みて、生存を持続的に保障する地球科学的条件を維持、再生する循環システムが人間社会の基礎に据えられていること。そして、交通過程とはまさしく、そうした条件下に資源化を図ろうとする人間社会の行動であり、この問題の直接の現場そのものに他ならない。言い換えれば、環境問題の現実は交通の行われているその場にあって、交通過程実現の諸条件こそが交通サービスの質評価を規定する条件であることの認識が重要なのである。これは、次のような3段階の評価レベルを考えなければならない。

（1）価値実現の基礎能力としての交通サービス評価を第一の尺度として、交通サービス生産能力という物理量に焦点が合わされる評価レベル

（2）交通サービス生産の効率性、単位交通サービスあたりの交通対象を通じた実現価値量といった生産性指標が現れ、この系譜の中で物理的・技術的指標と共に、人間社会の様々な価値意識が比較因子を与えて種々の相対的評価指標が工夫され、効率性、資源配分、権利関係、等々の問題が前面に出てくるレベル

（3）それらが資源環境にフィードバックされて地球科学的条件の中に生存から更に持続的発展への交通サービス選択のあり方を規定する評価指標

が求められてくるレベル

　以上の3評価レベルである。重要なことは、これらは独立の指標としてあるわけではなく、相互に規制・支援関係を持った連関指標としてあることである。環境問題とはどのレベルにおいても必ず発生する性質のものであって、それが個別的、あるいは限定集団・地域的といった限られた範囲に留まる限り、大方は自己完結的に対処する手立てを見出し得る。しかし、その範囲を超えた領域にまで波及する状況に達した時、この問題から生ずる人間社会への影響は、それまでとは本質的に異なる存在として機能することになる。それは人間社会のあり方が環境と一体的に有機化、機能する関係、不可欠の補完関係にある存在として位置づけられることが必要になるということである。これからの環境問題はまさしくこのレベルの問題としてあり、この関係の中に総ての環境問題が再編成、再構築されていかなければならないということになる。交通サービスの質評価も、この視点からの接近が不可欠であることは多言を要しない。

注

（1）拙稿「交通サービスの性質」、『流通経済大学論集』Vol.15, No.3, (56), 1981.2, pp.13～23. 前田義信『交通経済要論』（改訂版）晃洋書房、1988年、第3章.

（2）Pirath, Carl, *Die Grundlagen der Verkehrswirtschaft*, Berlin 1949, ss.138～171.

（3）北見俊郎『港湾総論』成山堂書店、1972年、第1部.

（4）織田政夫『国際複合輸送の実務』海文堂、1992年、第1，2章.

（5）Doganis, Rigas, *The Airport Business*, Routledge London, 1992, 木谷直俊訳『エアポート　ビジネス』成山堂書店、平成6年.

（6）春日茂男『立地の理論』（上）大明堂、昭和56年、第一章.

（7）拙稿「交通サービスの性質」、『前掲書』、pp.17～22. 拙稿「交通サービスの質評価について」、『流通経済大学論集』Vol.19, No.2, (71), 1985.2, pp.5～10.

（8）拙稿「私的交通と交通サービスの質評価」、流通経済大学『創立二十周年記念論文集』流通経済大学出版会、昭和六十年、pp.99～103.

（9）拙稿「交通サービスの質評価について」、『前掲書』、pp.23～24.

(10) 宮澤健一『制度と情報の経済学』有斐閣, 1988年, 第1,4章. 川村哲二『制度と組織の経済学』日本評論社, 1996年, 第Ⅰ部.

(11) Dempsey, Paul Stephen, *The Social snd Economic Consequences of Deregulation, The Transportation Industry in Transition*, Quorum Books, Greenwood, Inc. Westport Ct., 1989. Dempsey, P.S.& Andrew R. Goetz, *Airline Deregulation and Laissez-Faire Methology*, 1992, 吉田邦郎・福井直祥・井手口哲生訳『規制緩和の神話』日本評論社, 1996年.

(12) 清水義汎編著『前掲書』, 第1章.

(13) Waterson, Michael, *Regulation of the Firm and Natural Monopoly*, 1988, 木谷直俊・新納克廣訳『企業の規制と自然独占』晃洋書房, 1996年, 第1, 2, 7章.

(14) 宮沢健一『業際化と情報化―産業社会へのインパクト―』有斐閣, 1988年.

(15) 拙稿「情報化社会と交通」, 流通経済大学『流通問題研究』No.16, 1990年10月, pp.19～35.

第3章 交通サービスの生産・供給と需要

第1節 交通サービス生産・供給の基本特性

　交通サービスが即時財であるということは、それを生産・供給する過程に一定の基本的な性格を与える。ここではその点について検討を加え、整理しておくこととする。

　まず第1に、指摘されることは、交通サービスがかような性質を持っているということは、需要の発生に先だって生産し、貯蔵・保管しておくという方法を採れなくしているということである。この時間的制約は同時に場所的制約を伴って、生産・供給条件に最も拘束的に働く。このことは交通サービスを生産するための諸要素を交通需要発生の場に事前に準備、同置する物理的関係を不可欠の条件としているということである。これは需要の行動をも対応的に規制するわけだが、交通の問題はどのような場合にあってもこの関係は避けられず、殊にシステム形成の過程で決定的な制約になっている。交通サービス供給に関わる第一の制約条件である。

　第2に、この基本的特性は供給構造における先行投資性と、生産性・収益性の不安定性からする経営上の不確実性を高め、交通部門に対する投資の積極化を抑制する原因になる。これは当然のことながら、投資ならびに経営に一定の特性を与えることになる。交通サービスの生産はそれに必要な7要素が需要に応じた生産関係の中で同時的に、しかも限界生産力が整合調整された形で準備されなければ成立しない基本性質を持っている。この制約の下に交通サービスの生産・供給システムを造り上げていく過程で自己の負担力、技術力を越えた

第3章 交通サービスの生産・供給と需要

領域にまで拡大していくためには、どうしても有機的に結合可能な要素別供給システムの存在が必要になる。それらは多元的な要素が絡みあって、公共性基準、私的システムあるいは市場メカニズムが種々な形でシステム形成の基軸として展開しながら、交通体系を構築していくことになる。これが整合的に発展するためには、先験的評価能力を向上させる必要上、情報化の促進が不可欠になる。

　第3に、交通サービスというのは、結局、これらの生産要素と、それを組み合わせて実際に生産・供給を実現するシステムの形に性格づけられる存在で、さらに即時財ということからそれらの特性が直接に交通過程に反映されるという特徴を持つ。しかも、これらの要素は物理的に著しく異なるものがあり、その異質性が直ちに交通過程に影響を及ぼす。これは需要者側から見た場合、不確実性の問題として、生産・供給過程への需要意思の直接的反映という考え方を強く持たせる条件になっている。需要主体的管理交通システムへの傾斜、すなわち私的交通システムへの指向性の問題である。

　第4に、交通サービスが需要の発生に先だって生産し、貯蔵準備しておくことができないということは、供給システムにおける需要傾斜性を強めるばかりでなく、生産能力と需要の乖離調整が難しいことを意味している。そのため不使用能力（unused capacity）が発生しがちで、生産要素の効率的運営ができず生産性低下という結果に陥り易い。これらの要素を需要発生に即して過不足なく整合的に準備、供給することは、実際の場では極めて難しい。すでに述べてきたように、通路要素の例に顕著に現われるような投資の大規模化は交通の連続性からどうしても避けられず、これは不可避的な問題として存在している。交通システム設計上、生産・供給の効率性を図るための第一の課題がこの不使用能力の縮小という点にあることはよく知られているとおりである。基本的には、生産・供給能力≦需要の関係が継続して成立していればよいわけで、この関係を実現するために交通経営の基本戦略が傾注されているといってよい。

　第5に、交通サービスというのは交通対象の位置移動という物理的には極めて単純な行為でしかないから、供給交通サービス間の共通性、代替性が生じ易

い存在である。このためシステム間、供給者間に競争が起き易いと同時に、同一交通過程で異なる複数の交通需要を同時に充足するという複合生産・供給現象がごく一般的に現われてくることになる。不特定多数の交通需要を対象にした公共交通機関など、その典型的な例といってよい。しかし、交通サービスのこの特性は需要の場所的、時間的条件が近似している場合の技術的評価であって、この条件が乖離してくるにしたがって、異質化が顕著になる。そして、かような状況が進むにしたがって、単純な複合生産の経済に競争力を求めるような供給構造を持つ交通システム、交通事業は急速に生産性、収益性の悪化に直面する場面が多くなる。価値観の多様化が進む社会的状況の中で、交通サービスに対する評価の個別化は供給構造の個別需要対応性への向上を強く要求してきている。

第6に、交通サービスの生産・供給に関わる問題として、結合生産の問題に触れておかねばならない。周知のとおりJ. S. Millによって定義された結合生産の概念とは、ある財・サービスの生産に伴って不可分的に産出される別の財・サービスが存在する状態にある場合の生産形態をとらえたものである。

交通サービスの生産にあっては、同時、複合的に異種交通需要に対応する生産・供給が行われる場合があるという関係をとらえて、これが結合生産の概念に当てはまるかどうかという問題の提起である。

交通理論の上で、この問題が取り上げられることになったのは、鉄道運賃、殊に負担力主義運賃に関連して費用配分に関わる理論構成の手段としてF. W. Taussigにより提起されたのをきっかけとしている。A. C. Pigouとの間に活発な論争展開が行われ、運賃理論形成史に一時期を画したものとして知られている。[1]その点の詳細は後に譲るとして、交通サービスの生産が結合生産の形態をとるかどうかの点については若干の整理をしておく必要があろう。

この概念の基本的条件は、ある財・サービスの生産が、不可避的に他の財・サービスの生産を伴うという物理的関係にあるわけで、ある交通機関が異なる種類の交通サービスを不可避的に生産するような形でシステム形成が行われているとすれば、当然、そこでは結合生産関係が生ずる。例えば、等級別に異な

第3章　交通サービスの生産・供給と需要

る交通サービスが生産されるように仕組まれた交通機関で行われる交通過程では、そのような関係が生ずるであろうし、また、往復交通も結合的であることは明らかである。しかし、それらはすべての交通に当てはまるというわけではなく、その意味において単純に交通サービスは結合生産物（joint products）として生産されているというように一般化してしまうことは適切でない。例えば複数の異なる交通需要に対応するシステムが組まれていたとしても、供給側の立場から見て一種類の交通サービスを生産・供給しているに過ぎないと立証できるような条件にあれば、少なくとも供給側面からは複数単位の同一種類の交通サービスを生産・供給しているという意味で、単に複数・複合生産物の生産であるというに過ぎないことになる。要するに交通サービスの生産は、結合生産としての形で行われる場合もあれば、同種生産物の複数・複合生産の形で行われる場合もあり得るということである。しかも、いずれのケースも特殊な例外的事象ではなく、ごく普通に見られる形態であるということを理解しておく必要がある。

　他方、需要側面から見た場合には、また別の見方が生ずる。この場合、主に二つのケースについて考えておく必要がある。一つは、異なる需要が同時に同一交通過程の中で生産された交通サービスによって充足される場合の評価関係である。この場合、供給側からは同種の交通サービスの複数・複合生産として見るであろうし、需要側からは異なる評価という尺度から異種交通サービスの同時生産、すなわち結合生産の状態にあると見えるであろう。しかし、結合生産か否かの問題は基本的には供給側面からの生産構造に関わる問題として提起されてきたものであり、殊に原価計算上の基礎を明確にしようとする点に重要性があって、単なる評価上の抽象論にあるわけではない。その立場に立つ限り、結合生産に関する判別は生産過程の問題として限定して行わねばならない。確かに財・サービスの同・異質の問題は最終的には需要者の評価に帰結するが、それは結果的な評価であって、第一次的には生産過程の物理的、技術的条件を基礎とした形象評価法による差異の中に同・異質を求めるのが普通である。この問題もその領域での議論として理解しておくのが適切である。

いま一つは、結合需要との関係である。これはある交通需要が他の交通需要を不可避的に引き出し、その関係において両交通需要を充足する交通サービス生産関係が結合的に行われるという場合についてである。需要条件に規定された生産関係の問題である。これは生産過程の物理的、技術的条件を第一次的基礎とすると前提する限り、一般的には考慮の対象にはならない。しかし、交通サービスの生産というのはあらゆる形態、構造の生産があり得るわけで、かような結合関係も事例的には発生し得るということである。ピーク、オフ・ピーク輸送間の「時間による結合」や、往復輸送における「方向による結合」といったものも直列関係にある生産結合であることは注意しておく必要がある。[2]

第2節　交通システム形成の諸条件

　価値実現の実体過程として交通過程を実施していくためには、交通サービスの生産要素をさまざまな形で組み合わせることによって、まず技術的な基礎条件が整備されなければならない。その上に他の幾つかの条件が充足されて、交通需要に応じた交通システムが形成されていく。交通システムとは、したがって、交通需要充足のために仕組まれたあらゆる種類の交通サービス生産・供給組織を指すと定義できる。一般に交通、運輸、輸送、通信、等の呼称で呼ばれているものはむろんのこと、既に触れてきた定義に沿う本質的な意味での交通過程を実施するあらゆる形態のシステムが含まれることはいうまでもない。そうした交通システム形成の要件を、技術的、経済的、制度的諸条件に分けて触れておくことにする。

I　技術的条件

　交通システム形成において技術的条件を構成するのは、さきに挙げた交通サービス生産要素であり、これらの組合せによって様々な形態が現われてくる。大別すると7種に分けられるが、交通サービスの生産にはそのすべてが同時、

第 3 章　交通サービスの生産・供給と需要

同所に準備されていなければならず、即時財生産の問題の多くがここから出ていることは度々指摘してきたとおりである。しかし、これら7要素のすべてを自己の組織の中に保有して交通サービス生産に関わっていくとは限らない。むしろ多くの場合、その一部を保有し他は必要に応じて他から調達する方法で実施しているというのが実態である。例えば、大規模な投資を行って交通市場に参入して来るような交通事業にしても、鉄道のように大部分の要素を経営体の中に保有、組織化して参入するのは極めて例外的な存在にしか過ぎない。その多くは幾つかの生産要素をもって、他の要素供給システムと結合する形で参入している。さらには、それらのほとんどを他に依存し、生産・供給システムの情報管理だけを手段として参入してくる場合さえあり得る。実際の交通サービス生産は生産要素市場を中心とする要素供給システムの提供する生産要素を組織化して行うことになる。情報結合の上にネットワーク化された生産要素の組合せの中に交通システムが形成されるという形である。(3)これらの事業形態を第1型、第2型、第3型と分類するならば、情報化が進む中でこの第3型の交通システム形成が急速に進んでいくことが展望される。

　いい換えれば、交通システムの形成は技術的条件の如何が第一のポイントになるわけで、それがシステム形成の基礎的枠組を与えているといってよい。交通サービス生産のために必要とする諸要素の供給システムにしても、多分にこの技術的条件に制約されて組織化されている。交通の本質からして、それを実施するシステムとしては私的性の高い交通システムが望まれるが、基本的な技術的制約から他のシステムに委ねざるを得ない場合が少なくない。特に通路要素関連については、連続性に関わる技術的不可分性が絶対条件としてシステムを規定する。殊に、それを人為的に設備しなければならない場合には、システムの経営構造は著しく選択の幅が小さくなる。鉄道において顕著にこの現象が現われてきたことは周知のとおりである。

　交通の自由度が高まる条件の第一は何といってもこの技術的条件に規定されているわけで、管理、経営の上で要素別分化が生じていく可能性は十分にある。例えば道路交通の場合などには、むしろごく普通のこととなっている。交通サ

ービスが即時財であるということは、供給システムにおいてこうした要素別の形態がむしろ望ましいということは少なくない。要するに、それら要素間の結合が即時財供給条件を充す形でシステム化されていれば十分であるということである。

II 経済的条件

　これは交通システム形成上の条件として、著しく広範な問題を含んでいる。それぞれに立地環境、歴史的条件の異なる社会を有機的にシステム化する方向性を与える基本原理をいずれに置くかということは、難しい選択の問題である。しかし、経験史の示すところ多くの有機化条件の中で、人間の欲求とそれを充足する関係においてシステム化するという方向性が最も共通した原理として認知されてきたといってよい。そして、その充足手段として存在するさまざまな資源の配分をめぐって社会関係が強い規制因子として働き、今日に至る歴史を築いてきた。この関係すなわち経済関係こそは人間社会の最も重要な基軸として、所謂、社会科学の中核的存在である経済学を大きく発展させてきたことは周知のとおりである。労働の位置づけ、資本の運動法則、あるいは社会的厚生の問題、就中、資源の稀少性がもたらす社会的規制関係に焦点を当てて最適配分のメカニズムを解明しようとする種々の研究成果はこの経済学という形で大きく育ちつつある。実際、今日の社会の機動軸がこの視点に立った論理構成の中にあることは明らかであり、交通の問題もまた多くの場合、この立場から議論されている。

　特に交通が交通サービスの生産、消費を通じて行われる過程であり、その交通サービスが稀少性を持つ経済財として存在するという関係において、経済学的論理式の中に大きく組み込み得る対象として理解されるようになったことは重要なことである。この認識の中で経済学の理論が交通の諸問題分析に有効な手法として大きく利用できることになった。交通経済学という学問分野が成立する所以でもある。

　ただ、交通過程は独自の分析対象として解明されなければならない多元的な

第3章　交通サービスの生産・供給と需要

存在であり、特定の手法の応用で足りるという簡易な対象ではない。あらゆる価値実現の実体過程を担うものとして、論理の複合性が避けられない。その条件において、より自由度の高い交通システムの形成に評価の主点があって、経済的条件といえどもこの範囲での判断基準でしかない。特に技術的条件は評価の第一条件として他に優先する指標であって、経済的条件も二次的に扱われることが少なくない。殊に私的交通システムにあっては、むしろそうした状態が一般的でさえあり得る。費用認識、生産性、等々、時にはこれらが全く軽視されている場合さえある。即時財の生産・供給システムとして、短期的には、こうした現象がある程度避けられないが、中・長期的にはいうまでもなく経済的条件が間違いなく前面に出てくる。それは明らかにシステム選択の方向性を導く最も安定的な尺度に他ならないからである。これについて以下、若干議論を進めておくことにする。

　まず第1は、需給構造に関わる問題である。経済的条件とは基本的に価値実現過程の諸構造の問題であって、最も基礎的には自給、分業の需給形態から始まる。今日の高度に発達した分業社会の中に営まれている再生産過程にあって、改めてこの点に触れておかねばならないということも、交通問題の一つの特徴である。

　交通は価値実現の実体過程を担うものとして不可欠の絶対的存在であり、それを実施するための交通システムは交通サービスの生産・供給過程を通じて直接に実現価値の成果に影響を与える。交通需要者にとって交通サービスは交通対象の価値実現を図る上での必需財であって、しかも、それが即時財であるが故に何らかの交通システムの存在が必需的対象になるという関係にある。このため需要者には、適切な交通サービスを得るためのシステムを如何に確実かつ効率的に利用できる条件が整えられるかが重要な課題になる。ここに自給型すなわち私的交通システムへの要請が著しく強く現われる理由がある。絶対的必需性のある財・サービスは、それを生産・供給し得る能力を自己の組織内に組み込むことが最も安定的な選択だからである。

　しかし、こうした私的システムへの指向性が基本的にあるとしても、社会空

間の広がりと共に、技術的にも経済的にも私的システムでの対応能力には自ずから限界があり、どうしても専門的に交通サービスを生産・供給する能力を持つシステムの存在が必要になってくる。他人交通システム、コモン・キャリアの成長が期待される所以である。すなわち資源分布が不均等な社会構造の中で持続的成長が営まれるためには、活動領域の空間的拡大は避けられず、個別主体の私的システム選好の能力を越えて価値実現過程を展開するための交通システム発達が不可欠になるということ。と同時に需要即時対応性は日常、身近な活動での交通需要にとって決定的に重要であるため、私的交通システム能力向上への要請は基本的傾向として存在し続けるということである。

かように交通サービスの需給関係にあっては、それが価値実現のために不可欠な需要対象であるため、他の財・サービスとは異なり分業型、自給型が併存するという特殊な関係が維持される。特に後者への指向性が一般的傾向としてあるのは、個別主体の実体維持、成長、発展にとって欠くことのできない絶対条件として、安定性、確実性を確保する上で最も望ましい形態だからに他ならない。

第2に、交通サービス生産・供給に関与するシステムの形成は、生産要素それぞれの特性と、それらを経営、管理するシステムの結合の中で成立する。そして、どのような形態であるにしろ、それらが結合して生産要素すべての種類が需要発生の時間、場所に存在し得る状況の中でしか、システムの現実的有効性がないことである。そのため交通システムは財貨生産のシステムなどに比べるとはるかに需要側面の意思が強く反映することになる。私的交通システムへの指向性、あるいは時に交通資本の産業資本への従属性といったようなとらえ方がなされるのも、こうした基本的特性に由来している。

元々、交通は交通対象の価値実現の実体化を担う行為であって、交通対象はそれ自身では有用化され得ない半製品でしかない。この関係の中で交通システムの経済的条件とは、交通対象の有用化における問題であって、それが可及的に実現可能な生産要素およびシステムの組織化に焦点が合わされている。したがって、この範式に沿わないシステムは如何に技術的、経済的に優れていても、

第3章 交通サービスの生産・供給と需要

実効性の評価は得られない。交通対象と交通サービスに対する需要は明らかに結合需要の関係にある。財・サービスに対する評価とは、実はこの結合需要された交通対象と交通サービスの結合評価の上になされている。ここに交通システム形成上の核心があるといわねばならない。私的交通システムへの指向性はこの関係において最も示唆的である。それに対して公共交通機関のように不特定多数の交通需要を対象にした交通システムにあっては、結合需要の関係が不確実になり易く経営の悪化を招きかねない脆弱性が潜在する。交通需要とはそれ程に個別性が高く、殊に場所と時間の因子においてこの特性は決定的であり、他の財・サービスに対する評価とは著しく異なる特徴を持っている。

この性質において交通システムの個別化すなわち私的化への指向は避け得べくもない方向性である。けれども社会が発展し、就中、経済の成長は再生産空間の飛躍的拡大を不可避とし、社会的基礎施設としてのシステム、すなわち公共性基準の領域で考察しなければならない交通システムの存在を必要とする。さらには私的システムと公共性基準の中間に位置するようなシステム、典型的には市場メカニズムによる交通システムの形成、それらが相互補完的に有機化されて社会全体の資源の有効化が期待される。

第3に、経済的条件の下でシステム形成に改めて注意を喚起しておかねばならないのは、あらゆる再生産過程がその呼称の如何にかかわらず必ず人、物、情報の場所的移動を通じて実体化されるという事実の認識である。それを現に具体化する過程こそは正しく交通過程そのものに他ならないということ、このことを理解することはさして困難なことではない。例えば、経済の一連の過程を生産、分配、交換、消費あるいは生産、流通、消費の諸過程に分類するという一般的な方法も、財・サービスの価値展開過程、あるいは資本の運動法則を解明する等の上で有効な分析手法を提供することは間違いない。しかし、それらの一連の過程も具体的には交通過程を通じて実体化される中で諸特性を現象化させていく関係にあることを見逃してはならない。

いい換えれば、経済の動きは価値展開過程と交通過程の2元構造の上に成り立った存在であるということである。交通は経済展開過程のある部分、例えば

生産過程、流通過程といった特定の過程にのみ組み込んで理論化することは基本的に無理がある対象なのである。交通を学問的な対象として科学的論理形成を図ろうとする場合、こうした一貫性のある対象認識こそが重要であるといわねばならない。このような理解に立てば直ちに明らかなように、交通システムは極めて多様な形態をもって成立し得る存在であることが分かる。しかも、その多くは交通という呼び方の中で行われているわけではない。一般に交通と呼ばれているのは、一連の交通過程における一部でしかないということ、そして交通に関する専門的な研究の多くもこの部分に焦点を合わせたものに限られてきたことは周知のとおりである。

Ⅲ 制度的条件

　交通システム形成を条件づける制度的条件とは、最も一般的には法制度によるものであるが、交通サービス評価因子の中でも述べたように、いま少し広義に社会的慣行、慣習、組織等も含めた範囲のものとして理解している。交通は価値実現の担い手として社会的関係に実効性をもたらす行為であるから、この条件が最も現実的に作用する場面になる。

　その社会がどのような秩序体制を標ぼうしようとも、それに整合する交通システムの形成が可能でなければ、それを現実のものとすることはできない。例えば、自由主義体制の下に資本主義経済が成長するということは、資本の自由な展開が可能であり、それを実体的に保証する交通システム形成を促進する制度が必要である。全く逆のケースとして、封建制社会における移動の自由の制限、交通権に対する著しい抑圧は、この時代の体制が制度をそのように組織化して特定の階級および一部の例外を除き、交通の自由を認めない社会体系を形成していた。かように制度は正しく交通システム形成の社会的枠組の基礎として存在している。

　今日、多くの国々で最も一般化している個人の権利を基礎として自由・平等を標ぼうした市民社会にあっては、基本的人権として交通権を認めている。また国際間にあっても相互交流が不可欠な時代背景にあって交通の自由度を向上

第 3 章　交通サービスの生産・供給と需要

させることはごく常識的な政策課題になっている。陸続きの国家間にあっては原則的に交通の自由を認めている場合も少なくない。特にEUのように多国間交通の自由を認める例が見られる時代でもある。これらはいずれも、制度が交通システム形成に顕著に作用している例である。また今日、規制緩和が強く叫ばれてさまざまな分野で参入・退出の障壁を低くすることがグローバルなレベルで進められていることも周知のとおりである。殊に経済の分野では国際分業が一般化して久しく、それを持続的に維持、発展させるための国際交通、就中、国際複合一貫交通システムの形成は最も重要な国際社会でのインフラストラクチュアになりつつある。そして、そのための制度整備が、今日の国際交通政策の最重要課題になっている。

　また、国内政策的には、基本的人権としての交通権が単に移動の意思を権利として認めるばかりでなく、さらに最少限必要な移動が現にできる社会的条件を整備すべきであるというシビル・ミニマム的考え方も強くなりつつある。

　制度はその時代の社会構造を反映して、それが具体的に交通システム形成を規定する。今日の動きは、大別すると、社会共通の基礎条件としてのシステム、個別需要に可及的に対応した私的システム、さらにさまざまな工夫が行われて多様な交通サービスが需給される市場メカニズムを通じたシステムと、ほぼこの3種の形成軸が基軸となって展開する方向に諸制度は整えられつつあるといえよう。

第3節　交通システムの形成基軸

　交通システム形成に関わって共通に規制関係を持つ以上の諸条件下に、社会はそれぞれの発展状況に応じ幾つかの基軸を持って交通体系を構築する。それは大別すれば、社会全体に共通に関わる基軸、それとは逆に成員個別の主体的意思の下に規律されるシステム基軸、そしてその中間部分を充足する第3の基軸と、以上の3基軸の存在が必要である。それらは相互に補完的であるが、臨

界領域においては代替的である部分を持つ。既に若干触れてきたように、第1の基軸は公共性基準、第2の基軸は私的システム、そして第3の基軸としては市場メカニズムが最も有効な装置として一般化している。

第1の基軸、公共性基準は社会全体に共通に関わる目的、課題に対処するもので、社会的基礎施設およびそれに準ずる立場で形成される交通システムを規定する。社会的共通の必需という条件にある対象、他の基軸に委ねることが好ましくないような場合、あるいはまた他の基軸を通じて実現することも可能であるけれども、何らかの理由で社会的利益に大きく結びつく条件があるような場合など、この基軸の下に形成される交通システムの存在が必要になる。理念は社会の発展という高度に巨視的な目的に沿って必要な基礎条件を整えるための交通システム形成にある。一般的にいえば、社会活動が広域化していく中で交通過程が拡大し、かつ連続性を質、量共に求めるような状況が進むにつれ、この基軸の役割は増大する。殊に市民社会に対する認識が深まれば深まる程、交通権に対する権利意識が強まって、社会的共通の基盤として一定水準の交通が保証される交通体系の構築が期待されるようになる。交通権が単に交通することが認められるという権利から、進んで交通することができる条件が備わっていることを求める権利意識へと発展していくことは容易に理解されるところである。

公共性基準は、しかし、常にこうした交通権論型の展開をするわけではない。ある社会的条件下にあって、特定の階級・階層、産業・経済部門、あるいは有事条件に関わる場合など、特定の分野、部門に偏った形で展開される場合が少なくない。特に経済成長の初期の段階にあっては、基幹産業の育成という目的の中で著しく産業優位の交通政策が導びき出されることはよく知られている。大規模な公共交通投資が前方・後方連関効果を呼び起こして、産業・経済成長の主導的役割を果たす場合が少なくないことは、この場合極めて重要な意味を持っている。

公共性基準に基づく交通システムは、その中心が公的機関によって実施される公共交通機関にあることはいうまでもない。しかし、それはこの基軸の下に

第3章　交通サービスの生産・供給と需要

形成されるシステムの一部であってすべてではないことを留意しておく必要がある。他の経営形態を採る交通機関にあっても、このシステム基軸が適応される場合は種々あることである。交通における公共性の問題とは、社会共通の資産である公共空間に価値実現の場を求める限り避けられない課題なのである。

　第2の基軸、私的システム。交通システムの原始形態はこの基軸に発する私的交通システムである。交通が交通対象の価値実現を図る実体過程である以上、交通需要者にとって交通システムは交通対象との可及的整合が期待されるのは当然のことである。交通対象と交通システムの整合とは、交通過程が交通対象の価値実現に個別需要対応性をもってシステム化されることに要点がある。場所と時間の2因子に決定的な制約がある交通サービスの生産にあって、それは需要に可及的に接近したシステムであることが最大の要件になることはいうまでもない。それを充足する形態は生産過程が自律的に管理できる私的交通システムにおいて最適化する。その最も端的な例は、生産要素のすべてを排他的に支配し、且つ需要者の意思に即した生産・供給システムが形成されている場合である。例えば家計内、企業内、その他さまざまな形で個別主体の排他的権利が許容されている領域に典型的に見られる形態である。むろん、これは交通サービスが生産・消費される時点で達成されれば足りるわけで、それ以外の領域においても実質的に同様の状態が実現され、私的交通システムの形成を可能にする場面は少なくない。ただ一般的には頻度、重要性、負担力、特殊性などの需要条件下で必要度を増す形態で、交通空間が拡大するにしたがって形成条件が低下するのは避けられない。

　私的交通システムは基礎的なシステムとして、日常社会活動の中で最も多い形態であるが、多くの場合、交通機関として認識されずに展開していることは留意しておかねばならない。そして、交通機関は私的システム化されればされる程、価値実現能力の向上に伴うシステムの安定性が高まるという特性の中にある。これが私的交通システム化への指向性を強く支持している。このことは他の基軸による交通システムにあっても同様であって、こうした特性を如何にシステムの中に組み込ませ得るかは重要な課題である。例えば、個別需要対応

性は市場における競争力実現の最も強力な差別化因子であることはよく知られているとおりである。

　第3の基軸は市場メカニズムである。市場は広義には社会的分業が発生すれば必ず存在しなければならない交換の場ではあるが、その機能がより有効に作動する条件は競争が促進されるような状況が維持されていることである。その中に資源の有効利用、参入・退出の自由、利益機会の拡大、供給する財・サービスの増大・多様化、経済活動の活性化など、成長への条件を大きく内包したシステムとして、今日、経済の中心的な機構として展開している。

　この機構が交通システム形成の基軸として、同様に有効な存在であることは間違いない。他の2基軸、公共性基準、私的システムにあっては、前者は社会全体という視野の中に、しかもそれは、地域・国境などの制約が避けられず、また後者は個別排他性という条件の下で、交通システムの展開条件に強い制約がある。市場は利益機会参入を強力なインセンティヴとして多様な交通システムを開発、流通させる成長性の高い社会的メカニズムである。価値観の多様化、社会空間の広域化、国際化の進展、等々、これら多種多様な目的に応じた交通サービスの生産・供給は市場メカニズムを駆使した交通システムの中に幅広い成長の可能性を見出すことが期待される。

　しかし、交通システムの基軸に市場メカニズムを導入することは他の財・サービス市場に比して多くの問題がある。その最も基本的な点は交通サービスが即時財であること、それに交通過程の連続性、参入・退出の自由度の問題、等々、これらにあるといわねばならない。交通市場に参入して来る事業者にとって経営を安定させることは必ずしも容易ではない。殊に競争が激しくなると他の市場以上に敏感に生産性の不安定化に結びつき易い。

　これらの点については後に詳しく触れるとして、重要なことは交通システムの基軸が他に大きく存在していることが問題を一層難しくさせているということである。そして、他の基軸共々、市場メカニズムに基づく交通システムも社会的に定着してくると、需要側面からは着実に必需性が高まっていき、社会的機構として不可欠の存在になってくる。供給側面における参入・退出の自由の

問題との相反関係がここに存在する。交通政策が市場に介入的になりがちな理由がここにあるが、それは同時に市場メカニズムの有効性を損うことになりかねない。市場の問題は可能な限り市場メカニズムの中に補償システムを見出すことが望ましい。その一つとして交通市場の重層化という新たな動きが現われてくることになる。⁽⁷⁾

第4節　交通需要の基本特性

　価値実現の実体過程である交通が、即時財である交通サービスの生産・消費を通じて行われるという関係の中に、交通サービスに対する需要すなわち交通需要は一定の基本特性を持った需要として現われる。
　第1に、交通の果たす役割は交通対象の位置変化という形象変化を通じて価値の実現を図る過程であって、如何なる場合であっても、このプロセスなしには個別主体の意思の目的達成は行い得ない。価値の実現というのは、それぞれの個別主体が有する価値意識に方向づけられた交通過程の現象に他ならない。交通需要とは、その行程を実施するために必要な交通サービスに対する需要であり、この関係において明らかに絶対的必需性を持つ対象である。その意味で交通対象に対する需要と交通需要は結合需要（joint demand）の関係にある。その結果、需要者は交通対象の位置変化を可及的効率的に達成し得る交通サービス生産・供給システムを強く要請する。それがどのような種類・形態をとるかは二次的な問題に過ぎない。
　第2に、交通需要が交通対象との関係において結合需要の地位にあり必需的であるということは、代替性、弾力性がゼロであるということである。そして、あらゆる場面において価値実現の能力評価は交通過程、交通サービスの量・質の如何によって規定されるということになる。むろん、交通対象に対する需要の相対性から交通需要に対する評価も間接相対的なものになるが、この結合需要関係における交通の意味を的確に理解しておくことが必要である。

第3は、交通需要者の価値実現意思、交通対象、交通サービス需要と3者関係に関する問題として、交通需要は単に1種類の需要として完結するとは限らないということである。むしろ大部分の場合、複数の異なる交通サービスへの需要が連鎖、結合した形で交通過程は実現されているのが普通である。各種の交通機関を有機的に結合して複合一貫輸送（intermodal transportation）が行われている実態は、その関係を端的に表わしている。重要なことは、かようにある価値実現過程にあって、それが必ず異種交通サービスの連続的需要を通じた交通によらなければならないといった場合、当該異種交通サービスとの間には結合需要関係が発生しているということである。そして、これが極めて一般的な現象として現われているということである。
　いい換えれば、交通需要は交通対象との関係において、また、異種交通サービスに対する需要という関係において二重の結合需要構造を成しているということである。前者を垂直的結合需要（vertical joint demand）、後者を水平的結合需要（horizontal joint demand）と呼べば、交通需要は両者のマトリックス的需要関係の中で複雑に展開しているということになる。
　第4に、交通需要はその充足過程で幾つかの外生的因子によって影響されることは既に述べてきたとおりであるが、いま一つこれに関連して触れておかねばならないのは、交通需要における複合需要の問題である。
　交通は交通対象の場所的移動という物理的には極めて単純な作業行為によって行われているが、それを実施するために必要な交通サービスの生産は、同時に複数の異なる交通需要を対象にして行われる場合が少なくない。生産される交通サービスは、技術的には同一であっても需要側面からは異なる評価を受けるという場合の複合生産、また技術的にも何らかの形で異なる点を持つ交通サービスが同時並行して同じ生産過程の中で複合生産されるという場合、共にごく普通に見られる姿である。混載型の輸送形態をとるものは、いずれもこうした交通サービスの複合生産・供給を通じて異種交通需要の同時充足が行われている。実際、現実の場ではかような形態が極めて一般的な交通形態として現われており、技術的に細かく分析すれば大部分の交通過程は複合的な交通サービ

第3章　交通サービスの生産・供給と需要

スの需給関係の中に行われている。

　交通サービス生産が異種交通需要の同時充足の形で行われるということは、何らかの形で異種需要に基づく相互規制関係が生じていることを意味する。この規制関係が大きくなってくると個別需要対応性に関わる質評価が低下して需要の後退を引き起こすことになる。交通サービスは人、物、情報の場所的移動という極めて単純な作業行為であるから、代替性の高いサービスとして異種交通需要に対応する汎用性は小さくない。したがって交通機関の多くは、大なり小なり異種交通需要の同時充足複合生産の形で交通過程に参入している。不特定多数の交通需要を対象にした交通システム、特に公共交通機関はその典型的な例であり、大量輸送システムはその中に価値実現の効率的生産性を見出している。しかし、それは一方で交通需要の基本的特性である個別需要対応性への要請とは相反する態様であり、一連の交通過程の中では極めて特殊な交通システムとして存在していることを理解しておく必要がある。

　第5に、交通需要は派生需要（derived demand）であるという見方があることについては既に若干触れてきたとおりである。[8] 派生需要は字義的にも明らかなように、本来求められている需要に伴って派生的に発生する需要という意味に他なるまい。その関係において派生需要の対象が、本来求められている需要、すなわち一般に本源需要と称される需要の対象に比較して、下位の地位にある存在と解されるとすれば著しく問題がある。少なくとも交通需要がそのような理解の下に置かれるとすれば、それは明らかに誤った位置づけである。

　交通関係の立場からはここでの本源需要の対象は交通対象がそれに当たるに違いないが、それは如何なる場合にあっても交通過程を経なければ価値実現が達成されないという意味で未完成、半製品の状態にあるのであって、交通対象に対する需要と交通サービスに対する需要とは一体となって実体化する不可分の需要に他ならないのである。交通対象はそれ自体では何ら価値実現の能力を持ち得ない。交通対象に対する需要とは、同時に交通過程を実施するための交通サービスへの需要を結合的に引き出す需要行動に他ならない。この関係認識は交通問題を考える場合に決定的に重要である。

第6に、交通サービスは、あらゆるものが交通過程を経なければ価値実現を実体化し得ないという絶対性から、当然、それ自身に対する需要の弾力性は極めて低いというのが一般的特性である。しかし、他方で交通サービスは場所的移動という極めて単純な行為に他ならないから、それを生産・供給するシステムに対する需要の弾力性は決して小さくない。この交通サービスに対する需要と交通システムに対する需要の相反性は、交通システム形成上、幾つかの明瞭な傾向を生む原因になっている。その中で最も顕著な特性は、供給構造の変化に対する需要行動の敏感な反応である。供給の独占化は他の財・サービスに対する需要以上に、より強く需要の弾力性低下を呼び起こし、一方、競争の進行はより強く弾力性の上昇を導き出すという傾向がある。独占の弊害と過当競争に陥りやすいという交通市場の特性は正にその傾向の端的な反映である。交通システムの形成基軸を市場メカニズムの自由な展開に委ね切れない理由もこうした点にあるといってよい。

第5節　交通需要の弾力性

　交通需要の量的関係について、他の条件の変化がそれにどのように感応するかを判定する指標として弾力性（elasticity）の概念が用いられることが多い。[9] これはある何らかの変量について一定の条件下における変化率と他の何らかの変量の変化率の比として表わされる弾性値（弾性係数）＝ e によって変量間の感応性を量的に明示する方法で、さまざまな分野で利用されている。殊に経済の分野では需要、供給の変化を評定する手段としてごく一般化していることは周知のとおりであり、交通の分野でも需要の動向を知る方法として同様にしばしば用いられる。$e=1$ を基準として、$1<e$ であれば弾力性の高い関係として、$0<e<1$ の間で弾性値が小さくなればなる程、非弾力性の度合が高いという関係になる。交通需要にあっては、価格すなわち運賃・料金弾力性、所得弾力性、交差弾力性が最もよく知られている。

第3章　交通サービスの生産・供給と需要

　交通需要の弾力性は一見して明らかなように、基本的性格として交通需要者、交通対象、交通サービス、対応変量と、この4要素の条件によって決まる。

　第1に、交通需要の弾力性は当該需要者が持つ交通対象ならびに交通サービスに対する需要意思の強弱によって変化する指標であり、それが強い程、必要度は高まって需要曲線は垂直の方向に近くなり非弾力的になる。要するに、弾力性の問題は基本的にはこの関係の度合が決定の主たる因子であって、対応変量との関係如何は特定局面における感応度合を明示するに役立つという関係に他ならない。需要者にとって交通対象と交通サービスに対する需要とは不可分の結合需要関係にあるわけで、当然、両者に対する需要の弾力性は同傾向を示すことになる。

　第2に、しかし、交通対象の需要弾力性が常に、かつ直ちに特定交通サービスに対する需要の弾力性に正比例した形で反映されるわけではない。それは交通サービスの生産・供給にあたるシステムの状態がこれに加わってくる。一般的には主として技術的条件、代替性に応じて上下するわけで、供給交通サービス間、交通システム間の弾力性における交差関係すなわち交差弾力性（cross elasticity）の測定も必要になる。先に触れたように、交通サービスは多くの点で代替性が見出し得る対応幅があって、日常身近かに発生する交通需要の多くはこの汎用性の中に充足関係を達成している。交通手段の生産性を高めるためには、この代替の弾力性（elasticity of substitution）は重要な尺度になる。

　第3は、対応変量因子に関する問題である。変量の選択はそれ自身、弾力性測定の目的を規定しているが、最も多く選ばれるのは交通サービス取得に関わる犠牲量、すなわち費用が取り上げられる。一般市場においては価格、交通市場にあっては運賃・料金が、より一般的には交通費という形で呼ばれるものがそれである。費用の問題は同時に負担力の問題に直結する。それは交通過程を通じて実現される価値量と、それを需要する個別主体の支払能力の両者に関わっている。前者が主として交通対象の価値額、多くは市場価格が客観的価額を表示するのに対して、後者は交通需要者の需要意思如何という幅のある因子を尺度としており、しかも所得能力に強く規定される個別相対性の高い存在であ

る。そして交通需要というのは交通対象の個別客観的独立評価によるよりも、一連の価値実現過程の中で需要される交通対象の中での相対的評価に依拠している。その意味で運賃・料金弾力性、交通費弾力性と共に所得を対応変量とする所得弾力性が取り上げられることが多い。ただ所得を負担力の主たる指標として対応変量に選ぶとしても、それは個別の資産力、信用制度の利用、あるいは社会保障を含めた種々の制度的条件が大きく影響を与える変量であることを留意しておく必要がある。

第4に、弾力性の概念は一般的には供給される財・サービスの質に変化が無いことを前提とし、かつ他の事情に変化がないものとして対応変量との間の感応性を判断しようとする指標である。しかし、交通サービスの場合には、いま一つ質変化に対する弾力性の問題を考えておく必要がある。これは交通サービスが交通対象の場所的移動という物理的行為において代替性が大きく、質変化が需要の変化にどのように結びつくかを知ることは供給側面にとって重要なことだからである。

弾力性の概念は既に明らかなように対応変量間の感応関係を表わすものとして、比較的短期の条件下に精度を示す指標である。ただ、現実の場では多くの場合、感応タイムラグは避けられず与件の変化から、その精度は軟化して傾向数値として利用されることが多い。そうしたことは社会現象を対象としている場合にはごく普通のことであり、幾つかの問題があるにしても、交通需要の動向を知る上で有用な指標であることには変わりがない。

I　交通需要の運賃・料金弾力性と交通費弾力性

1　運賃・料金弾力性

交通需要の弾力性として最も多く取り上げられるのは運賃・料金弾力性である。運賃・料金は交通サービスの価格として交通市場を通じて充足される交通需要に対応する変量の一つである。

第1に、したがって、この指標は交通市場を通じて需要される交通サービスが対象であるという制約を基本条件として持っていることを理解しておかねば

第3章　交通サービスの生産・供給と需要

ならない。しかも、それは多くの場合、一連の交通過程における交通需要の一部分でしかないということである。いい換えれば、他のシステムにおける需給関係との交差問題に常にさらされているということ、これである。

　第2に、運賃・料金弾力性はこうした基本的特性を持った需要を対象とした存在であることにより、既に一定の傾向を持っていることは否定し難い。それは交通が価値実現の実体過程として第一次的基礎的行為であり、私的交通に強く指向性を持つということに起因していることはいうまでもない。重要なことは、その市場で供給される交通サービスが多くの交通需要者にとって一連の交通過程の中でどのような需要条件を持つものとして存在しているかということにある。需要が多元、多様化する中で、この条件の変化は大きくなる一方である。いい換えれば、市場における需要者の評価は部分需要に対しては多分に、非安定的状況にあるということになる。運賃・料金弾力性もこうした状況から例外的ではあり得ないことに留意しておかねばならない。

　第3は、需要者の評価が時間条件の中で相当の幅で変化することである。一つには同じ質の交通サービスに対しても、時間条件の違いの中で需要条件が変化するということがある。これは需要自身の変化であるから運賃・料金弾力性に変化が生ずるのは当然であるということになる。しかし、同一需要条件にありながら、時間変化の中で評価変化が生じ弾力性に感応する度合に変化を生じさせることも少なくない。運賃・料金の引き上げが行われた直後は需要が減少しても、何ヵ月か経つと元の状態に戻ってしまうという例はよく見られるところである。当該交通需要に関わる価値実現過程の中で運賃・料金変化が吸収され、さらに他の価値展開過程へ転化還元されて需要が回復するという結果となって現われるという説明が一つ可能である。また実現価値額が運賃・料金の上昇に耐え得る負担力を十分持っている大きさにあるという場合にも同様のことが起きる。弾力性が短期的指標としての限界を持つというのは、需要者のこうした評価行動があるからである。短期的ということは、ある条件が隔離安定した時間内の現象という意味に他ならない。

　第4に、運賃・料金弾力性が当該交通サービスに対する必需度と、それを取

得するために掛かる運賃・料金の当該価値実現過程全体の総費用に占める割合によって、相対的に決まってくるものであることははっきりしている。必需度が高ければ高い程、総費用に占める割合が小さければ小さい程、弾力性が小さくなることはいうまでもない。また交通需要は他の財・サービスと結合して発生する需要であるから、それらの供給条件が非弾力的であればある程、運賃・料金弾力性は小さくなる。

2　交通費弾力性

運賃・料金弾力性は市場を通じて充足される需要の感応指標として交通費の変化に対する交通需要の動きを部分的に反映している。しかし、市場を通じて充足される需要が交通需要の一部でしかないということは、運賃・料金弾力性が交通費全体の動きに対する需要の変化を代弁するというわけにはいかないことを意味する。一連の価値実現過程において、より重要なのは総交通需要の総交通費に対する弾力性の方にあるといってよい。問題は市場外交通需要の大半が私的システムを通じて充足されていることによる潜在性、多様性である。そのため交通需要の確定と交通費の算出が容易ではないという問題が出てくる。しかも極めて多くの場合、交通の概念で理解されていない需要形態として潜在化しているところに一層の難しさがある。

一般的にいえば、私的交通システムは他のシステムに比して、需要者の要求により即した交通サービスの充足が期待された設計・管理がなされているのが普通であるから、相対的に需要の弾力性は低くなる傾向にある。特に生産要素が所有などにより自己管理性が高いシステムになっている場合には、非弾力性が強くなる。私的交通システムの場合、それに要する費用の発生が分散していることが多く、需要発生時における障壁となる費用は部分的なものであるのがむしろ普通である。需要抑制因子として直接的に働くのはその部分で、他は時差間接化されて抑制力は減衰する。短期指標としての特性が強い需要の弾力性にあって、交通費における感応因子が需要発生時に直接生ずる追加的な費用が主たる変量であるとすればその感応力は自ずと縮小されたものになる。結果的に需要は非弾力的傾向を顕わす。原価計算上、回避可能費用（avoidable cost）、

第3章　交通サービスの生産・供給と需要

アウト・オブ・ポケット・コスト（out-of-pocket cost）[10]、等として限界費用概念の周辺領域で論じられる費用問題が交通需要の場では顕著に機能していることが分かる。

市場を通じて供給される交通サービスにおける運賃・料金弾力性と、私的交通システムにおける交通費弾力性との間には、かような需要時算入費用上の差が大きく作用していることを理解しておく必要がある。他の条件に変化がない限り、私的システムへシフトした交通需要を他の交通システムに回帰させることがなかなか難しいのは、こうしたことがあるからである。

Ⅱ　交通需要の所得弾力性

負担力対応変量として所得の変化は交通需要に対し基本的に二つの方向に作用する。一つは交通需要総量に対する作用であり、他は対象交通サービス個々に対する作用と相互間の選択行動への変化である。

所得の変化が交通需要量内変化に感応する関係は、対象需要の当該価値実現過程における行動条件によることはいうまでもない。その意味で運賃・料金弾力性、交通費弾力性の場合よりも感応条件は広くかつ幅のある環境の中にある。特に経済の発展段階、成長条件が重要な基礎的因子として作用する指標であるために、感応関係が連続的整列状況を示すとは限らない。一般的には成長曲線の流れの中で弾力性はより大きくなる傾向が推定されるが、交通需要の場合、一度ある段階に達すると、その条件の多少の変化に余り敏感に感応しない非弾力化の現象が顕われることが経験的に知られていることもある。所得の変化は個別主体の価値意識に変化を与える要素が大きいため、上昇方向で弾力的であっても、下降方向で非弾力的に現われることが少なくないのである。交通需要における下方硬直性の問題である。

このことは単に交通需要量の問題としてだけでは議論できない別の領域の問題を含んでいる。

所得が増加することは交通需要ばかりでなく他の需要選択が交通需要との間に生ずることも考えなければならない。交通対象自身の取得あるいは立地の移

転等によって、交通需要との間に代替的関係が生じて、交通需要量が減少するという結果を選択する場合が想定される。また、同一交通過程であっても交通サービスの質変化という形で選択されることも多い。例えば、公共交通機関利用者が所得の増加の結果、自家用車を取得してより質の高い交通サービス需要へ移転するということはよく見られる。そして一度、自家用車を取得すると余程の所得低下がない限り自家用車交通需要が他の需要に移転することはない。殊に家計単位のレベルでは、少量、多品種、高頻度需要の形態をとることが多いため、制約が多い他のシステムからの移転は、所得水準がある段階を越えると急速に加速される。この局面での私的交通システムに対する所得弾力性は相当大きなものになる。さらに需要行動自身が変化してそれまでとは違った需要弾力性を示すことも、よく見られるところである。海外旅行、その他、所得がある水準にまで達しなければ実現しにくいような需要の発生は、交通需要の所得弾力性を不連続的に展開させる。また情報化時代の特徴として情報交通需要に強く感応することは今日の最も顕著な現象である。所得の上昇がこうしたより質の高い交通サービスの所得弾力性を高めることは、如何に価値実現手段への欲求が強くあるかを実証して興味のある現象であるといわねばならない。

III　交通需要の質弾力性

供給交通サービスの質変化が需要にどのように感応するかということは、質評価に対する需要者の行動パターンを知る上で興味のある指標である。交通サービスの質評価については既に触れているが、基本的には場所、時間、生産要素、生産・供給システム、費用、制度、環境の7つの因子を通じて行われる。実をいえば、運賃・料金弾力性、交通費弾力性も相対的な意味では質に対する弾力性すなわち一般にサービス弾力性といわれているものの間接的表現指標ともいえる。いずれにしても、この指標を通じて各市場においてどの点にポイントを置いた交通サービス供給アレンジが必要かということを知る情報が得られる。

交通サービスの場合、最も重要な因子は場所と時間の2因子であるから、多くはこの点に焦点を合わせた弾力性の測定が中心になる。公共交通機関の場合

第3章 交通サービスの生産・供給と需要

のように不特定多数の需要者を対象としているようなシステムにあっては、結節機能部分での交通サービスの頻度、時間、アクセス条件などのサービスの質変化は需要の増減に著しく影響する。代替交通システムの存在、交差関係にも大きく左右されるわけであるが、即時財である交通サービスの需要者にとって、これらの因子に関わるサービスの変化は著しく行動を規制する。実際、運賃・料金弾力性、交通費弾力性が比較的小さい交通需要にあっても、この種の質変化に対する弾力性はずっと大きく働く場合が少なくない。殊に所得の上昇などにより負担力が増大してくるにつれ、こうした傾向は強くなる。より高い質への傾斜は何らかの形で需要者が行っている費用・便益分析（cost-benefit analysis）の過程で、より大きな余剰の発生を認めているということに他ならない。

特に旅客交通の分野では便益評価における心理的要素の入る比重が大きく、運賃の増減といった犠牲量評価よりもサービスの質変化に、より敏感に反応することはよく知られている。交通サービスの即時財としての特性は、その場その場の評価が直ちに需要の増減に結びつく感応度の高さがあり、サービス（質）の弾力性はかなり高くなることが推定される。実際、便数の増加、発着時間の確実性の向上、乗りごこちの改善、安全性の向上、路線の拡充などのサービス向上が需要増に効果的に働き、収益向上を実現させている例は多い。特に競争の存在、潜在需要開発の余地が大きな地域では、これが有効に作動する。

Ⅳ 交通需要の交差弾力性

交差弾力性はある財・サービスの需要量が関連する他の財・サービスの対応変量の変化によってどのような変化となって現われるかを示す指標であるから、算式が偏微分の形で表わされることを基本として、どのような種類の変量との弾力性の指標にも当てはめて考えることができる。が、最も一般的には価格、運賃・料金の交差弾力性が取り上げられる。他の交通サービスとしては地域的、市場的に類似した異なる交通システムによる交通サービスとの間の運賃・料金弾力性の交差関係が最も興味あるものとして検討対象にされることが

多い。

　交差弾力性を測定することの意味の一つは対比交通サービスが代替関係にあるか補完関係にあるかを把握することにあり、同時にそれがどの程度において代替的、補完的であるかを知ることにある。一般的にいえば、交通圏が重なっているような交通サービスであれば、大なり小なり両面の機能を持ち合わせていることが多く、しかも、それは地域、季節、時間帯、等々によってかなり流動的な状態にあることも留意しておかねばならない。

　交差弾力性の問題は単に交通市場の中での需要行動を把握する指標というよりも、私的交通システムを含んだ基軸相互間の選択動向を知る上での有益な指標である。例えば所得が増大して自家用車取得が可能な水準にきているような場合、運賃・料金の引き上げは私的交通システムへの需要移転を促進するであろう。総じて交通サービスは代替性が生じ易い存在として同じ交通圏の中にある限り交差感応性は低くない。

注
(1) 拙稿「交通サービスの性質」、『流通経済大学論集』Vol.15, No.3,〔56〕, 1981年2月, pp.18～19. 伊勢田穆「タウシッグ＝ピグー論争について」、『香川大学経済論叢』第48巻, 第1号, pp.35～75.
(2) 前田義信『交通経済要論』晃洋書房, 1988年, pp.102～105.
(3) 拙稿「交通市場の分解」、流通経済大学『創立三十周年記念論文集』経済学部篇, 流通経済大学出版会, 1996年, pp.83～92.
(4) 大西健夫・岸上真太郎『EU統合の系譜』早稲田大学出版, 1995年. 大西健夫・中曽根佐織編『EU制度と機能』早稲田大学出版, 1995年. 小宮隆太郎・米村紀幸編『ヨーロッパ統合と改革の行方』東洋経済新報社, 1993年.
(5) 織田政夫『国際複合輸送の実務』海文堂, 1992年, 第1,2章. 山上徹『国際物流概論』白桃書房, 1988年, 第1,4章. Sherlock, Jim, *Principle of International Physical Distribution*, 1994, 山上徹監訳『国際物流論』白桃書房, 1996年.
(6) 清水義汎編著『現代交通の課題』白桃書房, 昭和63年, pp.8～13.

(7) 拙稿「前掲論文」, pp.84〜90.
(8) 増井健一『交通経済学』東洋経済新報社, 昭和48年, pp.64〜65.
(9) 佐波宣平『弾力性経済学』有斐閣, 昭和41年. 岡野行秀・山田浩之編『交通経済学講義』青林書院新社, 1974年, 第2章第3節, 第3章第2節. 岡野行秀編『交通の経済学』有斐閣, 昭和52年, pp.41〜44.
(10) 斎藤峻彦『交通市場政策の構造』中央経済社, 平成3年, p.83.

第4章　私的交通

　交通が価値実現の実体過程であるという事実に目を向ける時、交通需要の充足を如何に達成するかに対しさまざまな交通システムが成立し得ることは度々述べてきたとおりである。重要なことは、交通が交通サービスという即時財の生産、消費を通じて実施されているという基本的関係に規定されているという事実である。このため、交通システムの形成はこの制約から生じてくる種々の問題を可及的に縮小、回避しようとする方向の中で展開する。必需性と即時性、交通サービスに対する評価の基礎にこの特性がある以上、需要側面からは個別需要対応能力に優れた交通システムへの要請が強く現われてくるのは当然のことである。形態の如何にかかわらず、この基本的要請をどのように組み込んでいくかが最大の課題であって、これを等閑視することは、結局、需要に対応し得ない交通システムとして有効性を失っていく。交通機関発達の歴史は正にこの点を基にして推移してきたといってよく、所謂、交通機関のライフサイクルは大きくその流れに沿ってきたことが分かる。
　ここに交通システム形成における私的交通の問題が重要視されねばならない基本的理由がある。

第1節　私的交通の定義

　交通システムの最も基本的な形成基軸として、私的交通を定義すれば次のようになろう。私的交通とは、「排他的支配になる交通手段をもって、私的管理下に自らの交通需要を充足する交通形態」を指す。以下、これについて若干の議論を行っていくことにする。

第4章 私的交通

　第1は、ここで冠せられている「私的」という概念のとらえ方についてである。交通需要者が求める一般的方向として、個別需要対応型交通システムへの強い傾斜があることは度々触れてきたとおりである。交通過程を経なければ価値実現が行えないという絶対条件の下で、交通対象と交通システムの空間的乖離を可能な限り縮小することによって交通能力を高めたいとする要求は基本的なことである。この要求に需要者が主体的意図を持って対応しようとする意思に方向づけられているところに、「私的」交通の重要な意味がある。個別交通需要に最も直接的に整合する交通システム形成の条件として、交通サービス生産・供給関係を社会的に枠付、特定化する概念として取り上げているということである。換言すれば、交通需要者である個別主体が価値実現に関わる交通過程をより確かなものにするために、自己完結性を可及的に達成しようとする意思と行動によって規定された概念として位置づけられているということである。

　第2は、「排他的支配になる交通手段」の意味についてである。私的交通が実現される交通サービス生産要素に関わるシステム形成の条件として、これがどの水準で達成されるかによって交通サービスの質が異なってくることはいうまでもない。私的交通システムは、交通需要者が欲する交通サービスの質を可及的に充足するシステムとして期待された存在である。それが可能であるための条件は即時財である交通サービス生産のために必要とされる手段、すなわち生産要素がどの程度に排他的に使用できるかが最も重要な課題としてある。

　排他性は私的性を確立するための基本的条件であるから、それが可及的に達成されるようなさまざまな方法、システムが工夫されなければならない。最も典型的なものとしては、これらの生産要素を自己所有することによって制度的にも物理的にも確実、安定性の高い排他性を実現する方法が考えられる。所有権を持つことは社会的関係の中で保障されるものとして、最も強力な排他性が確保され得るが、しかし、私的交通システム形成の条件として、それがどのような権利関係の中で実現されるかは問うものではない。要は個別交通需要の要求に可及的に対応する能力が保証される形であれば、どのような方法によって

も構わないのである。

　交通サービス生産要素それぞれの特性を検討すれば、排他的支配の方法はさまざまに工夫されなければならない。また「排他的支配」にしても、常に持続的に行われていなければならないというわけではない。基本的には交通需要が発生した時点で充足される条件が整えられていればよいことになる。ただ実際の場では、需要発生の不確定性は大なり小なり避けられず、それに対処するために可能な限り排他性が持続的に維持されるシステムが望まれるということになるが、技術的、経済的あるいは制度的に事情は随分異なっている。例えば通路のように空間的条件に大きく関わる要素の持続的な排他的支配は、他の交通を阻害して社会全体の価値実現能力を低下させることに結びつきかねない。これらは共通必需の使用対象として公共性の視点から、非排除性の中に私的交通システムの求める個別需要対応性を確立することの方がはるかに望ましい。

　私的交通が目的としているところは、需要条件に応じて可及的に高い水準で充足する自由度の高い交通システム形成にあるわけで、それがどのような形態で営まれるかは二次的な問題に過ぎない。「排他的支配」の条件もその範囲のものであって、供給条件において非排除性が成立して自由度が高いレベルで実現されていれば、需要側面から排他的支配を要求する必要性は無くなる。公共財条件は正にその水準でのサービスの質を保証するものに他ならない。

　とはいえ、占有が大規模かつ社会的不利益をもたらすような種類の要素は別として、要素の標準化、平均化が交通サービスの個別需要対応性を阻害するような形で進むことは私的交通の自由度を抑制することになる。公共財、公共性基準の中で成立する自由度とは、限られた範囲の要素条件下に実現し得るに過ぎないことを留意しておく必要がある。私的交通はその意味で基本的には排他的支配の要素条件の中に自己需要充足の自由度を高めようとするシステムの中で、より効果的に実現される。

　日常不可欠の交通需要、頻度、少量、多品種、特殊需要、等々、私的交通システムの中で行われている交通過程は極めて多い。

　発生論的にいっても、私的交通システムは交通の最も原初的な形態であり、

第4章　私的交通

しかも、交通過程の必需性から持続的に維持、発展されることが期待されているシステムである。その現象形態が余りに多様であるため交通の概念領域から認知されていないものも多い。しかし、一連の交通過程の中に占める私的交通システム充足需要の領域は極めて広範にわたっていることを理解しておく必要がある。「排他的支配になる交通手段」とは、そうした範疇の問題として認識しておかねばならない。

　第3は、「私的管理下」の問題である。元々、前述の排他的支配の条件はこの私的管理性を確実にするための前提条件の一つに他ならない。ここにおいて私的管理性に期待されているのは、自己の交通需要を過不足なく充足する自由度を可及的に達成するためのシステム形成の可能性にある。したがって、その条件がより高い水準で達成される形態が存在すれば、私的交通性の実現はそれによって行われていくことになる。それは交通需要者自身であることが多いが、他の専門に従事する事業者によって実施される場合も決して少なくない。交通需要が極めて多様、多岐にわたる幅のある需要であってみれば、私的管理性の水準も弾力的なものであることはいうまでもない。端的にいえば、交通需要それぞれに対し需要者主体的に応じ得る交通サービスの供給が可及的に可能であることを期待されているのがこれである。当然、「私的管理下」の方式にもさまざまな形態があり得る。最もリジッドな包括的な私的管理システムは交通サービス生産要素すべてを所有権下に置き、排他的支配を強固に確立して交通需要者自身、あるいはその支配・経営下にある個人・組織を通じ、自己合目的に自らの交通需要を充足するシステムということになる。これを基本的な形態として生産要素が有機的に組織されれば私的交通システムの目的は達成される。

　重要なことは、私的交通システムが単に自家用といった簡易なモデル・ケースを想定したものではなく、あらゆる交通システムの基本型であり、価値実現手段の内部化という意味において最も完成度の高いシステムであるということである。他の基軸によるシステムもこの要請の例外ではなく、強い指向性をもってこれを展望している。公共交通機関あるいは利益追求を目的として参入してくるさまざまな交通事業、いずれにあってもこの軸線上からの乖離はそのレ

ゾーン・デートルを失わせる。私的交通に対する認識の重要性はここにある。あらゆる交通システムは、個別主体の価値実現に結びつく交通過程に有機的に結合する個別需要対応性を喪失しては、社会的存在の意義はあり得ないのである。大規模・大量交通機関といえども、それは個別交通需要の一連の過程において発生した部分需要の集合を対象としているだけで、それ自身で独立に他の交通システムと代替的に存在しているわけではない。私的管理下、私的管理性とは広義には、交通需要者個別の意思・目的を組織的に実現する一連のシステム体系を基礎づける条件に他ならない。

　第4は、「自らの交通需要」ということについてである。この場合の交通需要とは、単に自身ならびに自己所有の財に発する交通需要という交通対象限定型の需要を意味しているわけではない。交通需要者の意思・目的を達成するために交通を必要とする交通対象を通じて発生する交通需要のすべてが、その対象になり得る可能性を持っている。要は、排他的支配になる交通手段をもって私的管理下に生産された交通サービスが当該交通需要者以外の需要者の意思・目的達成のために供給されるのでなければ、私的交通の基本的枠組は成立している。有償、無償に関係なく他の需要者の需要充足に供せられれば、私的交通システムの枠を越えることになる。ここでの判別基準は、当の交通需要が需要者の主体的意思ならびに責任の下に組織された交通システムの中で充足される自己完結型の基本形態が実現しているか否かに掛かっている[2]。

第2節　私的交通システムと交通市場

　市場メカニズムが交通過程に入り込んでくる形は大別して2形態に分けられる。一つは、交通サービスを対象とした交通市場の形で、他は交通サービス生産要素の需給を対象とした要素市場の形態である。高度に発達した分業を基礎に展開している今日の社会にあって、財・サービスの需給が市場を核として行われていることは改めて指摘するまでもない。

第 4 章　私的交通

　その意味で私的交通システムといえども市場メカニズムから独立ではあり得ない。殊に生産要素の多くは市場を通じた需給関係の中で流通しており、私的交通システムもそれを通じて要素充足を行っている領域が大きい。実際、今日の高い科学技術水準を基礎とした交通システムの実現は市場を通じた要素流通なくしてはなし得ない。したがって、ここで特に触れておかねばならないのは、交通市場を通じて需給展開している交通サービスの位置づけと私的交通システムの関係ということになる。

　社会的分業の成長は何らかの形で市場の発達を条件としている。そして、今日の時代、私的交通システムの領域だけで価値実現が完結する社会的関係は限られており、巨視的に見れば交通過程がこの仕組みを回避して成長を期待することはできない。論点は有機的に結合された巨大なネットワークの中で市場メカニズムを通じて供給される交通サービスが価値実現過程にどのように結びついていくかの問題である。

　私的交通システムと交通市場とは、交通過程実現に必要な交通サービスの需給構造の相違に要点がある。前者が需給一致の一体型システムであるのに対し、後者は機能的にも制度的にも分離した需給構造の中により優位の条件を認知している。ただ需給の対象が交通サービスという即時財であることが、両者の関係を著しく流動的な状態に置いている。必需対象として、より自由度の高い弾力性のある交通システムへの傾斜は他の財・サービスに対する需要意思に比してはるかに高いものがある。

　第1に、交通サービスは生産と消費が同時に行われる即時財として、価値の客体化が交通対象の位置変化という形でしか行えず、それ自身を客体化した独立の形で流通させることができない。交通市場はこのため当初から一定の制約を持った特殊な構造の市場として成立している。分業は対象の評価に需給の一致が十全に行われることによって持続的に実現される。それがために必要とされる第一の条件は対象が明示的に存在することである。それが物理的に行い得ないという以上、それに代わる何らかの方法で対象の諸元を明示しなければならない。

方法は当該交通サービス生産に関わる要素自身を提示することと、いま一つは代意性に依存して情報による明示化を行うこと、この二つによる他はない。前者にしても実は各要素に関わる情報が無ければ評価を行うことはできないから、経験的に他の経路で得られた情報によっていることはいうまでもない。結局、交通サービスの明示化は情報を通じて行われるということになる。むろん価値が客体化される物財にしても、事前評価はそれ自身が表示する情報を通じて行われているわけであるが、取引対象自身が存在し流通し得るという点で直接的、包括的であり、より信頼性の高い評価手段が得られることで著しく異なっている。情報による代替流通というこの間接性は、交通市場における交通サービス評価の不確実性原因の一つである。
　第2に、交通市場は交通サービスの流通を対象とした市場であるが、生産・供給構造は多様な結合形態を採って現われていることである。それは先にも触れたように事業者が交通サービス生産要素のすべてを経営体内に独立した形で組織化している場合はむしろ例外で、多くは生産要素の幾つかを保有する要素事業者として参入しているということである。交通サービスの供給者はこれらを結合、組織化して需要に対応し、市場を実体化するという位置づけになる。そして、そこに組み込まれる要素条件も一定しているとは限らない。むしろ一般的には需要対応性に応じ極めて流動的に行われているのが普通である。
　交通サービスが即時財であるということは、交通市場形成が生産要素市場の成長を条件としながら展開するという現象の大きな理由となっている。そのため交通市場における生産・供給構造は多種・多様な形態を採る参入者群から成り、一義的な呼称は適切さを欠くとさえいえる。交通市場とは、かような複合性を持った市場として、そこで供給される交通サービスの評価が生産要素条件を通じた間接的、流動的な関係の中で行われているところに一大特徴がある。そうした状況の中に私的交通システムとの代替性が大きく潜在しており、殊に個別需要対応性という評価基準の中で競争下に置かれるということにもなる。
　第3に、すでに明らかなように交通市場の成長が生産要素市場の発達を必要としているという関係は、私的交通システムの場合にあっても同様のことがい

える。生産要素市場は極めて多様な供給構造を持つものとして、例えば広義の分業供給形態として公共財の領域にまで広がる存在であり、端的には通路要素に典型的に現われる。ここでは交通市場参入者も私的交通システムにあっても、共に同様の関係にある。こうしたことは、極めて広い範囲において対応しており、両者の関係は峻別される単純な補完的・独立の関係にあるわけではない。実際、交通市場を通じて供給される交通サービスが私的交通システムの中に組み込まれていく場合が決して少なくないのである。それは交通サービスの供給が他の財・サービス以上に個別需要対応性が強く要請されている存在であり、また即時財生産における効率性の安定、向上の上から需要側面への生産過程の組織化、内部化は重要な経営戦略であり得るからである。その意味で交通市場というのは極めて特殊な性格を持った市場として、需要指向的であると共に私的交通システムに深く入り込んだ展開を示すところに大きな特徴があることを理解しておく必要がある。

第3節　私的交通と公共交通システム

　交通における公共性の問題は最も多くの議論がなされてきた分野である。公共交通と呼ばれるシステムがこの領域の中で一般的には「不特定多数の交通需要者に、一定の条件の下に交通サービスを持続的に供給する交通システム」という広義の枠組みの中で論じられる性質のものであることは間違いない。これは極めて幅の広い概念規定であって、広くコモン・キャリアを指す交通システム領域として、経営主体が公的機関であるか民間の機関であるかは二次的な問題になっている。公的機関が行うシステムが公共性を基礎にしていることは当然のこととして、また一方で民間企業として私的資本の導入によって営まれているものが公共性の埒外にあると位置づけ切れないところに交通システムの社会的特性がある。価値実現の社会的有機性は交通過程の連続性の中で保証されているからである。

交通問題において、一般に公共性が論じられる要点は次のような諸点に関わっている。
　第1は、需要条件に関する点である。すなわち、一般社会において日常活動の上で一定の必需性をもって発生する交通需要に対応した交通システムとして位置づけられる存在であること。国民経済、地域社会全体に結びつく再生産機構の中で基幹的に機能する手段として、必需性の高い基本的交通需要を充足する社会的インフラストラクチュアとしての交通システムということになる。
　第2に、そこで供給される交通サービスが公共財あるいはそれに類するものである場合には殊に重要な意味を持ってくる。こうした種類のものに対しては公的機関あるいはそれに準ずる機関があたることが望ましいことはいうまでもない。しかし交通サービスそれ自体を公共財の位置づけにまで社会的基礎施設として一般化するケースはむしろ限られているといってよい。鉄道のように大規模に国民経済的水準での能力を持つ場合に、こうした議論もなされてきたが、それとても現実の場では限定的なものでしかなかった。交通需要というのは一部を除けば、定型化された弾力性の欠くシステムではさまざまに展開する社会的条件に対応し切れないものとして忌避する傾向を強く持っている。公共財水準で交通サービス供給に関わるのは、多くの場合、技術的不可分性、大規模かつ必需的・社会的基礎施設性、特定の利害に左右されることが望ましくない場合、さらには産業・経済への波及効果が大きく期待され、ある時期には公共性の中で扱われることが望ましいとされるような場合、等々の条件下にある交通サービス生産要素の領域で現われる。鉄道、道路はその端的な例であり、主要ターミナルなどもそうしたケースとして存在することはよく知られている。
　第3に、何らかの理由、条件の下に当初より公共性の領域で供給されることが望ましいと考えられる交通サービス、その需給に関わる交通機関・システムの場合が挙げられる。これらは前2点に重複する面が少なくないが、社会秩序の維持、安全保障、災害・有事、福祉といった視野からする社会形成の基礎に関わる要請に対処する交通需要が対象になっている。これらはソーシャル・ミニマムの問題として公的機関あるいはそれに準ずる機関の下に管理される交通

第4章　私的交通

システムが主たる役割を担う分野である。

　かような社会共通の問題に関わる交通需要に対して何らかの形で公共度の高い交通システムを整備することは不可欠の要請であって、私的交通システムの成長と対立的関係にあるわけではない。また、こうした需要に対しても、そのすべてを公共交通機関に拠らなければならないというわけではないということも考えておく必要がある。災害・有事あるいは日常的な福祉需要に私的交通機関が一定の範囲で社会的システムの中に組織化されるという形態は十分あり得る。また一方、公共交通機関といっても単に規格・標準化された交通サービスを定時・定所に供給すれば足りるという単純なシステムであって良いわけではない。交通需要の即時個別的評価意識は基本的に変わりないのであって、私的交通システムへの要請と同基調にあることを留意しておく必要がある。

　いずれにしても、公共交通の概念下に充足される交通需要の領域といっても、かなり幅のある問題であって、社会体制、発展段階、その他さまざまな歴史的・社会的諸条件下に異なる選択が行われる余地が大きい。そして、それを主たる対象として設立された交通機関にしても、需要行動の変化の中で次第に供給構造を変質させていかなければならないという状況が珍しくない。殊に社会の自由化が進み個別行動の範囲が広がる中で、交通需要が本来持つ個別対応性への要求は量・質共に高まって、公共交通システムも多様な需要に応ずる交通サービス供給が望まれていく。いい換えれば、公共交通の中に私的交通性を如何に組み込むかがシステム形成上の核になる方向性にあるといえよう。

第4節　私的交通システムの限界

　すでに明らかなように私的交通というのは需要者が特定化されたシステムを通じて行われる交通形態であって、需要者の社会的関係が特殊化されているわけではない。それが個人であるか、また逆に極めて公的性格の強い機関であるかといった種別を問うところではない。どのような立場にある主体者の交通需

要であっても、排他的支配になる交通手段をもって自己主体的な意思に従った交通過程が実現できる形態をとるのであれば、いずれもこれに含まれるといってよい。その意味では極めて広い範囲の領域をカバーする交通形態である。特に一般には交通という概念域で認識されてはいないが、しかし、本質的には明らかに交通であるというようなさまざまな人、物、情報の移動行為などでは、私的システムの中で実施されている割合が極めて大きい。実際、そうでなければ多様化が進む中で高度に専門化、細分化されながら、しかも時間価値の評価をシビアに受けながら生産性を維持していくことは不可能に近い。元来、価値実現の実体行為として原初的な基本形態として私的交通システムは極めて普遍的な交通形態であって、限られた特殊な存在としてあるわけでない。

　しかし、そうした基本性が一方ではシステムの拡大、成長に限界を与える制約にもなる。公共交通機関あるいは市場メカニズムといったより社会性の高い機構を通じた交通システム形成は、かような限界を社会的結合の中で打開する手立てとしての工夫に他ならない。個別主体が独立である限り成長限界がはっきりしている以上、それらが有機的に結合した組織構造の中で持続的成長の機会を見出す以外に方法はない。そこでも交通需要は依然として本質は個別主体の価値実現行動にあるが、それが社会という集積構造の中で達成されるためのシステムに整合的に結合することが不可欠なのである。私的交通システムがこの集積性の中にネットワーク化されて生ずる類似の交通需要が公共交通機関、市場メカニズムという社会機構を通じた交通システムの形成を醸成していくことになる。しかも、この関係は機能分担的に固定化されたものではない。補完的であると同時に代替的な関係を一部に持つ緩やかな分担関係である。技術的、経済的あるいは制度的に私的システムでは困難であるか、または より効率的に生産・供給可能だという条件下に集合性の高いシステムの中で交通過程のある部分を実施するという関係である。しかし同時に、交通需要の個別・必需性と交通サービスの即時性とは私的交通システム指向を基本的に特徴づけており、社会活動の多様化、時間価値意識の上昇の中で一層強まる傾向を示している。いい換えれば、公共交通機関、交通市場といえども、こうした基本的方向性の中

で需要充足に対処しなければ、社会的要請に十分応えられる交通システムとしては存続し難いということを示唆しているのである。そこに緩かな分担という機能関係が生きている。

重要なことは、私的交通が社会的関係を相互に持つネットワーク・システムに有機的に接合する中で公共交通、交通市場といったものも成立しているということである。また、そうした関係から独立であるということは、価値実現能力の限界を自身の中に見出して、私的交通システムの限界に自から直面するということになる。

第5節　情報化社会と私的交通

I　情報化社会の諸条件

情報化を重要な要件として求めるような社会を分析していくと、そこには明らかに幾つかの特徴的な様相が見出せる。

第1は、情報とそれが代意する何らかの対象との間の分離が着実に高まろうとしている状況にあることである。

第2には、経済の発展と共に、社会が高度に発達した分業構造の中に展開して有機的に結合されたシステム体系の形成が求められていること。この分業から生ずる乖離が生む不確実性に対処する手段として情報化への要請が強く求められる。空間的には距離と時間の増大、そして経済的、制度的関係が複雑化するにしたがって、この状態はより一層高まってくる。

第3に、分業は専門化の水準を高めながら、資源の有効利用への範式を追究していく。この中で各個別主体は組織、行動、需給関係、ネットワーク等の不断の改良、開発が要請され、情報対象自身による包括的直接情報依存では処理し切れない分析段階へと急速に進んでいき、代意手段を通じた記号処理型の情報化が必要になってくる。そして、それがある段階に達すると情報主導型の社会構造に入っていく。情報化社会の離陸といってよい段階である。

第4に、情報の第一次的目的はそれが代意表示している対象から時間的、場所的に分離可能であることによって、より弾力的な処理、利用が可能であるという点に最大の有効性がある。したがって、この特性を生かし得る技術、システム、それを可能にする経済的、制度的条件の整備、充実という基本的な条件の発展が重要になってくる。情報・情報関連産業という新しい産業分野の成長と共に、産業構造も大きな変化を余儀なくされてくる。

　第5に、情報の代意能力が高められるにしたがって、価値実現の先験的確率が向上され、情報および情報化の経済が著しく効果的に働くようになる。人類の文明発達史上において、情報の持つ意味はこの点に負うところが大きい。殊に資源の有効利用という観点からする時、情報による不確実性対応性は情報化社会という発展段階を画することの意義を強く立証している。

　第6に、こうした状況の中で価値実現の実体過程を担う交通は、人、物の交通に加え、情報交通の量、質、頻度が著しく高まっていくことになり、さらに総合的に情報化が進む過程で構造的な変化が展望される。就中、需要の多様性が評価の個別化を促し、その要請に対処した交通システムの成長が不可欠になる。

Ⅱ　交通需要の多様化

　情報化社会とは、結局、その社会が何らかの形で顕著に情報主導型の展開を示す段階にあり、情報・情報関連産業が基幹的産業にまで発展してきている社会ということになる。当然、情報交通を促進する諸条件の整備は最重要の課題になるが、同時にそれが現実的意味を持つためには、他の交通システムの高度化が図られていかなければならない。この関係の中で、情報化社会はより高い充足条件が充たされた段階にシフトする新たな経済の持続的成長が期待されている社会でもある。いい換えれば、情報主導型の中で経済をより高度化するシステムを構築することによって、資源の有効利用、収益性・価値実現機会の向上を促進させようとする意図を持った社会の形成が提起されているということに他ならない。

第4章　私的交通

　第1に先にも若干触れたように、情報は情報対象との関係において、代意手段である媒体を介して分離化されるという物理的特性を第一前提として経済性の問題が論じられているというところに要点がある。経済活動がある程度の水準に達すると、情報によって先行的な評価を行うことが優位性を実現する上で不可欠になってくる。情報化の経済が総合化されて顕著な効果を現わし始めるからである(4)。

　ここにおいて情報化の経済とは、各個別主体の価値実現活動に関わるすべての要素、条件に関して、情報化が何らかのプラス効果を生じさせる状態を指している。例えば、組織についていえば、システム化、系列化、ネットワーク化などの展開により高度の有機性を与え、総合的に組織の経済性を上昇させる可能性を増大させていくであろう。また事業活動の分野では市場での競争優位の条件を先見的に構築する上で、あるいは多角化、業際化といった新たな領域への展開において情報・情報化の経済は寄与するところが著しく大きい(5)。

　第2に、情報は情報対象とその関連対象について内容伝達と実現速度を高めるに大きな支援能力を持っているため、関係経済活動の迅速化と展開領域拡大に効果的である。これは需要の多様化、個別化の進行と対置して情報化社会の著しい特徴として現われてくると共に、交通過程の構造変化に直結していく点で重要である。また全般的情報化の進む中で、情報への代替を通じて現象形態を大きく変化させる部面は多い。取引活動における情報内完結性の向上、決済手段の情報合理化、業務旅客交通の情報代替化など、あらゆる面で大きな潜在性を持っている。

　第3に、こうした状況から生ずる情報需要の増大は情報・情報関連産業の成長と、それに伴う産業構造、再生産構造の著しい変化をもたらす。情報高密度付加価値化は情報化社会における産業、経済の最も典型的な評価尺度であり、情報化率はこの段階にある社会の成長度を測定する最も重要な指標として浮上してくることになる(6)。そして、これらの部門が産業、経済の主導的な部門にまで発展してきた時、情報化社会は新たな持続的成長への条件を整え始めたといえる。それを基礎として新たな価値観形成への社会的環境が生まれてくること

になる。

　要するに、情報化というものが引き起こしていく社会的特徴の一つは、著しく個別的な領域に至る情報的顕在化という現象であり、加えて事前検証手法の開発向上と共に、情報利用者に価値実現可能の潜在領域を著しく高めさせていくということである。さらに情報が一般に持つ拡散性が社会的規模において展開し、情報化時代を基礎から浮上させていくことになる。こうした中で、交通の様態も著しく変化する。情報化が顕著に寄与する面の一つが、時間と場所に関する拘束からの自由性増大であることは周知のとおりである。それは多様化する価値観の現実的有効性を検証しつつ、さまざまな要求に応じた個別対応性の高い交通システムへの要請を高めていくという方向性を明らかにしていく。

Ⅲ　私的交通化の促進

　すでに明らかなように、情報化の進行はあらゆる場面において個別的条件への対象拡大を顕著にさせるという点で著しい特徴がある。そして、それが交通過程に如何に反映していくかが問題になる。

　第1に指摘されることは、情報化が現実的実効性をもって社会の諸分野に浸透していき、それが価値実現能力の向上に結びつくためには情報交通システムの効率的な体系構築が必要になってくることである。それが他の交通システムに有機的に結合し機能することによって、初めて社会的基盤としての情報化が現実のものとなってくる。情報化は情報交通が他のシステムをリード、再編成する主導性を示す程に発達することを不可欠の要件としているのである。

　この情報主導型システム化は実をいえば、交通発達の歴史の中では基本的な展開の一つであって、情報化社会にあってはそれがより特徴的な形で前面に出てくるということに他ならない。特に情報交通が社会的基盤としての様相を強めてくることにおいて、明らかにこれまでの展開とは異なっている。情報の価値評価が強く認識され、情報を対象とする市場の成長、情報完結型経済活動の増大、情報対象の情報代替化による経営の合理化、流通システムの多様化、等々、情報および情報化の経済に関わる経済構造の変貌は想像に難くない。

第4章　私的交通

　第2に、情報化はその特性上、さまざまな場面で個の異質性を高める機会を創造し、認識させる方向で展開していく。したがって、情報交通は交通対象および情報交通サービス需要者の個別、多様な要求に応じ得る技術的、経済的、制度的条件の高められる方向で進められていかねばならない。それがどのような組織、機構を通じて実現されるかは二次的な問題である。交通過程がこの傾向に対応した形でシステム化されていくことが強く要請されているという意味において、全般的傾向として認識されるべきであるということである。

　第3に、情報化は各個別主体が情報を通じて外部関係との間に自己主体的組織化の度を高める方向性の中で展開していく傾向を強く持つものであるから、それぞれの主体的価値基準の下に評価された情報対象を情報・情報化という形で包摂した膨大な多重ネットワークが共存する社会状況を創出する。この個別主体性が強く前面に押し出されてくるという展開は、それに主導された価値実現構造の形成が強く求められてくるということを意味する。交通体系について、新たな視点に立った再編成を展望する議論が必要になってくる理由がここにある。[7]

　元々、交通は即時財である交通サービスの同時生産・消費の過程を経て行われる交通対象の位置変化に価値を見出している行為であるから、生産・供給システムの中に当該交通サービスの対応能力を示す事前の情報提供システムが組み込まれている必要がある。これが十分でない交通機関は不完全システムとして事前評価の手段を持ち得ない。いい換えれば、情報条件は交通サービスの質を規定する最も重要な要素になっているということである。これは情報化社会における交通関係に一つの示唆を与えている。

　一般的にいえば、情報は情報対象とその利用者との関係において、空間的乖離が小さければ小さいほど精度を高めやすくなる傾向を持っている。したがって、システム全体が自己の管理下にあることは情報メリットを最も得やすいわけで、ここにも私的交通への指向性を強める要因がある。その意味で他の交通システムにあっては殊のほか情報の高度化は重要で、特に競争の激しい市場では決定的な役割を担っているといってよい。また公共交通機関にあっては情報

の開示性が共に確立されていることが不可欠の条件である。

　情報は、しかし、それ自体としては情報対象の価値実現を代行し得るわけではない。その信頼性は経験的に決まってくることが多く、その意味で情報の多くが内部化されている私的交通システムにおいて最も安定的であることはいうまでもない。

　今や、情報はそれ自体が経済活動のポテンシャルを高め、情報化によって実体化されていく経済機会が着実に増大している。それは同時に交通需要全般の成長を促すと共に、個別化、多様化そして場所的・時間的分散、少量・多品種・多目的化が著しい特徴となって現われてきている。こうした中で価値実現の実体化過程に効果的に対処できる交通手段を得るための情報システムの発達は緊要の課題になっている。特に交通過程全体が把握できる情報システムが組み入れられれば、需要者は価値実現の全過程が把握し得、情報的に効率的なシステム形成が可能になって資源の有効利用、競争における優位性確立がより容易になる。正しく情報化が交通の私的システム化指向に間接的・代替的に対応し得る能力があることを示唆している。逆にいえば、情報化への要請自体が、私的交通化指向を動因としている面が多分にあるということに他ならない。[8]

第6節　ネットワークの経済と私的交通

　各個別主体はそれぞれの目的を達成する過程で経済性を如何に実現するかに腐心する。分業、専門化、量産性、規模、多角化、業際化、独占化、系列化、そして国際化、情報化、等々そのいずれもが何らかの形で経済性追求を動機としている。それが最も典型的には資本主義的企業行動の中に現われることはいうまでもないが、それに限らず経済性評価の視点からすれば共通の行動原理として存在しているといってよい。今日、最も基本的な社会機構の一つとして存在している市場も、そこに参入することが資源、資本の有効利用、あるいはまたより効果的な財・サービスの取得が可能であるという需給両面で経済性が認

識されているからに他ならない。情報・情報化はそれ自体で大きな経済効果を持つことは既に明らかなことであるが、そうした状況の中で派生的な形で経済性追求の行動が現われてくる。その一つはネットワーク化による連結の中に経済性を高めようとする行動、すなわちネットワークの経済あるいは連結の経済と呼ばれるものがある。[9]

　経済性追求の形態としては、自身の問題とその行動に経済的合理性を追求するのが最も主体的であり、微視的に見れば個別主体者それぞれの立場からさまざまに異なる選択をしている。規模の経済、範囲の経済なども主にこの領域の選択である。しかし経済活動は多くの場合、自己完結的範囲のみで達成し得るわけではなく、他との関係を如何に組織化するかという領域での課題が大きい。可能な限り自己主体性を維持できるような関係、例えば資本系列化、技術的支配あるいは制度的な支配関係、こうした例はよく知られている。また、市場を通じた関係はその構造によって多様であり、参入・退出が自由な競争的な状態にある場合には不安定要素が大きくなることは一般的に理解できる。いい換えれば、経済性を追求するにしても、それは個別主体が置かれている能力、ならびに経済性がどのような形で展開するのを望んでいるかによって、自ずから異なった選択が必要だということである。

　一つの設定はネットワークの中に経済性を追求するもので、各個別主体それぞれが対等の関係の中で、比較的安定かつ持続的な交換・取引が行われるような独自の有機的組織化が育成されていく連鎖性の中に経済性を実現しようとする形態である。系列化ほどには垂直的・階層的でなく、また市場ほどには水平的・独立的ではない第三の経済性追求のシステムといってよい形態である。ネットワークの経済とは、そうした所に位置づけられている。それぞれの関係者は独立の従属的でない地位を維持している点で市場関係的であるが、明らかにより持続的、安定的である。そこに時間の経過の中で得られる種々のメリット、あるいは外部経済の内部化、流通・在庫・情報等に関わる経費の縮減、等々、ネットワークの経済を実現する諸因子の有機的な展開が期待される。こうした機会はむろん自己支配組織内において、より強力に得ることは当然であるけれ

ども、ネットワーク・システムの優れるところは、それが業種、立地、資本、組織、ノウハウ等において直接に参入して行うよりもはるかに広範かつ容易に実現可能だという点である。この容易性の経済こそは激しく変動する社会環境の中では最も重要な評価尺度の一つである。[10]

　ネットワーク・システムは異なる役割を担う者が比較的自由な結合の下に相互補完性をメリットとして経済性を求める一種の同盟的組織である。問題はその関係が持続的、安定的に維持されるための幾つかの基礎条件が充足されなければならないこと、特に問題なのは他に比して以上に空間的乖離によるネットワーク組織間の結合不全が十分に回避されていなければならないことである。参加成員が独立を維持しながら連結の経済を実現しようとする関係では、この条件がより前面に出てくる。その意味でネットワーク形成は交通条件が如何に整備されるかが一つの重要な鍵になっている。

　まず第1に、システム維持の基礎的前提である当事者間の意思疎通が高い水準で達成されるための情報交通システムの存在である。ネットワークの経済とは明らかに情報化が生み出した経済効果といってよく、それを通じて間接的、派生的に規模の経済、範囲の経済といった効果が同時、類似的に発生するところに一大特徴がある。ネットワークはまず情報交通の中で仮設されて、そこに参加している者とそれ以外の者との間に経済的差異が生じるような排除性の原理が働くシステムである。それを実現する情報交通もネットワーク私的性の高いシステムが構築されていなければならない。

　情報化が高度に進む社会にあっては、何らかの形で情報ネットワークの中に新たな社会関係と利益機会の可能性を期待している。[11]と同時に優位の条件を情報化の質の中に求めようとする要請が強く現われる状況の中で、情報におけるネットワークの経済への追求が行われていくわけで、それは情報と情報化水準での差別化現象に他ならない。[12]情報交通におけるネットワーク化は情報の経済が成員間の補完的結合によって利益機会の集積を目指した進化の新たな動きといってよい。

　ネットワークの経済はこうした情報化社会の成長過程で実体経済に組み込ま

第4章　私的交通

れてきた新しい組織様態であるといってよい。強力な統御が可能な自己組織内での業務化と市場を通じた弾力的な関係の中間に位置するシステムとして、比較的安定した補完的協力関係に基づく経済性の追求が期待できるというところに、このシステムのメリットがある。それが経済活動の中で極めて一般的な指向形態になりつつあるところに情報化社会の顕著な特徴が見出せる。

　第2は、ネットワークの経済が実体化する条件としての人、物を対象とする交通システムの対応性の問題である。特に物的交通の分野におけるネットワーク・システムの体系化は安定度の高い交通サービスの質を要求している点で重要である。ネットワークにおいて情報交通システムの役割はそれが利益機会の範囲を仮設的に明示するところに要点がある。その関係の中で利益機会を完結させる場合が少なくないのが情報化社会の特徴であるけれども、それが対象とする情報対象を通じた価値の実体化は人、物の交通を経なければならない。特に情報システムに誘導された物的流通ネットワーク・システムの形成こそは、情報化社会における経済活動の構造的変化をもたらすものとして注目される[13]。それはより専属性の高い交通システムがネットワークの経済性を確かなものとするために不可欠だからである。

　今日、所謂、物的流通と総称される物的交通を主軸とした一連の価値実現過程に関わる諸要素の複合的な経済性を追求する動きは、明らかに情報ネットワークを基礎にした展開であるといってよい。この過程は対象である財の価額決定システムから乖離した間接領域として費用・便益分析の基準が得にくく経済性の隘路になり易い。逆にいえば、この過程が情報化を通じて明瞭にされてくれば、新たな経済性追求の機会が大きく広がるといえよう。一連の物流過程を経営戦略の対象として総合的に分析、展開しようとする考え方は、ロジスティクス（logistics）という概念の中で大きくクローズアップされてきていることは周知のとおりである[14]。そこでは明らかに交通過程のネットワーク的思考が強く意識されて、物流合理化の経済の内部化、さらにはそれを通じた優位性の実現を図ろうとする戦略的構図が見えている。

　実際、交通過程の情報化は一連の価値実現過程が明確に認識されて経営制御

空間が著しく拡大する。しかもそれが複数の成員間にネットワークを通じて有機的に結合していけば、不確実性の減少と利益機会の確率を飛躍的に高める可能性を与える。その意味で情報化は交通が価値実現の実体過程であることを改めて認識させる機会を与えており、そのことからもネットワークの経済が強く理解されることになる。

　結局、ネットワークの経済とは、そこに参加する成員個々の能力の有機的連結による利益の集積と、同時にネットワークを支える交通過程のシステム化を通じた価値実現能力の向上、さらにはそれらに関わる外部経済の内部化と諸側面の複合利益機会に目を向けた概念であるといってよい。そして、それが情報化社会という環境変化の中で大きくクローズアップされてきたところに今日的特徴がある。個別主体の独立性が強く主張される時代様相の中で、それを許容しつつ緩やかな参入・退出の条件下に連結の経済の中に集積の利益を追求する次代の社会関係を顕著に示唆する動きである。ここでは交通過程の内部化が潜在する利益機会の創出に如何に有効かを意識しているところに、成長の場が大きく展望されている。

注
(1) 拙稿「私的交通の意味」、『流通経済大学論集』Vol.14, No.1, 〈50〉, 1979.7, pp.48〜72.
(2) 拙稿「交通サービスの性質と私的交通の拡大」、日本交通学会『交通学研究』1982年 研究年報、第26号, 1983年3月, pp.141〜150.
(3) 松尾光芳・小池郁雄・中村実男・青木真美『交通と福祉』文眞堂, 1996年. 中村実男「高齢化社会の交通政策—欧米諸国におけるモビリティ・ハンディキャップ対策の展開と現状」、日本交通学会『交通学研究』1991年研究年報、第35号, 1992年3月, pp.127〜143. 清水浩志郎「高齢化社会における交通計画学的視点とその課題」、日本交通学会『交通学研究』1993年研究年報、第37号, 1994年3月, pp.21〜43.
(4) Wolpert, Samuel A. and Joyce F. Wolpert, *Economics of Information*, Van

第4章　私的交通

Nostrand Reinhold Co. Inc., N.Y. 1986, pp.3～15. 宮川公男編著『経営情報システム』中央経済社, 平成6年, 第1章. 榊原胖夫「交通と情報―無形財の経済学序説―」, 日本交通学会『交通学研究』1982年研究年報, 第26号, pp.5～12.

(5)　宮澤健一『制度と情報の経済学』有斐閣, 1988年, 第6章. 佐々木宏夫『情報の経済学』日本評論社, 1991年, 第2,3章.

(6)　飯沼光夫・大平号声・増田祐司『情報経済論』有斐閣, 1987年, p.12.

(7)　Wiseman, C., *Strategic Information Systems*, Richard D. Irwin Inc., 1988, 土屋守章・辻新六訳『戦略的情報システム』ダイヤモンド社, 1989年, p.118. Synnot, William R., *Strategic Information System, The Information Weapon*, John Wiley & Sons, Inc., 1987, 成田光彰訳『戦略情報システム』日刊工業新聞社, 1989年, 第1章. 島田達巳・海老澤栄一編『戦略的情報システム―構築と展開―』日科技連出版社, 1989年, 第1,4章. 斎藤環『戦略情報システム入門』東洋書店, 1989年, 第1～3章. Lucas, Henry C.,Jr., *Information Systems Concepts for Management,* fifth ed., Mitchell McGraw-Hill, San Francisco, 1994, Part Ⅱ.

(8)　拙稿「情報化社会と交通―私的交通の問題を中心として―」, 流通経済大学『流通問題研究』No.16, 1990年10月, pp.42～46.

(9)　宮澤健一『前掲書』, 第3,5章. 同『業際化と情報化』有斐閣, 1989年, 第1,3章. 今井賢一『情報ネットワーク社会』岩波書店, 1984年, 第1,3章.

(10)　今井賢一・金子郁容『ネットワーク組織論』岩波書店, 1988年, 第3章. 郵政省通信政策局編『ネットワーク型産業構造と経営革新』大蔵省印刷局, 平成2年, pp.1～13. Johanson, Börje, Charlie Karlsson, Lars Westin ed., *Patterns of a Network Economy,* Springer-Verlag, Berlin, 1994, Chap.1.

(11)　宮川公男編著『前掲書』, pp.150～156.

(12)　斎藤環『前掲書』, pp.16～19.

(13)　北澤博編著『物流情報システム―高度化の方向と可能性』白桃書房, 1991年, 第1章. 唐津豊・今野哲平『物流情報システムの設計』白桃書房, 1992年, 第1章.

(14)　阿保栄司『ロジスティクス・システム』税務経理協会, 平成4年, 第1章. Christopher, Martin, *The Strategy of Distribution Management,* Gower Publishing Co. Ltd., 1985, 阿保栄司訳『ロジスティックス時代の物流戦略』日

本物的流通協会, 昭和61年, 第1,6章. Kuiak, Andrew and Maurizo Bielli, *Designing Innovations in Industrial Logistics Modelling*, CRC Press, Inc., 1997, Part 1,4. 高橋輝男, ネオ・ロジスティクス共同研究会『ロジスティクス, 理論と実践』白桃書房, 1997年, 第1章.

第5章　交通と市場メカニズム

　交通問題を考える場合、それをどのような論理体系の中で論ずるかの選択はかなり難しい問題である。日常、必要不可欠の対象として、一連の交通過程に関わる諸問題を簡易な論理の中に体系的に整理することは容易ではない。とはいえ、ある種の論点から理論的合理性を追究する努力は交通システム形成に関わる整合的な論拠を得る手立てとして極めて重要なことといわねばならない。その一つの方法として経済の観点からする資源の有効利用、社会的厚生の増大を目指す交通システム形成如何を論ずることは意味のあることである。この点に主眼を置いた議論は今日の経済学の主流を成すものの一つであるが、それが市場メカニズムの中に有効なシステム・バランスを見出そうとしているところに特徴があることは周知のとおりである。[1]

　むろん、交通は価値実現過程のすべてに関わるものとして、市場メカニズムの中だけで説明し切れる性質のものではない。しかし、市場メカニズムの持つ機能が交通過程に結びつくことによって、経済合理性をより明瞭な形で追求するための基軸を得る可能性が示唆されることは重要なことである。

第1節　市場対象と範囲

　交通が交通サービスの生産、消費を通じて行われるという関係は明瞭であるが、それを実施する形態は極めて多岐にわたる。市場メカニズムはそれを秩序づける最も有効な基軸の一つであることははっきりしている。しかし、交通サービスの生産、消費過程の中で市場がどのような形で機能しているかは必ずしも明確ではない。その理由の一つは市場で扱われる対象についての整理が十分

でないことにもある。

I　対象の整理

　市場が財・サービスの交換の場として社会に定着した機構であって、そのメカニズムに交通が接合していく過程は、そこで取り扱われる対象の明確化によって明らかになっていく。
　まず第1に注目しなければならないのは、交通が交通サービスの生産、消費の即時的関係の中で実現されているという事実から、交通サービスと交通サービス生産要素が位置、時間という空間的条件において同置しているということである。交通と市場の接合関係があいまいになりがちな理由の大半はここに原因する。
　この関係は異なる複数の交換対象が同時に展開しているということで複雑な構造を呈する。交通サービスの需給関係と、交通サービス生産要素の需給関係という性質の異なる市場が結合的に現われているという事実、そして後者はさらに7要素に分類される財・サービスの取引される市場を展開しているのである。加えて交通サービスが即時財であるため、そこに参入しているさまざまな種類の関係者が交通過程に分接してくる。いい換えれば、交通と市場の関係は異なる種類の市場関係が連鎖して展開する結合市場の構造を成しているということである。
　第2に、したがって交通過程に関わる市場接合の関係は幾つかの分類が行われ得る。
　a．交通サービスの生産・消費という局面をとらえて、交通サービスの取引を対象とした市場を交通市場としてそのメカニズムの解明にポイントを置く設定論。
　b．単に交通サービスに限るのではなく、それを生産、消費する交通過程に関わる財・サービスの需給関係にまで広げて市場機能の展開を論ずるべきであるとする考え方。この場合、「交通過程に関わる財・サービス」とは、交通サービス生産要素を指すことはいうまでもない。

第5章 交通と市場メカニズム

c．交通が価値実現の実体過程であるという共通の基本的認識に立って、交通と市場機能の関係は交通が実施される場面で生ずる一つの現象形態に過ぎず、改めて特殊化した市場形態を想定する必要は必ずしもないという立場。この考え方は交通の本質に結びついていて、ある意味で交通と市場メカニズムの関係を最も包括的に説明を与えているといえるかもしれない。しかし、この立場は交通問題の理論的認識を矮小化して不分明なものにしかねず、ここで採用される立場ではない。ただ、交通の多くが多様な価値実現行動の中に埋設されて、それへの認識が等閑視されている場合が決して少なくないことは留意されなければならない。

交通過程に関わる市場機能接合の問題を取り扱われる対象の明確化という視点から整理すると、以上のような3類型に分けることができる。この中で最も一般的に認識されているのは、交通サービスを直接の対象とする交通市場であって、研究者の目もここに注がれ近年の成果の多くがここに輩出していることは周知のとおりである。

交通過程の市場メカニズムへの接合を交通サービスの交換という局面に限定することは理論形成上、最も截然として明解である。しかし、先にも指摘したように、その局面は単に交通サービスが独立に交換取引されるといった単純なものではない。即時財として交通サービス生産に関わる生産諸要素の需給関係が同置して存在、展開しているという事実を見逃してはならない。正しくそこでは諸要素の生産機能が有用化して交通サービスを産出する結合生産関係を実現するために、要素需給に関わる市場が連鎖して結合市場構造を成している。この点に着眼するならば、交通過程の市場機能接合は単に交通サービスの取引という関係だけに限定して論ずるだけでは不十分なことが分かる。少なくとも、交通サービス、交通サービス生産要素の両者を対象とした市場構造が論じられなければならない。

第3に、しかし、この関係は極めて難しい問題を含んでいる。交通市場成立の条件として、生産要素市場の結合的成立が不可欠であることは確かであるが、生産要素市場が対象としている需要層は他のさまざまな種類の交通形態をも含

んでいるということである。さらに交通市場に参入してくる生産・供給に携わる事業者も一様ではない。むろん交通市場参入者として取り扱う対象が交通サービスであることはいうまでもないが、それらの参入者は大別して次の3形態に分けられる。

　第1型、交通サービスの生産・供給に必要となるすべて、あるいは大部分の生産要素を独自に使用し得る条件を備えて参入する形態。

　第2型、交通サービスの生産・供給に必要な生産要素の内、幾つかを独自に使用、管理し得る条件を整えて参入する形態。

　第3型、交通サービスの供給が主たる目的で、生産要素への投資、支出は極力、回避しながら参入する形態。

　この内、第1型に属する形態は大規模な投資を必要とするのが普通であり、技術的条件あるいは制度的条件があって、こうした方法を採ることが必要である場合を除けば、むしろ極めて例外的な存在であるといってよい。典型的には鉄道事業の場合に見られるが、歴史的に見てもこれ程大規模にかつ多年にわたってこの形態を採り得てきたものは他に例を見ない。むろん、鉄道事業のすべてがこうした形態を採ってきたわけではないが、最大の投資部分を占める通路要素を中心に技術的にも、経営的にも一元的な管理が望ましい条件にあり、また、それ以前の交通機関に比して著しく質の高い交通サービスの供給が行われ得たという優位性の存在、これらが市場参入にあたって第1型が採り得た主因であった。加えて公共性基準に対応した諸側面を持ち、独占が認知されるような社会的評価を得て交通市場に特異な地位を占めた歴史は長い。

　その他、部分的には第1型を採る場合があるにしても、大部分は第2型、第3型での参入が一般的である。これらの事業者による参入は当初から他の要素を充足するための供給システムの存在を前提としている。ある部分については空路、海路といった自然条件を、あるいは道路のような公共財を所与のものとして参入を果たしている場合もあるが、他の要素の大部分は市場を通じて充足されなければならない。

　交通事業は即時財を対象とした事業であるため、需要条件に著しく影響され

第5章　交通と市場メカニズム

て経営の安定性を維持することが難しい場合が少なくない。まして競争が激しくなった市場での競争力維持は極めて難しく、価格競争に走りがちな業種として収益性を悪化させ易い。こうしたことから、できる限り固定的な支出、投資を軽減して、需要発生時に諸要素を随時調達し交通サービスの生産・供給に充てるという経営形態に傾斜する特性を持っている。いい換えれば、市場が競争的になればなるほど、交通市場は交通サービス生産要素市場との結合関係が拡大し、生産要素の不使用能力比率をできるだけ小さくしながら生産性を向上させて競争力を実現することに努めるという傾向を持っているということである。第1型はより第2型に、第2型はより第3型へと参入形態をシフトさせていく方向性にある。そして交通市場は交通サービス生産要素市場の成長の中に発展するという重層構造を顕著に現わしていくことになる。規制の緩和による競争の促進がこうした傾向をより一層強めさせることになるのはいうまでもない。

　以上のように分析してくると、交通サービス需給に関わる市場機能接合の対象について次のように整理することができる。すなわち、交通過程は交通サービスを直接の対象として成立する交通市場と、それを間接的に支える交通サービス生産要素を対象とする要素市場が重層して市場機能に接合しているということである。(2)

Ⅱ　範囲の問題

　かように見てくると交通の市場機能接合の問題はかなり複雑な問題を含んでいることが分かる。交通サービスと交通サービス生産要素を対象として交通システム形成の基軸の一つとして、市場メカニズムの有効性を交通過程の中に組み込むことの可能性の範囲が重層化の中で分岐して広い領域にまで浸透していくからである。

　したがって、まず第1には、この問題を交通サービスの需給という局面にのみ限定して考えるか、交通サービス生産要素の需給という領域にまで広げて考察すべきかの整理が必要である。さきにも述べたように、問題は交通市場に参

入する供給者が一部の例外的な場合を除いて、そのほとんどが生産要素市場からの要素供給を得ながら参入し、市場展開を行っているということである。しかも即時財市場にあって、その関係は同時結合的で不可分の関係にある。その意味では交通市場は不完全供給構造が一般的で生産要素市場の補完を必要条件とする複合市場の形態を成しているということになる。こうした関係にある以上、交通における市場機能接合に関する問題を論ずる場合の範囲設定は何らかの形で生産要素市場にまで広がったものにならざるを得ない。しかし、それらは特に直接的に交通市場に結合した目的性の高い生産要素市場の問題に限定して議論されているのが普通である。

第2に、市場メカニズムが他に比して優れた社会機構として評価される点は、資源の稀少性を競争選択の中に有効利用化し、個別の価値判断に基づく経済活動を社会的厚生の増大に結びつけるシステマティックな有機性にある。そしてそれが価格メカニズムを通じて配分、調整されるところに最大の要点がある。この関係が現実にも極めて有効に作動していることは周知のとおりである。が、それはすべての財・サービスに等しく効果的であるというわけではない。自ずから程度の差があって、交通サービスはむしろ適合性に問題を多く持つ対象であるといってよい。その決定的ポイントが需要条件と即時財としての性質にあることはいうまでもない。

それは一つには、市場メカニズムが効果的に作動しにくい要素、所謂、「市場の失敗」を引き起こす条件が現われ易いということ。そして、いま一つは、価値実現のための基礎需要として必需性の観点から他の基軸によるシステム形成がより有効であるという場合が少なくないということ、これである。

第3に、しかし、市場メカニズムの持つ社会的有用性は十分効果的には利用されないまでも、次善的な方法の中で交通過程に組織化されることは依然として意味がある。市場の失敗条件に触れて有効性が損われる部分があるとしても、市場メカニズムが基本的形成基軸として存在し得る理由である。それを補完するためには政策的介入、調整・規制政策、公的機関自身による市場参入といった施策が必要であろうし、より建設的には欠陥を回避し得るような条件整備を

第5章 交通と市場メカニズム

促進することである。それは大別して次の3点にポイントがある。

第1点は、その主たる原因である供給構造の技術的条件に基づく「失敗」の回避を工夫すること。技術的不可分性に基づく自然独占の問題も、それを交通市場に参入する事業者の排他的使用条件下に置かずに行うような経営形態での回避。例えば、鉄道事業の場合であっても、経営手法の飛躍的な発展の中で最大の「失敗」原因である通路部分の別組織化によって回避可能なシステム形成は見出せる。また、その別組織にあっても資本の分割化、事業の地域別分割などの方法により適正規模化を図ることを通じて経営の自立化を促し、市場機能有効化のための条件を整えることも可能な視野にある。

第2点は、既に度々触れてきた生産要素市場への分化の中で市場機能のメリットを生かすことである。要素市場の成長は先に示した第2型、第3型の交通市場参入者の増大を促し、競争条件を高めて市場の活性化に大きく寄与する。交通市場の市場メカニズム有効化は正に要素市場の発展に大きく委ねられている。要素市場はそれぞれの特性に応じて異なる市場展開を示すことはいうまでもなく、また鉄道の例で見られた如く市場の失敗を招く最大要因である通路要素のような特殊な部分を別個の扱いとして特殊化させ、必要に応じて公共性基準の中でシステム化するといった方法も視野に入れた多元的な組織形態が考えられる。さらに市場メカニズムの有効化は、即時財市場である交通市場にあって要素市場との接点が他の財・サービス以上に直接的、融合的であるため、それを通じてかなりの範囲で実現できるということも重視しなければならない。交通サービス需給の中でよりも要素需給の場での方がはるかに有効化が容易であるとすれば、むしろ交通市場の要素市場への分解を通じた重層化に視点を置くことも重要な選択の一つであるといえる。[3]

第3点は、市場の失敗を引き起こす条件としての情報条件に関する問題である。交通市場において情報条件は主として二つの面において重要である。一つは交通サービスが即時財であることによる需給結合の同置性を実現する上で不可欠であること、いま一つは市場有効化を図る上で交通市場の分解、生産要素市場との重層化を有機的に促進するために情報ネットワーク化が不可欠である

こと、この両側面である。

　前者は交通市場の回避し得ない基礎条件であり、情報条件の正否は直ちに交通サービスの質に結びついて需給関係に影響を与える。即時財においては生産と消費が同時に行われるから、需要と供給をそれに一致させる正確な情報提供が不可欠である。情報化とは情報対象に関する不確実性を仮想的に減少させようとする行為であり、交通サービスはそれ以外の方法では検証の手立てがなく決定的な要件を成している。その意味で情報化社会という社会環境は交通市場の欠陥を改善する上で著しく寄与的である。

　他方、後者についていえば、交通市場の分解、重層化は紛れもなく個々の要素を生産過程に過不足なく結合させるための高度な情報システムを必要としている。しかもその関係は交通市場の持続的な展開を維持するために、相当安定的な情報システムでなければならない。ここでのポイントは明らかにネットワークの経済に大きく依存せざるを得ず、それは濃密な情報構造の中でしか実現できない前提条件である。

　以上のように交通過程が市場機能に接合していく範囲は交通サービスの需給を分業構造の中に資源の有効利用と参入者の利益機会が期待される条件を実現しつつ、他の形成基軸では供給が困難か、あるいは望ましくない条件があるような交通分野が対象になる。そして、それはむしろ交通サービス生産要素需給の領域で大きく機能接合して、他の形成基軸も含めて市場メカニズムの有効性を内部化していくという展開が広がっているといえよう。

第2節　交通市場の供給構造

　交通過程の市場機能接合がかような展開を示していることは、交通サービスの需給を対象とする交通市場の問題を複雑なものにする。特にそれは供給構造において顕著に現われてくる。第1には市場参入の目的・形態、第2には経営形態の問題、第3は生産要素別特性に関わって生ずる費用構造の問題、第4は

第5章　交通と市場メカニズム

交通サービスの性質からする供給過程の構造、第5は投資形態ならびに交通資本の特性、第6には社会的諸側面の結合有機性への寄与、等々の検討課題を持っている。

I　参入の目的・形態

　交通市場への参入は交通サービスの供給を通じて参入者が意図している目的を達成することにある。その目的は大別すれば、社会的要請と個別利益の追求の二つに分けられる。前者は公共性基準に深く足を踏み入れており、市場への参入が二次的手段として位置づけられているところに特徴がある。市場メカニズムの持つ有用性が必ずしも第一義的に期待されてはいない。公共性の問題を中心にして社会の巨視的課題に対し政策的に方向づけられた交通条件を具体化する過程で、市場に介入的に参入する場合も少なくない。むしろ、その意味では市場の有効性を損う形で参入している方が多いといえるかもしれない。とはいえ交通サービスを供給する過程で需要者との間に分業に基づく交換・取引という市場関係は現われる。性質上、極めて非競争的で市場の有効性が部分的にしか発揮し得ず、「失敗」型になるのが普通である。次善（second best）の問題が論じられることになる所以である。が、たとえ公共性が主たる基軸であったとしても、市場の有効性をできるだけ実現しようとする努力は行われるべき方向性の一つであることはいうまでもない。先の交通市場の生産要素市場への分解、重層化もその効果を大きくするものであることは既に若干触れたところである。政策的にそうした方向を模索することも一つの課題である。

　しかし、市場への参入がより活発、積極的に行われるのは、後者、個別主体の利益追求に主たる目的が置かれている場合である。あらゆる意味で利益追求以上に個別主体の行動を活性化させるものはなく、市場は正にそうした人間社会の行動が端的にかつ大規模に表現され、実現されることが期待されている場であるといえる。しかも、それが結果的に資源の有効利用、社会的厚生の増大に結びつくシステムが内部に組織化されているならば、持続的な経済成長への最も効果的な社会機構として認知され得よう。そのポイントが参入・退出に障

壁が無く自由な競争が行えること、就中、需給両側面において市場支配力を得て競争を阻害するような参入者が存在せず、十分な情報の下に公正な競争を行い得る諸条件が充されていること、これらにあることは周知のとおりである。そこでは交換の指標として需給均衡の実現する価格メカニズムが有効に作動する。そして市場がかような展開を示すためには、時に介入的誘導を必要とすることも経験の示すところである。

　いずれにしても利益追求が主たる動機であるという条件下では、交通サービスの持つ特性に強く規制されて、参入の形態、行動に特徴的な傾向が現われてくる。交通は価値実現の実体過程として交通サービスに対する需要は常に存在する。交通市場もそれに対応するものとして他の形成基軸によるシステムと共に、臨界面での部分的な代替関係を持ちつつも補完的地位を維持し、殊に市場メカニズムの有効性が強調される中で強い社会的機構に成長している。したがって市場としての社会的安定性から、そこに参入することの利益動機の意味は強く存在している。しかし、一方で対象となる交通サービスの即時性に基づく生産性の問題を基礎として生ずる利益追求上の負の条件が拘束的に働いていることを注視しなければならない。それは交通サービスの即時性が需要との関係において著しく規制的だからに他ならない。

　生産者にとって最大の関心事は生産要素の不使用能力をできる限り少なくし、生産性向上を図って収益性を高めることにある。こうしたことは他の市場にあっても同様のことには違いないが、交通サービスという即時財を対象としている場合、わけても切実な課題となってくる。そのため経営姿勢が需要従属的に陥り易く、マクロ的に見て交通資本の従属性が指摘されたりもする。そうした対象の市場的脆弱性にもかかわらず利益目的をもって参入してくることは、需要の総体的安定性と生産対象の簡易さに因るところが大きい。

　こうした関係から参入者の行動は、不使用能力を避けるための投資形態と、需要の安定を図るためのマーケティングを強く意識した経営戦略を描いていくことになる。

第5章　交通と市場メカニズム

II　経営構造とその展開

　交通市場への参入が制度的あるいは慣行的な障壁が低くなったとしても、既に基礎的条件において以上のような性向を持っていることは経営形態に著しく制約的に働く。殊に交通システムの市場展開が生産要素と不可分の関係にあって、要素特性が供給交通サービスの特性となって現われるところに課題が山積する。

　したがって交通サービス供給の経営形態といっても、それがどのような生産要素を組み入れ組織化しているかによって非常に異なってくる。類型としては先に示した第1、2、3型の3種になるが、例えばすべての要素を組み込んだ第1型を採れば、すでにその要素構造からして一般に経営の大規模化は避けられない。そのシステムが他に比して優れた交通サービスを供給する能力を持つものであれば市場の独占という問題が出てくるし、競合的なシステムがあれば市場での競争力を減殺する要因として経営を圧迫しかねない。この関係は主要な交通機関のライフサイクルの流れとしても現われてくる。そうした場合にあっては公共政策上の問題として、公有、保護・補助、規制といった典型的な交通政策の対象として扱われることは周知のとおりである。

　しかし、こうした形態は特殊な例外といってよく、大部分は第2、3型を採って参入する。当然、それらは単独では交通サービスの生産・供給能力を持ち得ない不完全型であるから、生産要素市場との結合関係の中で交通市場への参入者たり得る。第3型はほとんどの場合、情報企業型の事業者であるが、第2型の場合、生産要素のいずれを選択して参入するかは一様ではない。いずれの場合にあっても、基本的には利益追求の本旨から資本合理性の下に可及的に収益性を高める構成を選択し続けるよう努めることはいうまでもない。特に差別化が維持しにくい交通サービスの性質上、競争の激化は価格競争に陥り易く、原価の管理は最も重要な競争条件として、不使用能力の発生しがちな要素はむろんのこと要素費用の低減化を図る工夫には不断の努力を必要とする。

　先にも述べたように交通サービスの供給は即時財であるため生産要素の構成に経営構造が直接に影響される。いい換えれば、組み入れ要素の種類、量が多

ければ多い程、経営体質は非弾力的にならざるを得ず、しかも収益性の悪化をきたす不使用能力の発生比率の増加、生産性の低下を招き易いということになる。結局、参入者の行動指針は交通サービスの最終生産者、供給者としての地位が維持できる最小の投資環境を追求しながら収益増大を目指すという範図が描かれる。これは資本が持つ共通の意思に他ならないが、交通資本において殊のほか顕著に現われる。交通市場における投資構造の脆弱性である。したがって交通市場が社会的要請に応じて維持、発展していくためには、脆弱性に対して何らかの補完、補強手段が講じられなければならない。その流れは概ね次の三つの方向で工夫される。第1は生産要素市場への分解と重層化、第2は公共性基準の中に補完機能を見出そうとする方向、そして第3は需要側面との関係の中に経営安定の道を探ろうとする動き、と以上の三つである。

　第1の生産要素市場への分解と重層化について。既に触れてきたように競争の激化に曝されて交通事業者が採る方向は費用の抑制と交通サービスの質の差別化であり、そこから競争力を得ることである。しかし、質の差別化が維持しにくいのが交通サービスの一つの特徴であり、費用を抑えて価格競争の中で経営を維持、発展させなければならないことが多い。その到達点の一つが生産要素の外注化による経費負担の軽減化策である。これが行われ得るためには、当然、それらを供給する外部組織が存在していなければならず、生産要素市場の成長が期待されることになる。交通事業者個々の中に留保されることにより発生しがちな不使用能力を生産要素市場の中でより自由に流通させることによって、それを縮減することが可能になり資源の有効利用の上からも社会的に望ましい展開といえる。むろん、即時財の生産・供給という業務が安定的に行い得る経営システムが工夫されなければならないことはいうまでもない。系列化、ネットワーク化等の手法が例に挙げられることは先に触れたところである。[6]

　第2の公共性基準の中に補完機能を見出そうとする方向とは、大別して二つの方向がある。一つは当該交通機関の社会的有用性、所謂、公共性の用途を強調して保護、補助の政策下に包括的に経営の安定を図ろうとする方向。いま一つは、生産要素別に分析して公共性が主張できるような要素について、保護、

第5章 交通と市場メカニズム

補助あるいはより積極的に公共施設として供給が行われるような方向で生産要素の外部化を図ろうとする動きである。

　交通事業は交通サービスの生産、供給が目的であるが、その実務の過半は生産要素経営であるといってよい。需要の発生時点まで、それらを如何に効率的に管理、運用するかが最大の関心事になっている。実際、要素のすべてが技術的不可分の状態にあるわけではなく、需要発生時までの間に要素別に他に利用できる機会があれば遊休による不利益を避ける上で経営上好ましい。したがって交通事業者は要素別経営という観点から経営の合理性を追求するという姿勢が必要になってくる。これは特に費用管理という面からの意義が大きい。また、公共性基準の中に補完機能を見出そうとする方向性の中で採られる上記の行動も、前者の包括的な保護、補助が得られる場合は限られており、多くは後者の要素別判定の中で部分的評価が行われる。そして、この公共性基準評価を得た要素部分を通じて公的支援を獲得して競争力の維持、強化を図ろうということになる。公益性の高い民間鉄道などで通路建設費補助が行われたり、鉄道、高速道路のターミナル建設に国、地方自治体が民間投資と共に第三セクターの形で出資するなど、多くの例を挙げることができる。港湾、空港などは当初より公共性の高い事業として位置づけられていることは周知のとおりである。また情報における社会的インフラストラクチュア意識が高まる時代にあって、その分野での公共投資も拡大してくる状況にある。情報化社会の端的な特徴である。

　かように公共性領域に補完機能を求めるという動向も、結局、市場における競争力を他律的に実現しようとする動きであり、殊に生産要素の外部化という点では供給側面における分解現象の一つに他ならない。多くは生産要素市場化するが、部分的には公共性の領域へ分解、重層化していく側面があるということである。(7)

　第3の需要側面への展開は、交通サービスの性質に原因した著しく特徴的な動きである。即時財の特性上、供給側面の経営が他の財・サービス以上に需要動向に強く規制される傾向の強いことは度々触れてきたとおりである。交通事業経営にとって、生産性の安定化を図ることが最大の関心事になるのは、その

低下が直ちに収益性の悪化に結びつくからである。しかも、安定化の実現が著しく需要傾斜的であることは経営戦略上、大きな足枷になっている。しかし、その特性が避けられない以上、そうした方向性の中で積極的な戦略展開を行うことが必要となる。それはいうまでもなく、交通需要者が求める個別需要対応性に応じた交通サービス供給を行うことによる他はない。方法としては、生産・供給構造をそのように改善していく場合と、需要者の特定化を図ってより私的性を高めたシステムに改変していく方向の二つが考えられる。

前者の場合、供給サービスの多様化という問題になって、かえって費用の増大というマイナス要因の助長をきたしかねず、多くは情報システムの上で対応性を向上させることが中心になる。情報化はその意味で交通市場の活性化を促進させる上で極めて効果的な投資課題であるといえよう。また後者については、個別需要者の要求に著しく結合したシステムとして、自家用交通機関の持つ有用性を事業経営の中に取り込んだ交通サービス供給の形態である。これは交通の持つ基本的特性を顕著に反映したものとして大きな潜在需要を容している。この面をとらえてより積極的にいえば、むしろこの私的交通性を如何に市場化するかということが経営上、最重要の戦略課題であるといってよい。

私的交通の問題は需要者側面だけの問題ではなく、交通における基本的な問題であることを強く認識しておく必要がある。

III 費用構造の問題

交通市場に参入し、生産・供給に携わる者にとって経営の安定上、費用管理の問題が如何に重要であるかが理解される。交通サービス生産が大規模な投資を必要とするにもかかわらず、非稼動状態が発生しやすく収益性に常に不安定が伴う。しかも、それが主として需要関係という多分に他律的な問題に左右されているところに難しさがある。そのため経営の安定は費用構造を如何に柔軟に処理し得るものにするかが最大の課題になる。むろん、それは初動的には経営形態に結びついて投資構造の段階から共通の課題として発生しており、交通経営論の基本的課題として論じられてきているところである。

第5章　交通と市場メカニズム

　すでに明らかなように交通事業は交通サービスという即時財の生産・供給を行う事業として、需要発生まで生産要素を非稼動状態で維持、準備していなければならない極めて生産性に不利な事業として存在している。その間、投入された生産要素の特性によって費用構造は著しく拘束的に規定され、経営の自由度如何はほぼその段階で決まってしまうといってよい。ここに投資・費用問題が交通経営の最大の課題として浮かび上ってくる理由がある。その意味で、生産要素それぞれが基本的に持つ費用特性を理解しておくことは重要なことである。

1　通路

　通路は交通過程の空間的基礎条件として、その限界を規定する。一般に要素中、最も大規模かつ技術的不可分性を持つ要素として、これが有償下にある場合、極めて高い負担を必要とする対象である。費用の固定化を大きく促し経営の柔軟性を著しく阻害する第一の原因になりかねない。したがって、かような交通機関にあっては市場参入にあたって、この部分の費用発生を如何に回避、抑制するかが最大の課題になる。他方、自然空間の利用によって自由財条件下にあるような場合にはほとんど負担を必要としないし、通路費問題は最も幅のある存在であることが分かる。いずれにしても、交通が位置の効用に基点を置いた過程である以上、通路は交通サービスの質を規定する第一の因子として、その実現に関わる負担の問題は経営上最大の課題であることには変わりない。殊に陸上交通にあっては最大の投資部門として、また位置の特性に基づく空間占有の独占性とも絡みあって、特定個別主体の排他的使用について公共性の立場から強い規制を必要とする場合が少なくない。交通の公共性の問題が実は、この通路要素に主因して交通機関全体に敷えんされていることがあることも留意しておく必要がある。社会的基礎施設レベルでの交通機関における経営の主たる課題になっていることは周知のとおりである。

　こうした特性を持つ要素として、市場になじみにくいこの部分を別組織の中で管理、運営し、共通の基礎的施設として位置づけようとする方向が基調になってくる。そうした形の施設を利用しながら市場に参入していく場合、参入者

にとっての負担は社会的間接資本の分担的支出という費用構造になる。

2　結節機能要素

通路は結節機能要素を通じて利用され、機能する。情報的に明示されているか否かにかかわらず、通路に付帯してさまざまな実現のされ方をしている。したがって、この要素費用が交通費の中でどのように表わされてくるかは必ずしも明確ではない。結節機能要素は機能的には極めてはっきりした存在であるが、実際の場では、ここにさまざまな機能を持ったものが集積し、総合的な環境の中では都市が形成されるといったように社会的諸要素が立地する複合空間を成す。このためこの部分に掛かる費用は他の要素に結合して内部化されるといったように、多くの場合が特定化されずにある。しかし、機能的には異種交通過程の結合を果たす役割をもって時に隘路化しやすい部分であり、それが顕著に現われて、所謂、ターミナル問題として論じられるなどのあることは周知のとおりである。空港、港湾など大規模な投資を必要とする場合には公共投資が重要な役割を果たすが、多方面にわたる利害が集合してさまざまな支出形態が存在し得る。

3　運搬具・動力

運搬具要素は交通サービスの供給量を規定すると共に、需給接合要素として需要側面からの評価が直接的に現われる部分でもある。特に量の問題は単位あたり交通サービスに関わる費用測定の基礎として生産性、収益性に直接反映する課題である。当然のことながら生産される交通サービスのすべてが市場に供給されるわけではない。供給交通サービスを得るために、生産される交通サービスの相当量が供給過程で必要とする諸要素の移動によって生産者自身による消費が行われている。実際、生産要素移動によって消費される交通サービス量の方が、供給交通サービス量よりはるかに大きな割合を占める場合が決して少なくない。交通事業におけ生産性とは、こうした市場供給率の如何によって直ちに変化する浮動的な存在であることも理解の内に入れておかねばならない。いい換えれば、運搬具要素における技術的改善や用法が生産性向上、あるいは潜在交通需要の開拓に有効な役割を果たし得る市場の臨界面に位置していると

いうことでもある。コンテナリゼーションが果たしてきた交通システムの劇的な改善は記憶に新しく、またさらに進んで運搬具により高い付加価値機能を付けて交通過程の中で交通対象の価値を高めるという工夫も考案される。交通というのは価値実現の実体過程として、常に交通対象との間で価値関係の働きかけをしている存在であるからである。

　次に動力要素について。この部分は運搬具と一体化している場合も多く、費用発生を独立的にとらえることは必ずしも容易ではない。しかし、動力要素の生産性に関わる技術的条件は大きく、時に交通革命といった巨大な断層的変化をもたらす原因ともなる。元々、交通は動力によるエネルギー変換を通じて実現されるもので交通システムの能力を規定する技術的第一次条件である。そのレベルは投入・産出関係を大きく左右し、費用問題も交通システム全体に反映されて総合的に有機化されて現われてくる。その結果として単に交通市場の領域だけでなく、他の形成基軸との交互関係の中で交通体系を大きく変える契機を与えることにもなる。

4　労働力

　価値実現過程を人為という側面から整理すると、労働ならびに労働手段をもって労働対象に働きかける一連の労働過程という図式が浮び上がってくる。これは交通サービスの生産における労働力の持つ意味を抽象的に論理化している。人間はそれ自身、最も原初的な交通機関であり、その発展形態として種々の交通システムが存在している。したがって労働力要素が生産要素の一つとして挙げられているとしても、それは単なる部分的な要素としてのみ評価することはできない。労働が他の生産要素に現象化して労働力と代替関係を持ちながら、価値実現システムとして大きく発展している関係を理解しておく必要がある。費用構造に占める労働力要素費用の地位もまた、当然こうした論理関係に強く指向されている。

　技術的にいえば、生産性、就中、労働生産性の観点からして労働力以外の生産要素の構成が増大する方向で進んできており、労働それ自体が交通サービス生産に直接寄与する比率は相対的に低下している。この関係は同時に費用構造

に反映されて労働力要素費の相対的低下がはっきりとした傾向として現われている。かような技術的条件の変化に対する要請は即時財生産における他律的生産性不安定に対する補償効果も期待されて極めて強いものがある。

　労働力要素についていま一つの問題は、労働の担い手として権利の第一次的主体者である人間が同在し、単なる生産要素としてでなくさまざまな社会的関係が付随して発生することである。これはどのような体制下にあっても何らかの形で存在する矛盾関係であって、それが資本主義社会においては殊に顕著に現われてくるというに過ぎない。労働が技術的経過を経て労働手段化し、それが極めて効率的な存在であれば、当然、相対的には後者への資本移転が促進される。そこに利潤追求の視点が重なれば、さらに一層その動きは加速される。市場メカニズムは資本主義的生産様式の中で最も活性化する。それを資源の有効利用、社会的厚生の増大に結びつける政策的配慮を持った政治選択は一つの最大公約数的歴史的結果である。しかし、それはそれぞれの側面における基本的性格を否定しているわけではなく、相互干渉システムによって成長型社会関係を意図的に方向づけているに過ぎない。したがって幾つかの局面では性格が顕著に現われ、個別主体の行動を方向づける。市場への参入意思が利潤追求が大方を占めるとすれば、当然、参入者の経営姿勢はあらゆる方法で資本の弾力化、費用削減を目ざして技術的、社会的諸関係の資本合理的組織化を指向する。所謂、資本の有機的構成の高度化と表現される方向性の中にも端的に示される。実際のところ即時財供給を業とする交通事業ほど労使関係において脆弱なものはない。需要発生時に強力な罷業行動に出られたら、収益機会がたちまちのうちに崩壊する。当然、経営者は顧客安定のために実力行使回避に向かわざるを得ない。その結果、長期的には経営の悪化が進む。交通業界においてごく普通に見られる図式である。この脆弱性を軽減するために一層、この要素部分の縮減に努めるという方向性が強まる。

　ここでさらに考慮しておかねばならないことは、私的交通システムにおける労働力要素費の評価との関係である。特に、これは私的システムとの間に臨界面を大きく持つ交通サービスの需給において重要な問題である。そこでは市場

第5章　交通と市場メカニズム

内競争ばかりでなく私的システムとの代替競争が発生しやすいからである。ポイントは私的システムといえども労働力要素が必要であることに変わりはないけれども、交通サービス需要における障壁である費用認識に著しい差があることである。私的交通システムにあっては家庭の自家用車の場合に端的に見られる如く、多くの場合、需要者自身が労働力として機能し、それを改めて費用計算に加えて他の交通システムとの障壁高低を判断してはいないということである。また交通事業者との間に貸切りで一定期間私的システム化されるような契約輸送の場合にあっても、需要の安定がもたらす生産性の向上から不特定多数の需要者に対する運賃よりもはるかに低い価格で供給されるのが普通である。この場合には他の要素も含み一括して供給され、さらに費用算定上の基礎は包括的になる。一般的にいって私的交通システムにあっては、費用管理意識が鮮明でなくなる傾向があることは多くが経験するところである。交通市場参入者は基軸臨界面でこうした競合関係にも直面しているということで、一層、費用縮減への意志は強くなる。

5　エネルギー

　この場合のエネルギー要素とは、他の生産要素を所与のものとして追加的に発生するものに限定して考えている。物理的にはすべての要素がエネルギー代謝の経過を経て実在しているわけであるから、歴史的総投入量というとらえ方もできる。しかし、ここでは需要が発生し交通サービスの生産が開始される局面をとらえて投入されるエネルギー量を対象にしている。他の生産要素に比し物理的に細分化し易く、生産に比例して発生する費用として最も限界的性質を持って現われてくる。費用が交通需要に対する障壁の基礎であるという面から見た場合、エネルギー要素におけるこの費用特性は市場における交通サービスの価格すなわち運賃形成上、興味深い意味を持っている。

　周知のように経済学は資源の最適配分の基礎因子として限界費用に焦点を当て、価格メカニズムの中に巨視的な合理性を論理化している。注目すべきことは、交通需要の発生時における障壁効果を最も強く持つのがそこで追加的に発生する費用、すなわち微分的にいえば限界費用、実務的にいえば変動費、可変

費、より具体的には回避可能費用（avoidable cost）、アウト・オブ・ポケット・コスト（out-of-pocket cost）といった領域の費用形態までも含めた種類のものであることである(8)。そして、他の当該時点以外で発生する費用は二次的な存在としてしか評価されないこと、これである。

こうした関係は交通が価値実現の実体過程として必須のものであるため実現価値量が第一次基準として意識され著しくそれに傾斜して、交通に掛かる費用は相対的に寡少に評価されがちになるためである。また一方、供給側からすれば、すでに支出が決まっていて需要が発生するか否かにかかわらず、費用負担を必要とする部分を回収、補塡を図る上から新たに追加的に発生する費用以上の収入が得られれば、これを受ける意味があるという判断が働く。交通市場において、平均費用を大きく下まわる運賃で交通サービス供給が行われることが少なくないという現実は、こうした即時財生産に関わる費用構造に大きく原因している。そして、その端的な対象がエネルギーに関わる費用で、それは正に私的交通システムにおける需要障壁意識の対象と何ら変わるところがない。これが交通システムの臨界面における選択の幅を広げる原因にもなってくる。

6 情報

要素中、情報は最も費用算定があいまいな部分である。むろん各要素それぞれに関わる個別の情報はその中で費用化されて現れるわけで、ここでの情報とは要素結合、需給結合に関わる情報が主体であることはいうまでもない。すでに度々指摘しているように交通サービスを対象とする事業経営は即時財の持つ特性から不安定要素が多く、市場参入のインセンティヴを著しく阻害している。そのため投下資本の固定化を避け、経営の弾力化を高めるシステムの選択が最大の課題になっている。先に述べた交通市場の分解、生産要素市場の成長、重層化もそうした事情が生み出した様相である。

交通市場にしろ生産要素市場にしろ、即時財供給という条件の下では、分解した各要素を需要発生時に即時結合を可能にするシステムの存在を前提とする。分業、分解はあくまでも主として生産・供給側面の技術的、経済的利益追求の結果として顕われてきた現象であって、需要側面からの要請は二次的にな

っている。それにもかかわらず全体的には需要条件に著しく左右されるところに交通市場の特徴がある。ここに至って生産・供給の経営判断、就中、資本合理性を追求する上でそうした不安定な状況を改善する手段の一つとして、また最も投資効率の期待されるのが情報化に他ならない。情報化の経済こそは交通事業経営の主導的指標といって過言でない。それは単に個別事業の問題ばかりでなく、交通過程の著しい広がりと濃密化によって極めて巨視的な領域からも指摘できる多元的な意味を持っている。

情報とはそれ自体が不確実性に対処する手段として存在する。交通サービスが即時財であるということからするあらゆる不確実性は情報化の中で縮減することが期待されており、情報および情報関連要素への投資こそが交通事業成長、競争力強化の最重要尺度としてあることが認識されねばならない。正しく情報・情報ネットワークの中で有機化された生産要素の投資効率向上への裁量こそが、交通システムにおける経済合理性追求の新たな枠組を構築していく手立てになっていくに違いない。

第3節　経営の組織形態

交通市場は交通サービス生産要素市場の成長を伴いながらさまざまな種類の交通事業、交通関連事業の発展を促してきた。その特性から市場メカニズムの有効性が必ずしも効果的に発揮し得ないような分野も含めて多様な市場展開を行っているというのが今日の実態である。一方では社会的共通資産として公共性基準の領域に足場を置きながら、しかし関係市場に深く立ち入って補完的あるいは代替的競争関係を持つものがあれば、他方では著しく個別需要に接近して私的交通システムの一部を形成するような経営展開を示すものもある。そして、他の形成基軸に入り込んだ臨界域の市場では必ずしも市場メカニズムが効果的に作動しているわけではない。隣接基軸と重層しながら、より有効な交通システム形成を工夫して価値実現能力を向上させることに腐心し、システムの

発展史を築いてきたといってよい。

　こうした市場の広がりの中で、そこに参入する供給者の経営形態は先に示した第1型から第3型にわたる諸要素を組み込んだ構造の内部的条件を一つの因子として、その他、内的・外的条件に応じ種々の形をもって現われてくる。大別すれば、公的機関が強く関わってくる形態、公私混合の第三セクター型、公益企業、市場の大旨を占める私企業、そして特定条件の下に需要者を限定した組合、クラブ・システム等の幅広い組織形態が見出される。

I　公共性と経営形態

　異なる形成基軸である公共性基準を足場に置いた交通システムは市場メカニズムに十分整合的に重複なく補完的に存在しているかというと、実際にはそのように単純な住み分けが行われているわけではない。しかし、この領域に中心を置いて交通システム形成に参与する組織の経営形態はその目的と共に社会的制約に規定されたものにならざるを得ない。こうした条件については若干触れてきたが、整理すれば次のような場合が一般に挙げられる。

　a．対象となる財・サービスが公共財として非排除性、非競合性を持ち、社会的共通の必需対象としてある場合。

　b．公共財のように明瞭な条件を備えているとはいえないが、しかし、ある時期、地域において共通の必要性が高く、しかも私企業の経営に委ねることが好ましくないか、また市場構造が成熟していないことによって、市場メカニズムが充分に発揮し得ず何らかの公的規制下に置くことが望ましいような対象である場合。準公共財といってよいレベルの位置づけにあるものは、この場合に属する。

　c．公共財、準公共財としては必ずしも性格づけられないけれども社会的必要性という観点から重要度が高く、しかも私的資本の積極的な参入が期待し得ないような場合。

　d．当該の財・サービスの性質はむろんのこと、その生産・供給に関わる施設、設備が極めて大規模になって、所謂、技術的不可分性がもたらす自然独占、

第5章　交通と市場メカニズム

規模の経済といった非競争的条件が強く伴っているような場合。

　e．経済成長の初段階にあって国民経済的、地域経済的に見て成長に必要と思われる幾つかの産業分野の中で殊に主導的役割を果たすような種類のもの。それらは普通、関連諸分野への波及効果を通じて経済の持続的成長に大きく貢献する投資として展開する。

　f．社会関係上、秩序形成、有事対策、安全保障といった特殊な目的を持って組織される分野、等々。

　交通が一連の価値実現過程を実施していくプロセスの中では、こうした公共性に関わる交通システムに接合しなければ達成されない場合が非常に多い[9]。殊に経済活動を中心にして社会空間の拡大が顕著になって、私企業あるいは私的システムといった、より限定された交通システムだけでは対処し切れない物理的、経済的、制度的条件が急速に増大してきていることが大きな原因になっている。

　例えば産業革命、資本主義、国民経済の成長の過程で、鉄道が総合的な交通機関として公共性を強く前面に押し出し、交通システム形成基軸の一角を明瞭に立証してきたことは周知のとおりである。そしてさらに今日の社会が時間的、空間的広がりの中で、社会的インフラストラクチュアとしての交通システムに対する要請がますます拡大している状況を直視しなければならない。

　そうした社会資本という分野の整備をどのような投資形態、経営形態で行われるべきかは一概に規定し得ないものがある。現実にはさまざまな分野に入り込んだシステム形成の中で極めて弾力性に富んだ幅広い視野からの理解が必要になってきている。とはいえ、依然として公的な機関が公共資本を大規模に投入することによって行われなければならない分野であることは変わりなく、その意味で経営形態も自ずから競争市場に対応した存在とはいい難くなる。行政機関が直接に、あるいは独立採算型の公企業がこうした分野の事業に携わることがまず考えられるが、多くの場合に費用管理の面で課題を残してきた。公共性という目的に主眼が置かれ、経営の合理性への努力が二次的になる傾向が起き易いからでもある。殊に民主主義体制の中で交通権、シビル・ミニマムとい

った権利意識が昂揚している社会では、こうした傾向が起こり易い。これはいうまでもなく、社会のマクロ的要請が収支均衡のミクロ的な経営システムに合致するような評価構造を持っていないからである。しかも扱っている対象が交通サービスという必需的でありながら著しく短期・個別評価性の高い存在であることが大きい。評価に幅があって定型、硬直的な交通サービスの供給では持続的成長を期待する社会的要請に対処し切れないという問題を抱えているところに難しさがある。

　実をいえば、短期・個別評価が非連続的に行われるような対象は多様な財・サービスが供給される競争市場において、より効果的に展開できる性質のものではある。それが投資規模、収益性の不安定、競争下における価格競争に陥り易いこと、等々の問題もあって、市場の一定程度の成熟がないと積極的な参入を期し難いということがある。殊に投資規模の点で公共性分野の経営は公的機関に依存せざるを得ず、また供給条件においても公平な立場が維持されなければならないという制約がある。かような事情から交通サービスを直接に生産・供給するといった交通事業の経営では、交通市場成長の過程で競合する事業者の参入が増えるにしたがって、公的機関によるものの経営が急速に悪化していくという例を多く経験している。したがって、こうした段階になると交通市場への直接参入の比重を弱めたり、また基本的にこうした機関によることが望ましいような生産要素部分の経営へと対象を限定させていくことになる。通路および付帯諸要素などがその例になることは既に指摘してきたとおりである。

　しかし一方で、社会の発展は権利意識を高め、より進んだ水準での交通権を基本的人権の領域に加えるべきとする主張を育てつつもある。こうした意識が社会の底流として定着してきた時、それを実現するための交通システムを流動的な市場条件の中で得ることは無理がある。むろん、それは需要条件によるけれども、やはりそうした状況の中ではより安定性の高い交通サービス供給をソーシャル・ミニマムとして期待するであろう。そうした供給を他の基軸によるシステムに一定の制度的拘束をかけて役割分担を行うことも必要であろうが、一定程度の公的機関による組織形成は不可欠である。その意味でこうした経営

形態の効率的運営を促進する制度、システムの改善は依然、重要な課題として残されている。

II 公共性課題の市場接合

公共性の問題が私的な自由な経済活動と共に重要な基軸として前面に出てくる時代、所謂、混合経済社会にあって、交通の分野は他にも増してその経営に多面的な接近が必要である。しかし、単に政府が直接に投資して純粋な公共事業として行えばよいといった軽易なものではない。長期的、持続的に経営の安定性を保つための条件が組み込まれた経営組織の導入が不可欠なのである。それは今日的には市場メカニズムに対応した経営構造を如何に組み込めるかという問題を含んでいる。市場は常に需要者との間で変転する価値意識の中に持続的な発展を余儀なくされる評価の場としてある。市場とはその意味で現在評価の情報が集積した場として存在している。それこそが市場をして経済の最も加速的発展を可能にする装置として機能させ得る源泉に他ならない。それらの情報を如何に的確に経営に生かすかが参入する者にとっての最大の課題になっている。いい換えれば、市場から隔離され、遠ざかることはこれらの情報を得る機会が薄れ、需要適合性への対応能力を弱めていくことになる。公共事業の多くが、組織、人材、資本に優れた能力を投じながら時代の変化に対応し切れず非効率的かつ需要に見合わない経営体として問題を累積していく原因の一つがこうした機会から間接的になっているところにあることは留意すべきことである。

かように財・サービスの連続する現在評価の場として、市場は社会が要請するところの方向性を極めて分析的に表現している。公共性の問題にしても時代と共に社会的要請が変化する以上、そうした動きが経営に反映するようなシステムが組み込まれていく必要があり、その意味で今日的には市場機構のメリットを如何に導入できるかの工夫が一つの鍵になっている。

重要なことは、主として技術的条件によって投資規模、経営組織に著しい違いが出るにしても、供給される交通サービスそれ自体は通路条件を除けばそれ

ぞれの交通過程での需要に対して常に優位な差別化を実現するということは簡単なことではない。それは時間と場所という2因子が最重要の評価因子としてあるからである。いい換えれば、そうした需要条件下では種々の供給構造を持った供給者が競争に参加することが可能な余地があるということになる。社会における総交通量というのはそうした日常的な需要が中心を成しているということは交通経営の問題においてまず留意しなければならないところである。生産と消費が同時・同所で行われなければならないにもかかわらず、供給構造と需要条件に著しい差が生ずるところに問題の難しさがある。

　かように見れば、公共的普遍性の中に設定された需要を対象とするということ自体が既に極めて特殊な設定であって、そうした条件下に一元的な経営を実施しなければならないといった組織は長期持続的な需要条件の変化の中で問題を累積していかざるを得ない。もし、それが社会的に強く要請されるような体制、状況にあるとすれば、資本維持の脆弱性を補償し、経営の安定を図る強力な保護、補助、管理システムと共に、競合部門への参入規制といった政策的措置も必要になってこよう。ここではもはや市場メカニズムのメリットの問題は二次的になっている。公共性基準の領域では当然こうした選択はあり得る。

　しかし一方で負担の問題、費用管理を重視した経営の効率性、そして何よりも変化する需要構造に弾力的に対応できる能力の実現は経営組織に幅のある形態の導入が必要であることを示唆している。公共性基準を一定幅維持しながら、同時に市場における経営合理性追求を可能にする経営形態の導入である。それには少なくとも次の諸点が留意されなければならない。

　第1は、資本形成面からの選択である。市場は私的資本が利潤追求を目指す競争的行動の中で最も活性化する。この特性を公共性目的に寄与する方向で資本形成を促進させることがこの場合の課題である。一般に資本主義社会では公共資本が独立で私的資本の活動領域に対等の立場で参入することは忌避せられる。公共資本の役割はそうした活動を支援する領域で、また私的資本に委ねることが困難であったり、望ましくない分野での行動が期待されている。

　したがって公共資本の参入は公私混合型で行われるか、私的資本の参入が積

第5章 交通と市場メカニズム

極化しない段階での時限的投資の方法が普通になる。他への投資は基本的に非市場参入型のものになる。時限的投資の場合には当然、市場が私的資本の参入を誘引できる程に成長してくればその役割を民間に委ねるという手続きで市場接合を図っていくことになる。歴史的にも産業育成政策の中でよく採られてきた手法である。

一方、公私混合型の投資形態は時限的投資の過渡的段階として現われることもあるが、より積極的には、公的負担を軽減すると共に私的資本の利益追求に基づく経営の効率性を期待した投資形態に他ならない。公共資本が参入している以上、その経営に公共の利益という目的が付加されて純粋に利益追求に終始することはできないけれども、投下資本の効率的な運営を並行的に促すという点では有効な方法であるに違いない。ただ、こうした異なる種類の資本が共存した場合、経営意思が不鮮明になって期待した成果が得られないという不安定さも内蔵する。

第2は、資本形成と共に経営の効率性を市場環境に期待して、一定の公益性を条件に保護、補助を行う規制事業型の経営システムが採り上げられる。公益性と規制とが対応した形になっているわけで、これは極めて幅のある概念領域として理解しておく必要がある。所謂、公益企業は端的な例であるが、これらに限らず一般の私企業にあってこれらの目的に沿った経営の育成を支援するために部分的な補助、保護を行うという方法は多岐にわたる。公共性の問題を特殊化させず諸分野に共通の課題として分担、参与する経営システムの導入は、交通サービスのように広い範囲で多様な評価を受ける存在にとって極めて重要な選択姿勢であるといわねばならない。

第3は、生産要素特性に対応した公共性評価の中で該当要素に関連した投資、支出に対し公共資本の投下を行う方式が挙げられる。補助政策の一つであるが対象を明確にした形で行われることによる間接市場参入を果たす。

しかし一方で、こうした要素部分は本来、私企業の経営基盤を圧迫する固定比率を上昇させ易い部分として、独立の対象として公共事業による基礎施設型の経営が望ましいという選択が行われることも多い。これらの判定は交通シス

テムの主として技術的条件によって決められる性質のものである。

　第4に、この問題は基本的には当該社会の交通権に対する認識という公共性需要の構造に発しているわけで、それに如何に市場メカニズムのメリットが生かせるかという問題に他ならない。むろん単に交通市場という狭い範囲の市場問題に限定して考えなければならないというものではない。交通サービスの生産というのは種々の経路を経て得られる生産要素を需要発生に応じ個別対応的に価値実現過程に結合していく形態を採っている。したがって需要の変化ということを常に想定したシステム形成論でなければならない。

　いい換えれば、交通における公共性の問題も実は社会における総量的かつ相対的な性質のものとして存在しているのであって、公共交通機関と需要側面における公共性意識とは常に幅をもった対応関係にあることを認識しておかねばならない。ここに交通における公共性問題の最大の不安定要素がある。交通というものの特性を考える限り、それは固定的な経営形態を前提とする必要はない。特により自由な選択の中に価値実現を図ることが基本パラダイムとされている社会にあってはなお一層のことで、時には阻害要因にさえなりかねない。その意味で公共性に関わる市場接合の問題は、著しく多面的な評価と方法が展望されるべき課題であるといわねばならない。

　第5に、そうした社会状況の中では公共性問題を担う役割を特定の組織に集約、限定して論ずることは無理があり、また時に不適切であるとさえいえる。むろん度々述べているように基本的に公共性の下に集約的に管理、経営した方が望ましいような部分、殊にそうした性質の下に生産要素領域に分化した部分にあっては、公的機関の中で行われることは避けられない。しかし、他の多くの部分、そして交通サービスの生産、供給にあっては多様なシステムの中に公共性の役割を分担することがより弾力的かつ効率的な経営が期待できる。しかも、それは需要条件に応じた幅のある随時性を持った方法で施策されなければならない。

　公共性課題は社会を一つのまとまった存在として価値循環を有機的に実現するための共通需要を如何に充足すべきかに中心がある。これを独立の機関によ

って実施することには自ずから限界があり、各種のシステムの中に分担して行う手法の導入が望まれるという状況の下では、何らかの制度的仕組みの中で柔軟に対処できる社会的合意が形成されなければならない。制度の中に公共性目的充足のシステムを構築することによって、市場に参入している種々の交通事業、生産要素事業あるいはまた多くの私的交通システムまで含めてこれを実現しようとする工夫が必要である。交通サービスというものが各種の需要に対応できる代替性が多くの場合に見出されるところに、こうしたシステムの導入が展望される理由がある。

第4節　交通市場における独占と競争

　交通市場における独占と競争の問題は対象となる交通サービスの特性、種別、生産要素における技術的問題、他の交通システムとの関係、さらには政策的要素と極めて多岐にわたる因子の規制を受けながら展開する問題として多様な評価を必要とする。特に生産要素市場への分解、重層化という、より広域にわたる市場化の問題を含んで著しく幅のある議論対象となっている。

　第1に、交通市場においては参入する事業の社会的位置づけとそれに基づく政策的条件が強い規制因子となっていることを挙げねばならない。交通は価値実現過程の実体的基礎条件としてあらゆる場面でその良否は結果に反映する。この意味をもって社会の方向性を展望する政策的選択は交通条件を規定する第一の因子である。独占にしろ競争にしろ、それぞれの分野における本来の特性が反映されて市場を強く特徴づけるという側面は否定できない。しかし一方で、それが社会的関係に著しい影響を及ぼすような分野である場合、単に市場の自由な需給に委ねて結果を得れば良いというわけにはいかない。そこに政策的判断の入る余地がある。政策的判断はむろんその社会体制を歴史的に反映したものでなければならない。

　市場は元々競争条件下にあって、より高い効果が発揮できるシステムである。

その支点をなす価格メカニズムが資源配分の調整メカニズムとして評価される所以もそこにある。いい換えれば、この機能が有効に作動する条件の整備が優先される場合と、むしろ他の多くの市場の活性化のために非市場性の中に支援的機能を推し進める選択をした方が望ましい場合があることを示唆している。交通部門において独占が政策的意図の下に行われるケースは後者の場合に殊に重要な役割を果たすことになる。資源の有効利用を図る上で市場機能が効果的に働くというのは、現実に資源がその配分尺度の中で移動、再配置される交通過程が隘路状態になっていないことが必要である。この場合、交通サービスの需給における市場性は二次的な課題である。そこでは交通対象の移動によって行われる価値実現過程を交通サービス需給における市場合理性のフィルターによって改めて規制されることを忌避する傾向が現われる。より確実、安定的な交通サービスの供給が強く期待されているからである。
　政策的条件とは、この傾向を含めて市場における供給構造への社会的意思に基づく評価、関与のあり方を指す。この場合、技術的条件、経営・経済的条件から独占あるいは競争に制限することが望ましいような与件がある場合と、交通権あるいは一定の交通条件を政策的に一元化して供給する形態が選択されるような状態にある場合に大別される規制政策を一方に見ながら、他方で市場における自由な競争に委ね促進するという局面と、両者の間に相当幅のある選択がある。所謂、公共独占の問題は市場における独占の問題とは土壌を異にするが、その間における政策的条件としての評価が決定的に相違しているとは限らない。
　公共性目的が市場外環境の中で達成されるか、市場内活動の中で一定の自律性を持った経営構造の下で行われるかは截然とは分け得ない。そこに政策的意思が重要な役割を果たす。
　第2に、独占を生み出す原因と理由が産業構造、生産に関わる要素構造それ自体に、主として技術的条件を因子にして存在している場合があることである。特に交通部門においては連続性に基づく技術的不可分性を持つ要素の存在が独占条件となって現われることはよく知られている。この場合には、その目的の

第5章　交通と市場メカニズム

如何に関わりなく市場性を期待することは難しく、別個の独立した処方箋を準備する必要がある。むろん市場機能の有効化を図る工夫も視野に入れておかねばならないが、こうした部分は一般に公共性基準の領域に委ねられるべき性質のものでもある。技術の発達が交通空間を飛躍的に拡大させていく中で不可欠の共通資産として社会的基礎施設、公共財意識は強まる方向にあるといえよう。が、その管理、運営が得てして非効率化しがちであるが故に、市場メカニズムの尺度が重要な役割を果たし得ることを否定してはいない。

　第3に、交通市場における独占の問題は交通サービスの性質に由来する経営的マイナス側面、交通資本の相対的脆弱性から参入・退出の問題を含めた問題として考察されねばならない。独占は公的・私的いずれにせよ資本の意思を反映、実現する上では最も有効な基礎条件である。

　交通資本の脆弱性は何らかの補償システムを要請し、その一つとして独占度を高めようとする意思が強く働いている。その可能性が小さくなれば、当然、市場退出、生産要素市場への分解という傾向が強く顕われてくる。

　重要なことは、交通市場において独占的であるか競争的であるかは極めて流動的に変化することが避けられないということである。市場外システムを含めて他の代替交通手段が存在せず、しかも供給独占が成立しているような市場は別として、多くの場合、場所、時間によって競争性、独占度が随時、変化していく。これは交通サービスという即時財市場における決定的に重要なポイントである。昼間は極めて激しい競争下にある市場であっても、夜間時には独占度を著しく高めるというのは、需給関係が連続的に変化する交通市場にあってはごく普通に見られるところである。交通政策を実施する場合にあっても、この市場特性を十分認識しておく必要がある。

　第4に、市場本来の機能として競争が効果的に促進されることが期待されるという底流がある。その流れとしては主に二つの方向が指摘できる。一つは独占が成立しやすい条件を局部化していき、他を市場の競争に委ねやすくするようにして市場の分化を行うことである。前述の生産要素別市場化は正にこれに当たるし、所謂、コンテスタビリティ（contestability）理論の導入もこの問題

と無縁ではない。

　いま一つは、情報化率の向上を通じて情報化された形での交通サービスおよび交通サービス生産要素の代替化による競争の促進である。即時財である交通サービスは客体化された形で事前評価が行えないから、情報化による対象化を通じて比較競争関係を実現するという方法を採らざるを得ない。むろん競争を可能にする技術的条件、制度的条件の改善も進められねばならない。前者は競争がより容易な生産要素市場の促進を図り、後者は規制緩和といった政策の推進によって競争促進に貢献する。こうした状況の中では、競争は単に市場参入者間の問題としてだけではなく、類似交通手段による市場外交通システムが直接、間接に関係してくる。実際、交通市場を通じて充足される需要というのは、交通需要全体から見れば一部分でしかなく、多くがさまざまに変形した交通システムを通じて自己充足している事実を理解しておく必要がある。その意味では、むしろ交通市場を通じて生産・供給される交通サービスの方がはるかに特殊化された存在であるとさえいえる。市場に隣接する交通システムとの代替、競争関係というのは、時には市場内競争よりも大規模で激しいものがあることを認識しておかねばならない。

第5節　コンテスタビリティ理論と交通市場

　独占が成立する条件の中で回避が難しいとされるものの一つに、何らかの形で自然独占性が存在する場合の例が挙げられる。典型的には技術的不可分性を主因として先行固定投資比率が高く生産量の増加と共に平均費用が低下する費用逓減型産業において、更には規模の経済、範囲の経済（economy of scope）といったものが存在する場合にも同様の傾向が現われるとされている。現象的には市場の範囲、需要の規模といった諸変量との相対的関係の中にあることはいうまでもないが、この傾向がより低廉な費用で生産可能な供給条件が成立することによって資源の有効利用上好ましいと判断される側面を持っていること

第5章 交通と市場メカニズム

も考慮していかねばならない(10)。が、生産者にしても、こうした傾向があることによって市場の占有度を高める手立てとして、より大規模な投資を行うことにより、かえって長期的に経営の悪化を招きかねないという場合も生ずる。いずれにしても、独占が経営の基本的構造にあって市場に優位を占める存在が私的資本の自由な行動に委ねられることは問題があり、何らかの公的規制が必要であるという認識が一般化してきたことは周知のとおりである。また、市場の失敗を政策的に補償する次善的な方法として認められてもきた。

ただ、市場機能の有用性を是とする立場からすれば、それは飽くまでも二次的な選択であって、市場化の糸口を見出す努力は常に続けられなければならないという立場になる。

実際、かような理由から規制業種（regulated industries）として政策の対象となって、殊に社会的重要度の高い分野においては保護、補助の対象として特別の位置づけがなされてきた。それが公共性と共に社会の発展に大きく貢献してきたという事実も否定できない。しかし一方で、そうした非市場、非競争的認知が経営の合理化、組織の改善といった努力を消極的にさせて著しく効率性の低い事業体として財政への負担、圧迫を招き、また供給する財・サービスの向上という努力も二次的になって本来の目的から逸れた存在に陥るという場合も少なくない。競争の低い条件下では、公・私、その目的の如何に関わらず経営のダイナミズムが低下することは経験的にも理論的にもよく知られているところである。

したがって、自然独占といった情況が存在するとしても、参入・退出の障壁を高めた規制部門として保護するといった独占を追認するような政策ではなく、市場環境の変化、生産要素構造、経営手法、参入・退出における障壁条件の工夫、情報化の進展といった動きの中で新たな市場成立環境が成長して、こうした分野の市場化促進政策の工夫される余地が見出されて来ることも考えられる(11)。

こうした立場から、それを理論的に整理して一つの方向性を明らかにしようとした W.J. Baumol 等の開発したコンテスタビリティ（contestability）理論(12)

145

は新たな政策選択に根拠を与えるものとして強く印象づけるものであった。一般に自然独占が成立するような分野では独占がかえって望ましいとするような点があり、それが参入規制を正当化し独占を認める政策上の決定に一定の論拠を与えてきた。しかし、幾つかの条件が充されれば、こうした分野であっても参入等の規制を行わずとも市場の有効性をより効果的に発揮させる可能性を見出し得ることを明らかにしたのである。それは次のような条件である。

（1） 既存企業および潜在的に存在する参入企業が共に、ノウハウや技術的条件が同じで同一の生産関数を有していること
（2） 生産される財・サービスは同質であること
（3） 市場への参入・退出が自由であり、それに伴って発生する費用がゼロであること
（4） 新規企業の市場参入に際し、既存企業の対応に時間的遅れが生ずること
（5） 生産される財・サービスが単一種類である場合は規模の経済が存在し、複数の場合には範囲の経済が存在すること
（6） 競争が価格を通じて行われるという条件にあること

こうした条件が充足されれば、自然独占が成立するような場合でも政府介入による規制政策が採られなくとも、競争下におけると同様な市場効果が期待できる理論的整合性が得られるという主張である。論点はある市場において需要と供給が一致しており、既存企業が損失を生じていない状況下にあって、新規参入がもはや利潤を獲得することができないような市場、すなわちsustainableな状態にある場合においてコンテスタブルな市場は均衡を達成するというところにある。この状態にあっては、市場価格、平均費用、限界費用が一致し、所謂、次善（second best）の問題におけるラムゼイ（F.P.Ramsey）最適の状態が達成可能であることを示した点に意味がある。参入・退出条件が費用ゼロの条件下で可能であれば、少なくとも近似的にはこの理論の導入を可能にさせる解を与えているからである。

「規制」が必ずしも自然独占との関係から出てきた政策でないということは

第5章　交通と市場メカニズム

いうまでもないが、経済学の理論から整理されて引き出された政策対象として自然独占と規制政策との整合的関係が理解されてきたことは事実である。いい換えれば、コンテスタビリティ理論の成立する条件を可及的に追究する努力がなされたとき、この整合性が不完全なものであることが立証される余地が出てきたということになる。

　自然独占と参入規制という関係の中で平均費用の低下というプラス面を強調することによって社会的利益に貢献しようとする目論見も、結果的には価格の引き上げ、サービス向上、経営合理化努力の消極化をもたらすことになって、むしろ社会的厚生の増大に寄与することなく所期の目的と異にするに至ったことが大きな問題であった。要は参入障壁の存在それ自体に問題があるということである。参入・退出の自由度が高まれば、既存企業の独占力を行使した超過利潤の存在はかえって新規参入へのインセンティヴとなってしまう。参入への期待を抱かせないようにするためには、100パーセントの占有状態にあったとしても最適資源配分に応じた行動を選択した方が適切であるという経営行動にならざるを得ない。この点に注目したところにコンテスタビリティ理論の画期性がある。当然に参入規制は廃されねばならないし、参入・退出の費用的障害となるサンク・コストの発生も可及的に縮小されるような条件の整備がなされねばならない。明らかに政策の方向が逆転する論理構成である。ただ、それを含めて前記の諸条件をすべて充足するような市場条件を形成することは決して容易なことではない。だから実際にはコンテスタビリティ理論の現実的適応性について消極的評価しか行えないという見解が出てくることも否定できない。

　しかし、これまでの通説を越える経済学的論理性の中で新しい政策の方向を与える指針として極めて示唆に富む理論構築であることには違いなく、必要条件の近似的実現の処方箋を与えていることは評価されねばならない。

　今日、規制緩和論が各方面で論じられているが、交通分野において最も早い時期にこの問題が論じられ、その糸口を与えてきたことは重要なことである。条件の検証にあたって（1）、（2）の条件というのは、多くの場合、近似性の中で評価されれば足りる。重要なのは参入・退出の自由を阻むのは何かという

点である。サンク・コスト、ネットワークの存在、内部補助効果の問題、規模の経済、範囲の経済、等々、基本的には既存企業における様々な非可逆的条件の存在が問題なのである。この内、後2者についての分析はかなり難しいものがあるが、サンク・コストに関する問題は、例えば資本市場での流通化による参入機会の緩和、開放、また生産要素別市場化による分解、重層化の中で相対的縮小化が行われるということも展望される。その意味で上記の諸条件のすべてが同時に充されることは難しいにしても、近似的にコンテスタブル化し得る環境は様々な形で可能であることを理解しておく必要がある。[13]

注
(1) 大石泰彦「交通経済学へのアプローチ」、『道路交通経済』No.23, 1983年4月, pp.25〜29. 岡野行秀「交通経済学の課題と展望」、『同』, pp.30〜35. 杉山雅洋「交通経済学をどう生かすか」、『同』, pp.36〜42. 杉山武彦「交通経済学抄 (1)」、『同』pp.43〜47. 衛藤卓也「交通経済学の一つの方向」、『同』, No.36, 1986年7月, pp.12〜16.
(2) 拙稿「交通市場の分解」, 流通経済大学『創立三十周年記念論文集』経済学部篇, 流通経済大学出版会, 1996年, pp.75〜77.
(3) 拙稿「前掲書」, pp.81〜92.
(4) 拙稿「情報化社会と交通」, 流通経済大学『流通問題研究』No.16, 1990年10月, pp.10〜12.
(5) 野口悠紀雄『情報の経済理論』東洋経済新報社, 昭和49年, pp.17〜18. Lucas, Henry C., Jr., *Information Systems Concepts for Management*, fifth ed., Mitchell McGraw-Hill, N.Y., 1994, pp.17,30〜31.
(6) 島田克美『系列資本主義』日本経済評論社, 1993年. 同「産業ネットワーク論の進展とその射程」, 流通経済大学『流通経済大学論集』Vol.27, No.3, (98), 1993.1, pp.1〜24. 同『企業間システム』日本経済評論社, 1998年, 第1,6章.
(7) 拙稿「交通市場の分解」,『前掲書』, pp.83〜84.
(8) 斎藤峻彦『交通市場政策の構造』中央経済社, 平成3年, pp.80〜85.

第5章　交通と市場メカニズム

(9) 清水義汎編著『現代交通の課題』白桃書房, 昭和63年, pp.8～13. 奥野正寛・篠原総一・金本良嗣編『交通政策の経済学』日本経済新聞社, 1989年, 第Ⅱ部. 藤井弥太郎・中条潮編『現代交通政策』東京大学出版会, 1992年, 第3,4章.
(10) 奥野正寛・篠原総一・金本良嗣編『前掲書』, 第Ⅱ部.
(11) Waterson, Michael, *Regulation of the Firm and Natural Monopoly*, 1988, 木谷直俊・新納克廣訳『企業の規制と自然独占』晃洋書房, 1996年, 第1,2章.
(12) Baumol, W.J., J.C. Panzer & R.D. Willig, *Contestable Markets and the Theory of Industrial Structure*, Harcourt Brace and Jovanovich, N.Y., 1982. 奥野・篠原・金本『前掲書』, 第4章. 常木淳『公共経済学』新世社, 1990年, pp.103～109.
(13) 小淵洋一『現代の交通経済学』中央経済社, 平成5年, pp.150～151. 原田泰・井上裕行「自然独占, 参入規制, 価格規制の新しい考え方―コンテスタビリティーの理論」, 運輸調査局『運輸と経済』第50巻, 第11号, 1990年11月, pp.34～38.

第6章 運賃・料金の問題

第1節 基本的役割

　交通サービスが市場を経て供給される過程で需要との間で一定の価値交換が行われる。その接点における両者の意思指標として交通サービスの価格、すなわち運賃・料金の問題が前面に出てくる。

　この問題が交通市場において最も重要な課題として取り上げられてきたのは、需要・供給の関係が種々の意味を込めてそこに凝縮されているからである。価格、運賃・料金とはその時点、状況における特有の市場条件が反映された存在に他ならないのである。

I　需要側面からの評価

　運賃・料金は交通市場における価格として一つの均衡指標として理解されるが、それは単に静態的論理上のものではなく各種因子からする評価の公約数的あるいは妥協の結果として成立しているものである。殊に需要側面における評価は個別価値実現に関わる交通サービスの多元性に鑑みて、先に述べた場所、時間、生産要素、生産・供給システム、制度そして費用という諸因子を通じた相対性の中に行われていることは周知のとおりである。そして市場論はその関係を価格メカニズムの中に価値表現を象徴化させて量的に一定の法則性を明らかにしようとする展望を持っている。かような難しい問題を含んで運賃・料金は需要者にとって第一次的には費用因子の評価対象として認識される。そして、これは主として需要側面からは当該交通サービス評価を定量的に把握し得る意

第6章　運賃・料金の問題

思決定上の障壁指標として存在しているところに意味がある。むろん交通過程は複数の種類の交通サービスに対する需要の連鎖からなっているのが普通であるから、個々の需要意思決定が個々の運賃・料金との間の個別評価で決まるわけでないことはいうまでもない。価値実現の実体過程を担うものとして必需対象であり、需要意思断念は他に代替手段が無い限り、総原価の中での費用評価という極めて横断的な判断がなされる。その意味で交通サービスの費用・便益評価の負の指標としての運賃・料金の位置づけは著しく相対的である。

　第2に、まず、それは交通市場を通じて充足される交通サービスばかりでなく、他のシステムを経て充足される交通サービスにおける費用をも含めた合計の中で相対評価される。市場において同質の交通サービスであれば、より低廉な方が選ばれるというのは理論上の表現でしかない。複数の異なる交通需要が異なる交通システムを通じて結合的に充足形成される一連の交通過程にあって、交通市場を通じて行われるのはその一部分でしかなく、しかも他の多くは費用の把握自身にさえ不確定な部分が少なくない。その結果として交通市場において示される運賃・料金の当該交通サービスの需要意思に対する規制力は著しく間接化されてしまう。これは価格メカニズムを最大の有効手段として期待されている市場機能が効果的に作動しにくいことを示唆している。

　第3は、運賃・料金論の議論対象が交通市場の領域に限られた問題としてではなく、より広い課題を抱えた問題として現れてくることである。それはまず交通市場が生産要素市場への分解、重層化という展開を示す中に端的に表わされているといってよい。

　交通過程は幾つかの例を除けば多くの点で市場の有効性を効果的に発揮させることが難しい領域であることは度々指摘してきたとおりである。また競争条件が比較的容易に実現されるような場合にあっても、即時財市場として競争が過度に陥り易く、安定した市場条件を持続させるためには何らかの支援政策が必要な場合が少なくない。そのため、交通市場自体に市場機能の有効化を期待するよりも、生産要素市場の段階でそれを実現する方がむしろ効果的であるという現実の選択が現われる。この結果、運賃・料金問題も実は単に交通サービ

スの価格論としてだけではなく、生産要素市場の価格形成問題が深く関わってくることになる。実際、交通に関連して取り上げられる価格問題は通路、ターミナル、エネルギー、等々、要素問題に関するものが重要な地位を占めており、それを通じて交通市場における運賃・料金が強く規制を受けていることはよく知られている。

重要なことは、生産要素市場は交通市場を通じてばかりでなく、並行的に他の形成基軸に基づく交通システムによる交通サービス生産・供給、需要充足に直接結びついていくことである。その意味で交通市場は他の基軸によるシステムと同列になっている。この関係の中で交通システムの多くは市場メカニズムのフィルターを経ていることが理解される。したがって、需要者にとって運賃・料金は単に交通市場内の比較指標というより、広く他のシステムによる交通費用の分析対象として共通の要素基準を得る機会が大きくなっていることになる。交通市場における独占、競争の問題が交通事業者間の問題だけでなく市場外交通システムとの関係が大きな比重を占めていることは既に述べたが、正しく運賃・料金問題も同様の俎上に曝されていることを認識しておかねばならない。

需要者にとって運賃・料金は交通サービス需要充足の代価、障壁としてあるが、それは市場外システム交通サービスとの間に交差関係を持った、より広い供給構造の中での一指標に過ぎないのである。

II　供給側面からの論点

需要側面からの運賃・料金に対する評価はかように極めて幅のある視点からなされるものである。それに対し供給側面からは、それが市場に参入するに際しての目的、役割が比較的明瞭であることから運賃・料金に対する認識、論理形成はより明確さを増しているといってよい。実際、運賃・料金理論の多くはこの側面からの接近による理論形成に主眼が置かれてきた。

したがって、まず第1には、交通市場に参入する者の目的が如何に運賃・料金システムに反映されるかという点がポイントになる。市場への参入は、交通

第6章 運賃・料金の問題

システムの形成形態によって著しく差が出ることは度々指摘してきた。広義の市場という視点からすれば、公益性が高い分野のシステムから利潤追求に主眼が置かれた最も一般的な形態まで幅広い供給構造が描かれる。運賃・料金の問題はこの供給構造に直接結びついた問題として市場形成論の核心となっていることは周知のとおりである。しかも、それは即時財市場であることによって一層強化されている。加えて分解・重層化という現象が進行していく中では、単に交通市場において交通サービスを供給する局面での経営形態を静態的に捉えた条件下で問題の整理を行うことでは不十分である。いい換えれば、交通市場における運賃・料金論は参入する事業の多様化と市場自体の流動化の中で極めて多元的な分析を必要とする対象になっているということである。少なくとも交通市場をして原理的な競争側面のみに焦点を当てた論理形成で足りるとする程、簡易な存在でないことは理解しておく必要がある。

第2は、交通サービスあるいは生産要素を市場において安定的に供給し得る条件を実現する方法として、参入者の経営実体維持・発展の問題と運賃・料金の問題をどう結合させていくかということである。基本的な枠組としては、

（1）当該事業が独立採算を実現することを前提として運賃・料金の設定を行う場合
（2）一定の内部補助機構を含んだ経営システムが組まれていて、独立採算に対する要請が必ずしも絶対化されていないような場合
（3）事業の目的から需要側面への貢献がより大きな比重をもって期待されており、他の補償システムが存在するなどして独立採算への要求が二次的になっているような場合

と、この三つが挙げられる。

市場に参入してくる事業者の大方は（1）のケースであることはいうまでもない。この場合、運賃・料金は最小限、原価が償われるものでなければならないが、それは単位交通サービスそれぞれが原価を償い得る運賃・料金が設定されるとは限らない。一定の生産量の中で包括的に補償されれば足りるという形がむしろ一般的である。総合原価主義と呼ばれるものである。交通事業にあっ

153

ては生産量が需要との関係で流動的である場合が多く、個別原価主義による運賃・料金の算定は技術的にも経営的にも難しさが伴う。平均費用を償う、投下資本の回収に見合う運賃・料金を最低限度とするといった議論も理論上のもので、実務的にはある幅の中で調整された運賃・料金の方がより合理的であることはいうまでもない。そして、その調整システムが市場の構造に強く規制されていることが重要なポイントになる。独占度の高い市場における差別運賃・料金から著しく競争の激しい市場での原価を割るような実勢価格まで、いずれも市場の現実を反映した論理の結果に他ならない。

　運賃・料金理論の発展に大きく寄与し、交通市場の中核的存在として長い歴史を築いてきた鉄道事業にあっても、原価計算の基盤をどこに置くかは難しい問題として幾つかの論争を生んできた。そして、費用の配分に関わって交通サービスの生産形態自身に問題の所在を絡めて交通の本質に迫る議論もなされてきた。実際、事業全体に掛かる費用を最終的に単位あたり交通サービスに配分して運賃・料金を決定する場合、少なくともそれが直接に原因して発生する費用はそこに帰着すべきであるという単純な説明ができる論理形式が期待されるのは当然である。むろん量産型生産方式の下では一定の包括性は避けられないから一般には何らかの形で按分処理される。問題は交通サービスが即時財として生産・供給と需要の量的関係が安定的でないというところに決定的な難しさがあることである。その結果として原価算定は一層間接化して総括平均費用をベースとしたフル・コスト方式が一般化する。殊に鉄道事業のように生産要素の一体化の中に大規模な投資と安定した交通サービス供給が期待され公益性が重視されてきた事業にあって、個別原価に対する認識が薄くなっていたことはある意味で当然のことといわねばならない。

　運賃・料金算出に関わる費用配分の問題は交通サービス生産における複合性、交通資本の弱点を補償するための多種、多角的な経営への展開が一層難しさを加える。こうした行動の中で期待される経済性、所謂、範囲の経済効果は多くの場合、収支構造の中に内部補助関係が介在している。前者、生産の複合性は同一交通過程の中で複数の種類の交通サービスを生産して需要対応性の効

第6章 運賃・料金の問題

率化を図り収益性の向上を期待している。後者はより積極的に関連のあるいは他分野に投資の対象を広げて資本の有効化を図ろうとする運動形態である。いずれの場合にあっても内部補助関係が行われる中では費用の配分と運賃・料金の間の因果関係に歪みが生じて費用補償の論理が直截的でなくなる。

　これが更に（3）のケースにあっては、当該市場を経ない収支移転が行われるわけで市場機能が欠陥状態にあるといってよい。この場合には既に費用補償関係が需給当事者の直接的課題ではなくなっている。殊に社会的基礎施設として位置づけられるような交通システムおよび関連施設にあっては、公共財的性格が強くにじみ出て市場機能の有効な展開は期待し得ない。こうした分野のシステムと、交通市場に参入しながら、しかし、一定の社会的要請に応える任務を負ったような立場にある交通事業のあり方とは、必ずしも截然と色分けできないところに交通問題の難しさがある。ただ交通事業が如何ような形態を採ろうとも、それが持続的に維持されるためには収支均衡は基本原則であって、負担システムの多元化も含めてその関係は回避することができない。いずれにしても、運賃・料金の問題はこうした社会政策的課題が常に付きまとっていることを十分認識しておく必要がある。

　第3は、供給形態と運賃・料金の問題である。交通過程は交通サービス生産要素と位置づけられる諸要素が結合して交通サービスを生み出し、それが消費されながら実施されていく工程である。これらの諸要素が交通市場に参入している交通事業に結合していく形態は一様ではない。交通市場に参入して交通サービスの生産・供給に携わる事業が運賃・料金を算出するにあたって、投入する生産要素の費用構造は当然その多様な相対関係の中に変化する。参入者にとって重要なのは必ずしも費用構造の安定性ではない。殊に競争が激しくなればなる程、経営における要素選択は多元化せざるを得ない。そのことは先に述べたように第1型から第3型にまたがる種々の経営形態を採って行われていく中で自ずと顕われてくる現象である。需要に先立って事前に生産しておくという方法が採れない業種であるため、投入要素の弾力的な扱いは費用管理上の重要な手法になる。実際、例えば限界市場に一般化してきた共同運送といった交通

サービスの供給形態などにあっては、費用構造は著しく他律性を帯びている。いずれにしても、費用はその源泉形態によって運賃・料金形成において補償原則が流動化してきているところに著しい特徴があるということである。

　第4は交通資本という立場からする運賃・料金の問題である。ここに資本といった場合、単純に抽象化した一律の論理に集約して議論しなければならないといった立場のものではない。基本的には供給の目的に結びついた性質のものであるが、そこにはやはり一定の共通した性向があることは否定できない。殊に資本が私的所有に基礎を置いた社会関係の下にある場合では利潤追求という意思に強く規定されている。その中では状況に応じて現象に強弱が現われるにしても資本の持つ基本特性には変わりがない。例えば社会的基礎施設のために投じられた資本にしても、その段階での現象が公共性基準の下に利潤追求が抑制されたとしても、社会全体からは資本の運動法則に合致した存在としてあるということになる。殊に産業振興といった意図が明瞭になっている場合など公共投資といえども、それは著しく傾斜的であり交通資本の従属性が指摘されたりもする。いずれにしても、かような資本特性が市場における行動を規定し運賃・料金形成に端的に反映されてくる。

III　社会的側面

　運賃・料金に社会的側面からの機能、役割を持たせようとする考え方は、公共性の問題と共に第3の論点として取り上げられてきた。交通部門が独立の学問分野の対象として発展してくる過程では、むしろ中心的な課題は ここにあったといってよい。運賃・料金問題が単に財・サービス流通における市場機能の中での均衡論的価格形成論にのみ依存し得ない理由の一つがここにある。所謂、公共性の問題、資源の適正配分への寄与、所得の再分配機能、外部性の問題、等がよく指摘される。

1　公共性との関係

交通における公共性の問題は極めて幅の広い問題として最も活発に論じられてきた論題である。価値実現の実体過程を担うという交通の本質からすれば、他

第6章 運賃・料金の問題

にもまして社会的側面から巨視的に論ずることの必要性が認識されてきたのは当然のことといえる。運賃・料金はそうした議論が象徴的に現われる対象として、当該交通システムに対する一種の社会的評価の均衡的表現に他ならない。ここでは多元的な要素が規制因子として入り込んでおり、市場の自由な競争的均衡に委ねるというわけにはいかない。

その第1は、交通権という権利意識に基づく社会的基礎施設(social infrastructure)に対する認識である。市民社会における社会活動を保障する権利として交通権は最も重要な基本的人権に位置づけられている。しかし、それが現実社会においてどの水準で保障されるべきかは社会的合意の中で熟成されていくものである。交通における公共性の問題が著しく不安定な概念として存在するのも、正しく交通サービスの需給が極めて広い範囲に及んで一義的に評価することが困難だからに他ならない。しかし、社会の発展段階に応じ一定の共通した交通需要が安定的に発生するという客観性がこの問題を現実的なものにしている。したがって交通権の抽象的な解釈は別にしても、社会の発展と共にそれが次第に拡大されて社会機構の中に組み込まれていくのは当然のことである。

第2に、こうした認識の中で運賃・料金にそれを如何に反映するかが具体的な問題として浮かび上がってくる。そこでは社会秩序、安全保障、負担力の差に対する配慮、産業・経済推進のための傾斜的措置、そして最大多数の利用を目指すと共に、システムの維持、発展が可能であるための負担配分の適正化が配慮されていなければならない。殊に難しいのは負担配分の適正化であり、それが需要者の負担能力差を配慮するという理念が強調され過ぎると、その評価の妥当性を得ることの難しさから経営破綻を招きかねない運賃・料金制度にもなり易い。一方、産業・経済の未成熟な段階における振興政策として交通投資を主導部門として位置づけ、運賃・料金においても産業重視型の傾斜的政策が採られることも多い。資本主義経済ではこれが著しく資本従属的な交通政策に陥らせるものとして批判も多いが、経済の成長が市民社会発展の基礎条件である以上、ある水準まではこれが不可欠の政策として一般化してきたことは周知

のとおりである。

2　資源の適正配分への貢献

　交通手段が社会的に期待されている最大の理由は、存在する資源を可及的に有効に利用できる基礎的条件を構築することにある。その意味で交通投資それ自体が既にこの目的を担っていて、問題の核心はそれを如何に効果的に行うかにある。それを実現するシステムとして市場メカニズムは今日最も有効な存在の一つとして位置づけられていることは周知のとおりである。しかし、交通は価値実現の実体過程を担うものとしてあらゆる社会活動に不可欠のものであり、そのために必要とする交通サービスの供給を単に一般的な市場機構に委ねて置くというわけにはいかない。また市場メカニズムが必ずしも有効に作動するとは限らず、市場の失敗の典型的な例として参照されることも多い存在である。いい換えれば、資源の有効利用を図るという目的を交通サービスの生産・供給過程に求める方法としては、市場はその一つの選択肢であるに過ぎないということである。しかし他に説得力のある尺度が得られなければ、何らかの形でそれを回帰軸として次善的に決定していく方法を期待しなければならない。

　今日の運賃・料金理論はほぼこの流れの中で構築されつつあるといってよい。特に交通市場の分解・重層化の中で生産要素市場が重要な役割を占めつつあり、市場理論の適応性は間接性を高めながらも拡大している。したがって市場メカニズムを通じてこの問題に交通サービスの需給関係がどのように関与しているかが、論じられなければならないということである。むろん資源の有効利用はあらゆる段階で検証されるべき課題ではあるが、それが交通の価値実現能力を抑制する動きを示し始めると、そのシステムから離脱する傾向が現われてくる。交通システムの多様化の中で、この動きはより敏感になってきていることはいうまでもない。運賃・料金が社会の動き、殊に経済活動の制御手段として資源問題に重要な役割を果たし得るのは、正に交通の基礎的重要性に対する認識と交通システムの多様化による選択の弾力化が進んでいることによる。

3　所得の再分配機能

　この問題は主として二つの側面を持っている。一つは厚生の増大という価値

第6章 運賃・料金の問題

尺度を社会全体の中で相互調整を行うことによって実体化させようという側面、そしていま一つはその社会における権利、就中、生存権に関わって一定水準の生活は保障されるべきであるという合意、所謂、ソーシャル・ミニマム（social minimum）を実現させる手段の一つとして位置づけるという側面、この二つである。むろん両者は相互に寄与的であることはいうまでもなく、接近の方法に違いがあるというに過ぎない。それを運賃・料金システムに組み込もうとする意図は、社会成員のより多くが自己の価値基準に基づき主体的に価値実現過程に参加する機会をより直接的に支援する効果を持つからである。それは迂回して結局、資源の有効利用に結びつく再生産体系を築いていくことになる。

　所得の再分配という機能を通じ、運賃・料金という交通需要にとっての障壁に対し負担力の低い者への相互補助によって交通過程に入ることが容易になれば、それによって得られる総効用の増大は社会的厚生の増大に結びつき、同時に負担力の低い交通需要者の社会的権利への補償効果が実現されるという結果を導き出す。これが市場機構を通じて実現される資源の最適配分範式と並行した運賃・料金体系の中で実現されれば、市場を通じて分配の公平を実現しようとする経済関係に準則するものとして、より効果的に作動する。自然独占が成立する交通事業および関連事業分野の市場で工夫される差別価格の一種であるラムゼイ価格による運賃・料金はその端的な例である[1]。所謂、次善の論理による差別化の方法である。

4　外部性の問題

　市場システムの導入が期待される理由の中心が、資源の最適配分を通じて社会的厚生の最大化を実現するという論理公式におかれていることはいうまでもない。しかし、幾つかの条件下では市場が有効に作動せず、それを何らかの方法で補正する必要があるとされる。交通投資は地域における最も汎用性のある基礎部門として経済諸分野に非市場経由の価値移転を可能にする状況を生じ易い。所謂、外部性の問題である。むろん、こうした考え方は市場理論から引き出されてきた論理であって直ちにかような説明に従わなければならないという

わけではない。しかし、少なくとも、ある投資から新たに生み出された市場関係に付随して市場外関係の中に何らかの価値移転が生じた時、それを調整する手立てが必要になることは否定できない。多くの場合にそうした関係も他の市場に組み込まれて調整システムが作動していくことになるが、それが緩慢にか、ほとんど作動せずに持続的に生ずるような場合には別の方策を必要とする。それを運賃・料金体系の中に組み入れることは、他律的に市場への内部化を図ることであるが、一般的には政策的介入が避けられない。殊に社会的費用化し易いような種類の外部不経済の発生に対しては需給調整の意図も含めて介入が必要になる。

　交通部門は一般に外部性の問題が避けられない。それは交通過程が同時に交通サービス生産・消費の場であるため、特殊な閉鎖システムでない限り、その過程で大なり小なり需給関係者以外に何らかの効果を及ぼす第三者関係が発生するからである。

第2節　運賃・料金形成理論

　運賃・料金問題は交通論、就中、交通経済学における中心的課題として論じられてきた。それは今日においても依然として変わりなく、より精緻な理論化に研究の努力が払われている。しかし、前述の如く需給構造の多様化、流動化する中で理論の現実に即した整合的安定性を得ることは容易ではない。一方で著しく規範性の高いモデルに純化した理論形成が行われている反面、他方では交通の本質に根差した実態の変化を反映した理論の構築を期待する側面がある。いうならば、この問題もさまざまな条件設定の下で幾つかの理論形成が可能な領域であるということである。ただ今日、最も研究が進み、かつ一定の現実的適合性を持った理論形成が行われているのは、市場理論を中軸とした経済学の下で開発されてきた価格理論を土台とする方法である。むろん運賃・料金問題を市場・価格メカニズムの中で論じ切ることができるわけではない。しか

第6章 運賃・料金の問題

し、少なくとも運賃・料金形成に関わる理論化に整合性のある根拠を与える上で極めて有益な手法であることは間違いない。

一般に運賃・料金を考察する場合、次の4因子が中心になって関わってくる。すなわち、

(1) 交通需要者の交通対象に対する需要意思
(2) それを取得することに対する意思決定条件となる負担力
(3) 交通サービスを生産・供給するに要する費用
(4) 生産・供給に参入する際の意図

この4点である。要するにこの基本となる4因子の組合せ、力点の置き方によって理論形成に特徴が現われてくることになる。それは技術的条件、経営形態、産業・経済の構造、その他社会的諸関係と、種々の要素に強く規制されて現実の交通体系の中に組み込まれていく[2]。

運賃・料金理論形成の難しさは、正にこの規制因子の多元性にある。むろん運賃・料金が交通サービスに対する対価である以上、投入生産要素費用と利潤という二つの変量に目が向けられ、特に前者の構成と配分に主眼が置かれた議論に傾斜するのは当然のことである。それは技術的条件に強く影響されるから、交通機関の発達史の中でそれぞれ特徴的な運賃・料金論が現われてくることになる。例えば今日の運賃・料金理論形成の過程で鉄道の存在が如何に大きな役割を果たしてきたかは改めて指摘するまでもない程である[3]。当然のことながら今日にあっては、海上交通、航空輸送、通信、道路交通、等々それぞれに技術的条件を異にして運賃・料金体系に特殊性を示していることはいうまでもない。ただ、そこに時代の社会的状況の中で共通した論理軸があって、それが運賃・料金論に一定の歴史性を与えていることを見逃してはならない。こうした巨視的な枠組の中で上記の4因子の個別特性と組合せが理論形成の過程で特徴のある展開を示していくことになる。

I　価値基準に基づく運賃・料金

運賃・料金理論の発達は交通論の重要な課題であるとはいえ、それ自身に限

定して論ずるというよりも、やはり一般的な価格理論と並行した形で進んできたことはいうまでもない。基本的には個別主体の意思表現のプロセスにしたがって、供給側からは費用補償と利潤の最大化が、需要側面からは負担力を限界として可及的に低廉な運賃・料金体系を期待するという指向性の下にある。それにもかかわらず運賃・料金問題に独立の理論形成が求められてきたのは、交通サービスあるいはその生産に関わる要素について別個の特殊性が強く認識されてきたからに他ならない。それは交通が人間社会に必須の基礎的行動として、改めて対価を算定しその論理性を明確するという作業自身が著しく意識的であるからである。実際、交通需要は費用の正確な把握ある無しにかかわらず何らかの形で発生し続け、交通サービスに対する対価の判定はこの需要意思に基準を置いて行われてきたというのが原初的な形態であったといえよう。それは正しく交通サービスに対する価値評価に基づく運賃・料金の決定、すなわち「価値説」あるいは「運送価値説」と呼ばれる理論形態の嚆矢に他ならない。[4]

1 価値説と負担力主義運賃・料金

運賃・料金理論の原初形態が価値説にあるということは、価格理論が未成熟な段階にあって消去法によって引き出されてきた一つの結論であるということもできる。要点は需要意思が断念される限界判定の分析、論理性の算出という点にある。

第1には、交通サービスに対する需要意思が何によって測定されるか、その因子の分析が必要になってくる。需要意思の断念すなわち運賃・料金の上限は需要者が意図する価値実現過程で当該需要の対象となる交通サービスの評価如何にあるというのが一つの明白な限界枠である。問題はその限界枠が極めて包括的な存在であって、個別交通需要それぞれに対する意思決定の基準としては間接的であり過ぎることである。より具体的な指標として一般的には、需要者自身の包括的な支払い能力と交通対象の価値額が挙げられる。特に後者が最も明確な指標になるが、実際の場では単に一つの基準であって、それが組み込まれている価値実現過程全体の中でどの程度の需要度を持っているかによって随分違った評価になる。こうしたことは優れて現実的評価が重視される交通過程

第6章　運賃・料金の問題

の評価問題として常に考慮の内に入れておかれねばならない。理論は実態の中に過半の立証手段を持たなければ意義が見出せないから、指標の選択に一定の条件付きが行われるのは止むを得ない。

　結局、価値論を土台とした運賃・料金論の行き着くところは実現される価値量と交通需要との相対関係ということで、交通需要の弾力性という相対指標の測定が重要な課題になる。経済学では、交通対象に対する需要意思との関係において二次的に発生するものとして派生需要という形で論じられていることはよく知られている。[5] いずれにしても、対象となる交通サービスの価値評価とは著しく個別的かつ相対的存在であるが故に、それを基礎とした運賃・料金の設定は評価関係の安定性が重要な前提として必要になってくる。その意味で実際にこの立場から形成される運賃・料金構造は、多分に抽象性を帯びてくることも理解しておかねばならない。

　第2に、そうした限界を前提としながら、その上限が需要者自身の包括的支払い能力と交通対象の価値額を2因子として決められることの意味である。この場合、後者は前者の一部であることはいうまでもない。如何なる意味においても前者を越える運賃・料金は実現し得ないから、これは支払い意思の実体的基礎指標になる。むろん、それが直ちに支払い意思に比例的に対応するわけではない。しかし一般的にいって、それに対する相対比率が小さければ小さい程、支払い意思の変化ならびに断念の意思は小さくなり、また当該交通対象を通じて得られる実現価値量が大きければ大きい程、またその過程で必要とされる交通サービス供給条件が非代替的であればある程、支払い意思の度合は強くなるという傾向があるということを理解することは難しいことではない。[6]

　いま一つの交通対象自身の価値額を指標とするという場合。これは交通需要が当該交通対象との間で完結する独立の関数関係にあることが前提になる。この条件下で需要の弾力性の変化の中に運賃・料金に対する負担意思の度合を相対的に判定しようとする理論構成になる。

　実をいえば交通サービスに対する需要は交通対象の価値実現過程を構成する不可欠の要素であるから、両者に対する需要度は相等しい。したがって、交通

対象の価値額を負担力の指標として理解するということは、同時に交通需要の度合がそれによって明示されているという前提がなされているということになる。運賃・料金は交通過程を通じて得られる価値額を越えないと述べてきたが、それは直ちに当該交通対象の価値額のみを指しているわけではないということである。それを含めた最終目的価値額との関係において相対的に決まる性質のものである。個別交通対象の価値額はそれを実現するために必要とする交通サービスに対する対価を決める一つの目安であって、それ自体が絶対限界を規定しているわけではない。最終価値の実現が複数の交通対象の価値実現によって達成されるような場合、需要される各交通サービスに対する負担力との関係は完全に独立というよりも相互に一定の内部補助的補完関係があるということ、これは重要なことである。

2　負担力主義と差別運賃・料金

価値説は需要側の負担力を基礎とする支払い意思に応じた相対的運賃・料金形成理論 (the principle of charging what the traffic will bear) に他ならない。負担力主義運賃・料金といわれる所以である。交通需要者にとって、それは支払い意思を規定する一つの基礎であるが、評価の相対性、個別性からそれを基礎とする運賃・料金は著しく差異の生ずるものにならざるを得ない。しかし、それが実際の場で導入されるためには、需給間に個別的に相対できる条件、すなわち独占関係、就中、供給側面における独占度の高さが重要なポイントになる。こうした条件下では、供給者は個別需要者の支払い意思に応じた運賃・料金の設定が行い得るから、所謂、差別運賃・料金 (discriminatory rate) の形になって現われる。その意味では価格形成システムとして最も基本的、原始的なものであって、実際のところ差別価格、差別運賃・料金といっても、種々の形態が発生し得る。

第1のケースは、最も原初的な取引形態である相対取引において生ずる取引別価格差という形での差別化。

第2のケースは、利潤を最大化しようとする意図の下に独占度に応じて展開される差別価格の形成。

第6章 運賃・料金の問題

　第3のケースは、負担力の差によって生ずる需要差別を緩和することが望ましいという何らかの意図に基づいて所得の再分配機能を加味させ、同時に需要の増大を図って社会的総効用の増大を促すといった目的に応ずる差別化のケース。

　第1のケースは差別化が必ずしも意識化されているわけではなく結果的に個別差が生ずるわけで、相対取引の場合、何らかの形で発生する余地を持っている。これをより集合的な取引関係に反映させて差別化を理論的に整理していくと、第2、第3のケースにおける供給側面の主体的な意思に基づく差別価格形成の基本理論へと発展していく。

　第2のケースは市場において差別化が行い得る条件は、供給構造における独占度に応じて変化するということと、利潤追求という立場に結びついた差別化形成の問題である。差別価格が独占度に対応した存在であることは経済学が明らかにしてきたところであるが、その関係が端的に現われてくる事例として交通市場が取り上げられてきた。それは交通過程の基礎性に鑑み、必須の需要として交通サービスの供給構造が直ちに運賃・料金形成を通じて社会関係に影響を現わすからでもある。加えて技術的条件を第一として供給の独占という条件が最も現われ易い部門であることによる。所謂、自然独占の成立するケースが少なくなく、独占の問題を社会的なレベルで論ずる場合の好個の対象であるといえる。こうした土壌から交通市場は価格理論発展の歴史の中で独占に関わる研究の重要な対象として取り上げられてきた。特に生産要素のほとんどを同一事業体の中に保有して交通サービスの生産・供給に携わる鉄道事業の存在はこの問題の究明に格好の材料を提供し、実務的有効性のある理論形成に大きく寄与することとなった。

　鉄道事業の例で端的に知られるように交通事業の社会性は、差別価格の問題をさらに発展させて所得の再分配、需要の促進という巨視的・社会政策的手段として取り上げ、より積極的に再評価するという方向性を生み出した。第3のケースである。これは経済学、就中、厚生経済学が究明してきた資源の最適配分に関わる所得分配の問題に結びついて、最も実効性のあるフィールドの一つ

としてあるということに他ならない。

3　差別運賃・料金と費用論争

差別運賃・料金論はまず需要側の負担力という側面に絡み合わせた理論として生まれてきたといってよい。それが内部補助関係を政策的に応用することで社会的厚生の増大をもたらすという分配の問題と、一方で運賃・料金の上限を規定するものとして独占利潤獲得の幅を明らかにする上で一つの基礎を与えるということ、そのいずれもが負担力というところで共通した論理認識を持っているということである。が、負担力というのは需要意思を強く反映した因子として、運賃・料金の決定が受動性を強く持つプロセスに委ねられている感を免れない。差別運賃・料金がより積極的に交通サービスの需給に対応したシステムであることの論拠を強化するためには、何らかの形で供給側面から主体的な整合性のある論理が示されることが必要である。それは生産に関わる費用構造の中に差別運賃・料金を規定する基本的な特性が見出し得ないかということに尽きる。結局、運賃・料金というのは交通サービスに対する対価として負担されるべき対応費用との関係が最も重要なポイントを占めているからである。後に触れる限界費用に基づく運賃・料金形成論は、効用価値学説による差別価格に応じたもので理論的に見て最も基本的合理性を持つものといわれる。しかし、差別運賃・料金論の展開はいま少し費用発生論上の議論を経る過程を必要としてきた。殊に鉄道が陸上交通における中心を成していた時代にあって、費用項目中、最も重要な部分を占める固定費の配分を中心に差別運賃の理論的根拠を見出し得ないかという問題提起は、その流れの中で重要な地位を占めていたのである。所謂、ピグー（A. C. Pigou）・タウシッグ（F. W. Taussig）論争[7]として知られる費用論争は、そうした鉄道時代における費用構造の分析から差別運賃体系が整合的に導き出されるか否かの問題に一石を投ずるものとして夙に有名である。

－ピグー・タウシッグ論争－

この論争の要点はタウシッグによって鉄道運賃形成における費用配分条件を結合生産（joint production）の理論に求めて展開したことに始まる[8]。タウシ

第6章 運賃・料金の問題

ッグにすれば、それは鉄道における運賃論が伝統的な負担力主義に基づく差別運賃体系の導入にあたって、社会的要請からする政策的、相対的判断の介入が不可避で一種の社会倫理性というものが避け難いという考え方に対し、経済学的見地から、より理論的整合性を持った運賃理論の構築を目指そうとするものであった。

　タウシッグが運賃理論を構築するにあたって結合生産の理論を導入しようとした背景には、鉄道事業の持つ費用構造が固定費はむろんのことながら、生産される交通サービス全体に集合的に発生することから、それを個々の交通サービスに対応した費用配分を行うには何らかの明確な配分基準を必要としたからに他ならない。結合生産という概念はJ.S.Mill によって示されたが、それは同一の生産過程において同時に不可避的に異なる複数の種類の生産物が生ずる生産形態を指摘したものである。分析はまず、鉄道における交通サービスの生産がそれにあたるか否かが第一の課題になった。タウシッグによれば、鉄道によって生み出される交通サービスは場所、時間の因子において同一条件にあるとしても、それを利用する交通需要条件の違いによって当然、異なる評価がなされ得るとする。したがって、鉄道は明らかに異なる種類・質の交通サービスを同時に生産しているのであって、結合生産としての評価が可能であると考えたのである。更により正確にいえば、異なる交通需要には物理的条件においても何らかの差異が生じているのであって、単に時間的、場所的条件が同一だからといって同質の交通サービスが生産・供給されているというのは適切ではないという見解の下に結合生産理論適用の妥当性を主張したのである。もし、タウシッグが考えるように結合生産が成立しているとすれば、そこでは異質の交通サービスが同時に異なる需要に対応して生産が行われているということにおいて、差別運賃設定の条件は基本的に存在しているということになる。しかも結合生産にあっては、生産構造からは各財についての生産費を客観的に確定する条件を持たないということである。だから需要条件が費用配分の客観的な最も重要な指標になってこなければならないと見るのである。

　タウシッグにあっては、ミルの定義に比して結合生産の考えを多少ともより

弾力的に当てはめようとしていることは間違いない。鉄道によって生産される交通サービスが常に異なる条件にある需要の同時生産関係にあるとは限らないからである。だだ多くの場合、タウシッグの指摘するような需要条件下で輸送が行われていることは間違いない。その範囲において鉄道の生産する交通サービスは結合生産の関係が成立しており、したがって費用配分の基礎は結合生産費における配分の方法によることが適切であるという論理認識が持ち得るということになるというわけである。

　このタウシッグの考え方に対しては、その後、賛否相半ばした論争が行われたことはよく知られている。特にピグーによる批判的展開は極めて論旨が明解であり正に立論の相違を鮮明にして運賃論史上に銘記されることとなった[10]。

　ピグーの立場は、鉄道による交通サービス生産はミルが指摘したような不可避的に異なる複数の財が生産されるような性質のものではないという基本認識にあった。一部例外的に例えば、旅客と貨物の同時輸送や往復輸送などに見られる場合を除けば、明らかに異種複数生産の必然性は無いということ、このことを強く指摘した[11]。いい換えれば、運賃問題は、鉄道のような場合、結合的にか複合的にか、あるいは同種量産的にかは別にして、同時生産が行われるような生産構造を持っており、しかも費用が各生産に個別特定化できない関係にあるような場合の費用配分は別の視点から論じられるべきものであると考えたのである。

　ミルが結合生産の問題を考えた時、この種の財に対する価格形成は費用分析から行うことは難しく、市場の需給関係から決定されてくるという見解を示していたことをいま一度思い起こさねばならない。ピグーにあっては、タウシッグが結合生産の好個の例とした鉄道による交通サービス生産が、異質財の同時生産であるという認識に立っていること自体に否定的であったことである。そして明らかに生産・供給側面から分析した交通サービスの技術的構造に重点が置かれていた。元来、財・サービスの異質・同質の問題は需給立場を換えて論ずれば、当然、異なる結論が引き出される。ピグーは、価格形成論における第一次的立場が供給側により強くあることを意識していたのである。このことは

第6章 運賃・料金の問題

差別運賃形成の条件も、市場における供給構造に力点を置いた論理展開に導くことになる。差別運賃は市場の独占状況、すなわちピグーの所謂、第三級の独占条件の存在が可能にさせる原因であると主張するのも、そうした視点に立っていることによる。そしてタウシッグがいうところの費用特性も、結合費というより単に共通費（common cost）として見るのが適切であるという認識を示す。こうした立場は、鉄道による交通サービス生産において前記のような幾つかの場合にはミル的厳密さにおける結合生産条件が成立しており、そのような場合は「共通費用」であると同時に「結合費用」として認めることができると述べている点に象徴的に表わされているといえよう。

実をいえば、鉄道のような複合的な生産が行われる構造を持った部門にあって、その費用が個別生産物に直接的に原因づけることが不可能なような場合に、その生産関係を結合生産とするか否かは、結合生産のより精密な理論的整理が行われねばならなかったのである。ピグーがタウシッグの立場を一種拡大解釈的ニュアンスの中での展開として受け取っていたこと、それに対しタウシッグは、結合生産理論はより弾力的に需要条件に対応した供給構造の中にそうした関係が十分成立し得ると見るのは無理な解釈ではないという認識を持っていたこと、この立場の違いを明瞭にさせていたということに他ならない。

ピグー・タウシッグ論争として知られるこの論争は、鉄道という画期的な交通手段が陸上交通の飛躍的成長をもたらし巨大な再生産体系を構築して社会的要請を大きく実現する中で、運賃形成論の理論的発展に果たした役割は大きい。特に理論の基礎に経済学的方法を導入しつつ、その論拠を結合生産の理論に求めたタウシッグの接近方法は優れて科学的分析への努力として評価されねばならない。そしてピグーの批判にもかかわらず、その後、結合生産の理論はタウシッグの考えたように、より弾力的な方向性の中で評価されてきている事実は記憶されておいて良いことである。

運賃形成理論発達史の中で、差別運賃の問題は単に供給独占という視野からだけでなく、資源の有効利用、最適配分といった巨視的課題に関わって限界費用価格形成論の応用分野として、ホテリング（H.Hotelling）、ラムゼイ

(F.P.Ramsey) 等による一層精緻な理論展開に結びついて発展していることは重要なことである。

この一連の差別運賃・料金についての研究の中で、それが単に独占利潤追求の手段としてのみの問題だけではなく、差別化を所得の再分配機能という点に焦点を当て、社会的厚生の増大を図る政策的手段として、より積極的に役立てようという視点が強調され始めたことは意味のあることであった。租税システムの中ではなく、より日常的な対象である交通サービスの運賃形成にそうした社会政策的論理が考察されるようになったことに著しく意義がある。

Ⅱ 費用基準に基づく運賃・料金
1 交通サービスの生産費

価値評価に基づく負担力主義に対比して取り上げられる基準となるのが、交通サービス生産に要する費用である。その算出は交通事業の経営に携わる者にとっては無論のこと、資源の有効利用という観点からも、また需要者にとっても運賃・料金が適正に決められているかということを知る上からも、最も重要な課題の一つである。交通サービスの対価として運賃・料金は当然それに要した費用が回収されねばならないから、それを算出することは事業経営上の最も基礎的な課題である。価値説に基づく負担力主義運賃・料金が需要者の価値実現条件に左右される著しく個別的かつ包括的で更に定量性に欠ける面があるのに対し、生産費は現に投下された要素に関わる原価として定量的に把握されるという点に、運賃・料金形成の基礎として安定した論拠を与え得る。運賃・料金形成理論の研究が供給側面からの費用分析を中心にして行われてきたのも一つにはそこにある。そして生産費の分析は、当然、生産構造の分析を必要とし、運賃・料金体系にこの問題が組み込まれて大きくは社会的諸条件を加えた巨視的課題をも理論化しなければならないところに、この問題の難しさがある。

交通サービスの生産費構造は、それが即時財であるということにおいて幾つかの特殊な問題を抱えている。この場合、生産費は要素費用とシステム形成に関わる諸関連費の合計から成るわけであるが、それらが需要の発生時点に収斂

第 6 章 運賃・料金の問題

して算定されなければならないところに交通サービス生産における費用計算の特殊性がある。しかも、それら諸要素が同時・同所において結合的に存在することを絶対条件とする費用計算という制約を持っている。重要なことは、それら諸要素が同一事業体内に独立して設備・経営されているとは限らないこと、否むしろ、そうした経営形態を持つのは例外的で多くは生産要素のある部分をもって、更にはそうしたものはすべて外部の供給を得てシステムの中で供給者の地位を得る形態も少なくないことは既に指摘してきたとおりである。それは、交通サービス生産・供給に関わる費用発生構造が多様であり、また費用曲線が不連続的であることが決して少なくないことを意味する。

　次に、そうした特性を持って発生してくる費用をどのような角度から分析、整理して、運賃・料金算定の中に組み込んでいくかの問題が考察されなければならない。

　第1には、交通サービス生産・供給のためにはすべての生産要素が同時・同所的に必要であるが、その費用は同時、同所において発生するとは限らないし、また同一の生産・供給者の中でまとめ上げられているとは限らないこと。

　第2には、そこで発生した費用がすべて運賃・料金算定の基礎として組み入れられているとは限らないこと。

　第3には、その組み入れ方は当該交通システムの目的に応じて差異があるということ。以上の3点を考慮しなければならない。

　第1の点は、前述のとおり即時財である交通サービスの生産・供給にあっては、生産要素別に分離した経営形態が採られ易いということに起因している。それは、各要素部門に関わる経営構造ならびに市場構造の中で発生する費用を反映した価格が運賃・料金形成の費用構造を強く規制することを意味する。例えば、同種と見られる交通サービスにあっても、生産の都度そこに組み込まれる要素、要素供給者が違ってくることはごく普通に見られるところであり、当然、費用発生構造にさまざまな変化を与えることになる。これは生産工程ごとに異なる費用関数の下に費用が発生しており、しかもそれが直接当該生産交通サービスの運賃・料金の基礎になるとは限らないという実務上の問題もあっ

て、理論的整合を得るのに難しい問題を提起する。実際、運賃・料金論の中で最も難しいのは配分の問題で、如何に費用の埋没化を防ぎ、かつ生産される交通サービスの費用として直接原因に基づく配分が行い得るかが生産費による運賃・料金形成の核になっている。

　第2の点。運賃・料金がかように必ずしもはっきりした枠組、整理が行われた存在でないことを考慮しつつ、それぞれの生産・供給形態に応じて発生費用の運賃・料金への算定基礎を工夫しなければならない。それは組み込まれる生産要素が一定しているとは限らないことと共に、生産・供給量と需要量との関係が常に流動的であり、しかも産出交通サービスのすべてがその工程で消費されてしまうために費用の平準性を確保することが非常に難しいということがある。一般的に交通サービスにあっては、生産量＝消費量という即時財関係があると共に生産量＞供給量≧充足需要量という生産・需給関係があるため、こうしたことはどうしても避けられない。需要が安定すればこの不等式関係の差も小さくなるとはいうものの、基本的にはこの関係に変わりはない。したがって交通サービス、生産費、運賃・料金の関係は何らかの意図した理論式の下に定式化されたものにならざるを得ない。こうしたことは他の財・サービスにおける価格形成の場合にもある問題ではあるが、交通サービスにおいては特に顕著であるということである。

　第3の点、すなわち運賃・料金への費用の組み込みについては、少なくとも次の諸点が考慮されなければならない。

　（1）生産・供給の対象となる需要の種類
　（2）当該交通サービス生産のために直接組み込まれる生産要素の種類
　（3）当該事業の中に直接組み込まれてはいないが、需要の発生に応じた生産・供給の必要上、追加的に使用される生産要素の種類およびそれに関わる費用算入の方法
　（4）事業者の交通サービス生産・供給の目的。公共・公益性、利潤追求、その他
　（5）経営形態

第6章　運賃・料金の問題

（6）生産・供給システムの形態
（7）算入費用の種類および算入方法
（8）費用発生の形態
（9）補助システムの問題（公的助成、内部補助関係を含む）
（10）費用算定に関する各種規制、制度等について
以上の諸点である。

2　運賃・料金と生産費の結合軸

　交通サービスの価格である運賃・料金を生産費を基準にして決めるという極めて簡明に見える作業関係も、実際はそれを規律するより高次の論理式を必要とする。それは主として即時財、交通サービスの需要主導的生産・供給構造が持つ不安定性に原因している。更にそれは運賃・料金に反映されるべき費用の算入・配分が、産出される交通サービスとの間で自律的に決定される独立客観的な論理式が存在していないといったことに結びついている。これに一定の方向性を与えるためには、それぞれの立場を明瞭にした論理構成が示されねばならない。

a　経営論的接近

　この場合、運賃・料金はそれが当該事業経営の目的を達成すべく、価格としての意図が如何に反映されているかがまず重要になる。加えて一般には、当該事業が持続的に経営可能になる条件下に目的が達成されることであらねばならない。この接近方法の下での運賃・料金は原価を回収しかつ一定水準の利潤が加算された状態を基準とし、その上で種々の経営目的を反映する運賃・料金形成が行われていくことになる。最も一般的に考案されるのは平均費用価格形成原理に基づく運賃・料金ということになるが、それもが直ちに現実の運賃・料金として市場価格化されるわけではない。それが参入市場の構造によって異なり、更に事業の形成形態、例えば公益性が主であるか、また利益追求を目的する最も一般的な私企業であるかといった違いが加わってくる。が、いずれにしてもこの側面からの接近は原価管理に対する意識が強く反映された運賃・料金論となって、経営合理性が強調されて他の面に対する配慮が二次的になる傾向

を持ちがちである。殊に利益追求に本旨を持つ私企業にあっては、交通事業が激しい価格競争に陥り易い分野として競争の激化は経営合理性、即、費用の削減に対する要請という公式が他分野以上に強く働くことを知っておく必要がある。

 b 市場論的接近

 運賃・料金形成における第一次的意識が個別経営上の問題に強く指向されているとしても、それは参入する市場の構造に大きく規制されている。一般に市場機構に期待されているところは、需給攻めぎ合いの中で成立する均衡価格を支点として資源の有効利用を実現する望ましい交換関係を構築する基軸を与えるという点にある。したがって、この視角からする運賃・料金論というのは、この基本テーゼの下で交通システムがどのように展開されるべきかの方向づけに焦点が合わされる。ただ、交通事業は主としてその技術的条件に制約されて市場に期待されている機能を十分に発揮し得ないような場合が生じ易い分野でもあり、所謂、「市場の失敗」例を生む代表的なものの一つとなってきた。そのこともあり、交通過程における市場機能の接合という問題では、特に生産・供給構造の分析に注意が払われてきたことは周知のとおりである。

 分析はまず第1に生産要素別特性分析を通じて行われる。かような市場システムがうまく作動しないような、例えば自然独占、費用逓減型といった「失敗」の主因がある特定の生産要素の存在にあるとすれば、それを外部化して別のシステムによって運営し、市場機能が有効に働くような範囲での要素内部化で参入していくといった工夫も出てくるということであろう。生産要素の統合的経営というのは、交通部門にあっては必ずしも効果的な選択肢ではない。交通過程の本質に鑑みて、それははるかに多様な選択肢の中の一つの例でしかない。その意味で交通市場が分解して要素市場との間に重層化していく現象は運賃・料金論に一つの問題を投げかけているといってよい。

 実際、交通サービスの生産・供給に携わっている者の多くは、要素別市場参入型であってトータルな形での参入は限られている。交通市場はそれを需要に応じた交通サービスにシステム化することで成立しているという極めて変動的

第6章　運賃・料金の問題

な存在になりつつあることも注視しておかねばならない。(16)したがって運賃・料金形成の基礎として生ずる生産費とは、そうした重層構造の中で発生したものの結合費（joint costs）の形を取っていることになる。結合される各要素の費用曲線が相互に独立であることはいうまでもなく、しかも生産ごとに結合される要素が同一の供給者から取得されるとは限らない。いい換えれば、各生産工程別交通サービスの費用曲線が非連続的関係になるということである。これは他の財・サービス生産においても同様のことはあるが、即時財、交通サービスの生産では特に生じ易い。当然のことながら、各費用曲線はそれぞれ各要素市場の構造に規定されており、それが交通サービス生産費に直接バイアスを与えるということにもなる。更に交通市場自体の構造がそれに加わって運賃・料金の決定を左右する。市場が競争的であればある程この重層化は促進される方向にあり、運賃・料金形成の基礎を生産費に置くといっても、要素別価格積算型の原価構成をもって生産工程別に市場関係を勘案して決めるというのが基本原則にならざるを得ない。単位交通サービスあたりの運賃・料金率の算定もその範囲の生産費を基礎にして行うというのが本来である。が、多くは実務上の制約もあって市場関係上、可能な限りにおいて期間、領域等に幅を持たせた範囲の原価を基礎として算出することになる。参入交通事業の実体維持の上からは原価の回収と可及的な利潤の獲得になるが、それに目安を与える平均費用の算出が第一の課題になる。この場合、平均値算出の分母にくるのは生産された全交通サービス量ではなく、その内の需要充足に供された交通サービス量でなければならない。最も単純には、この平均値に一定の利潤率を積算して運賃・料金を算出するマーク・アップ方式の平均費用価格形成原理に基づく方法が考えられるが、それが安定的に成立するにはやはり一定の市場条件を必要とする。他に規制条件が無いとすれば、それに応じて経営論的接近から幾つかのバリエーションをもって運賃・料金形成が行われていく。

　要素別特性分析でいま一つ触れておかねばならないのは、ある種の生産要素がそれを組み込んでいる交通事業の経営を著しく特徴づけるような場合である。生産要素別に分解したところでは当然そうした特徴が強く現われる市場に

なるが、それが交通事業という形にまとめ上げられた関係の中で、経営がそれに著しく傾斜するようになる場合に特に問題になる。典型的には通路要素の組み込まれによって起こる場合が多く、鉄道事業はその端的な例である。実際、その経営の大方は通路問題に原因して特徴づけられてきたといってよく、所謂、自然独占を生む好例として挙げられる理由もそこに発している。

　一時代、陸上交通機関として他を圧して優れた能力を示した鉄道は技術的条件を第一として、経済的、政策的にも生産要素を一元的に管理できる経営形態が望ましく、また必要とされた。殊に国民経済の育成、資本主義経済の成長といった背景の下に空間条件の拡大が要請された時代にあって、巨視的な経済戦略的基盤投資の対象として位置づけられ大規模な統合管理システムを必要としたのである。正に鉄道経済の時代といってよい時期を画した。(17)その時代に普及したこの経営形態は、あたかも交通事業の一般的な形態であるかの如き認識をも生み出した。交通に関する多くの理論もまた、この時代に芽を吹き出したことは周知のとおりである。運賃・料金形成理論においてもその例外ではなく、鉄道という好個の分析事例を得て飛躍的に理論の精緻化が図られてきた。そこでの基礎認識は公共性と独占この二つであり、その故に交通政策上の中心的課題ともなってきたのである。

　これをフィードバックして要素分析的に整理していけば、通路等の下部構造投資に強く規定された経営体質と深く結びついていることが浮き彫りにされてくる。自然独占が生まれてくる主因がここにあることはいうまでもないことであるし、また、そこに公共規制と補助・保護の対象として際立った交通システムを形成し得てきた理由もある。いい換えれば、ある特定の要素に著しく偏った特徴がそのまま経営全体の行動を、更に社会的な地位をも規定してきた端的な例ということになる。

　しかし一方で、費用曲線の著しく異なる要素を一つの事業体の中で一元的に経営することが適切であるかどうかの検討が必要な対象でもある。実際、これ程大規模な事業で一元管理経営が一般的になってきた交通事業は他に類例を見ない。殊に技術的不可分性の高い通路要素に関係した部分は独立の事業として

運営するのが普通である。その意味においてかような鉄道事業の経営形態も一元化が望ましくまた必要であったという社会状況、市場関係の中での現象とすれば、また環境の変化の中で別の選択が行われていくはずのものでもある。特に価値観の多様化する中で需要構造が大きく変化する時代にあって、交通システムの多様化が期待され、また市場における競争の激化も避けられない。交通市場の分解、重層化はそうした状況下での現象であり、その起因の一つは生産要素それぞれの持つ費用構造にある。競争下では、他に比して価格競争が激化し易い交通市場の特性から、費用構造の著しく異なる要素の結合性は弱くなる傾向が避けられない。鉄道においても例外ではなく、競合交通手段の成長と共に要素費用に基づく運賃形成の多元化が進んでいくことが考えられる。

c 需要論的接近

市場における価格形成が総じて供給主導的傾向を持つことは、よく知られている。が、交通市場における運賃・料金形成にあっては、いま少し検討を加えておく必要がある。むろん生産費が運賃・料金形成の重要な基礎であるという点については何ら異存はなく、殊に経営論的接近においては決定的な指標であり、少なくともそれを下まわらないことが当然の基準になっている。しかし、そうした意識にもかかわらず実際の運賃・料金形成の場では必ずしもその関係が直ちに反映された形になるとは限らない。価値実現過程における基礎的な物理条件として必需的であるということは、それ自体の充足が優先されて費用、運賃・料金の整合的関係が二次的存在に置かれる場合が少なくない。それが常態化すれば経営の破綻は避けられないから、何らかの別個の補償システムが存在しなければならない。その場合には運賃・料金が事業経営上からする絶対的維持基準としての地位は後退している。その意味で交通サービス生産・供給に関わる費用の負担、配分の問題は、運賃・料金と共に別個に議論される余地のあることを認識しておかねばならない。

殊に公共性の面から論ずる場合、需要の立場が強調されて費用負担の問題が脇に押しやられて二次的地位に置かれる傾向が現われ易い。所謂、限界費用形成原理に基づく運賃・料金制にしても費用逓減過程では平均費用を下まわるこ

とによる差額負担の必要があって経営上、収支整合に問題を残す。また自立採算を立前としながらも、公共性の名分の前に費用補償の基礎がゆるぎがちであることは周知のとおりである。

こうした傾向は交通の本質に照してある意味で当然のことで、公共性の高い交通部門に限らず共通の問題として存在している。殊に私的交通システムなどに至っては、費用管理意識自体が稀薄化してしまっている場合が少なくない。交通は価値実現の絶対的要件なのだから、需要者自身の総合的負担力の中で判断すれば足りるという意識が強く、交通サービスの生産・供給に掛かった費用を直ちに回収しなければならないという意識は必ずしも大きくはない。実際、需要側面からする運賃・料金問題へのアプローチに具体的な絶対的基準を見つけ出すことは難しい。その結果として交通投資における非効率、資源の浪費が未確認の内に肥大化しかねない。それが社会問題化し、環境問題にまで広がってきているのが今日の姿でもある。その意味で費用意識を強調せざるを得ない市場メカニズムの中での制御は一定の効果を持つものとして評価されてよい。そして、それは必ずしも交通市場という局面だけでとらえなくても良いということは、既に度々指摘してきたとおりである。

　d　政策論的接近

運賃・料金と生産費との関係は交通経営の視点からすれば当然の基礎であるが、それはあくまでも算定の第一次的基礎資料を提供するということであって、それが直ちに整合的・完結的関係にあるというわけではない。交通というのはその場で一見当然にあるべき姿として見える論理も、一つのケースでしかないという性質のものであるところに難しさがある。経営論的、市場論的接近の立場からは費用は中心的な課題であり、一般の財・サービス生産における問題とさして変わるところはない。しかし、需要論的接近更には政策論的接近の領域に入ってくると、問題が著しく多元的になり費用に対する認識比重が相対的に緩やかになる傾向があることは否定できない。殊に政策上の課題が中心になる場合、その優先度が強く働いて運賃・料金もその制約の中で決定されていくため、費用問題が調整的傾向を帯びて経営指標としては二次的対象となり易い。

第6章 運賃・料金の問題

　政策論的接近とは多くの場合、需要論的接近の一つとして、その上、社会性が強い分、運賃・料金形成に対し際立ってその規制力は強くなっている。政策的運賃・料金あるいは政治的運賃・料金という時、それは何らかの意図に強く傾斜したものとして受け取られることが多いことは周知のとおりである。

　これらの中にはむろん、所謂、「市場の失敗」という状況下での運賃・料金問題も含まれる。が、それらと共に政治的因子の攻めぎ合いの結果が強く反映された諸政策間の調整均衡的運賃・料金になる場合が少なくない。政治的プレッシャー・グループの存在、そうした実態の如何は別にして、運賃・料金形成の場に強い規制力を示す例は枚挙にいとまがない。が同時に、政策論的接近という領域での運賃・料金が無原則的な形成過程を容認するような存在としてあるわけではない。やはりそこには一定の論理範疇があるのであって、その意味でも「政策論的」に接近することが必要な分野の整理をしておくことが望ましい。

　一般にこうした領域のものとしては次のような場合が挙げられる。

（1）社会的基礎施設としての必要性に関係する分野。ソーシャル・ミニマム、ナショナル・ミニマム、社会福祉といった領域のもの
（2）経済の発展過程に応じた成長への主導的能力を期待された分野への配慮
（3）所得の再分配調整
（4）資源の有効利用、社会的最適厚生条件実現への条件整備
（5）安全保障、社会秩序維持、災害等、有事・緊急性の高い分野への対処条件
（6）その他、当該社会の安定と成長にとって不可欠でかつ他の組織、個別主体が扱うことは適切でなく、また積極的に関与することに消極的であるような分野に関わる課題への一条件としての役割

　以上のような諸領域である。こうした場合、政策目的実現を効果的に促進することが優先され、また費用負担の間接化、他律化といった要素も入ってきて、利用者負担の中で完結するといった構図が単純には取り得ないという問題もでてくる。

第3節 平均費用・限界費用価格形成原理と運賃・料金

I 価格形成理論と運賃・料金－費用との整合－

　運賃・料金形成理論の中で費用がどのように反映されるかは、以上のように幾つかの問題をはらんで一元的な整理を行うことは難しい。しかし、交通サービス生産に投じられた資源を費用の形でとらえ、その有効利用を図ることは経済社会における最も重要な課題である。経済学の価格形成論の立場からは、概ね次の3点に焦点が合わされている。

　第1は、財・サービスの生産に関わるすべての費用を価格に反映させてその回収を図りつつ目的を完結させようとする方法。

　第2は、発生需要充足のために新たに生ずる費用との評価比較にポイントを置く方法で、短期限界費用を需要行動の制御指標にするものである。

　第3は、中・長期的な視野からその投資が社会的厚生条件の改善に寄与するという論点に立って、追加的投下費用すなわち長期限界費用を価格形成の基礎にして何らかの配分比をもって組み入れていくという考え方。

　最も一般的には第1の基準の下に価格を決定していく。理念的にも経営実務からも費用の反映方法としては弾力的な処理が可能であり、少なくとも経営的には基礎条件を充足する。資源の最適配分といったマクロ的な条件充足は直接的でないにしろ、限界費用と平均費用が一致する価格均衡条件が成立するような市場が現出すれば結果的に第2の基準にも合致してくる。が、基本的には参入事業の持続的な経営維持に第一の基礎を置く手法で収支均衡を前提とした運賃・料金論として実務的便宜性の高い基準ではある。その面から平均費用を軸とした体系を築くことによって自立採算型の経営に焦点を合わせた運賃・料金を目指すことになる。一般に平均費用価格形成原理（the principle of average cost pricing）と呼ばれるものとの関係である。が、それは単純に総費用／総生産量という式で割り出されるわけではない。対象となる生産された交通サー

第6章　運賃・料金の問題

ビスの特定、特性の分析、範囲の限定、要素別原価分析、供給量・充足需要量、配分基準、など少なくともこれらの分析、把握が前提となった平均化でなければならない。そして実際には需要構造が生産・供給構造に直接影響する部門として、その分析、適応性を配慮したものでなければ実用性を維持することができない。先にも触れたように交通サービスの生産にあっては、結合生産、複合生産、生産要素の結合需要、生産量＞供給量≧充足需要量という生産・需給量関係の流動性など、著しく複雑な変動要素が錯綜している。殊に生産・需給量における不等式関係は平均費用算定の基礎が著しく不安定なものであることを示唆している。

　平均費用価格形成原理は、元々、生産過程と費用発生の関係を直結させることが難しいという側面を包括的に処理することで実務上の複雑さを回避、軽減しながら収支均衡を導出しようとするところに一つの意図がある。私企業はむろんのこと、公企業、公益事業といった社会的要請に応じた目的を持つ事業にしても、それが自立採算の事業形態を採っている以上、収支均衡は第一の要目である。マーク・アップ（mark-up）方式、公正報酬方式（rate-base 方式、fair return principle）、積上げ方式などの手法は、いずれも総括原価（full-cost）を基礎にした平均費用を軸とする運賃・料金形成の実務的工夫に他ならない。[18]

　第2の基準は、経済学において最も一般的に定式化された資源の最適配分との関係において整合性を持つ理論として、その応用としての運賃・料金形成論である。所謂、限界費用価格形成原理（the principle of marginal cost pricing）と称されるものから引き出されてくるもので、運賃・料金理論史の中で顕著な理論的意義を提示して、最も強力な理論的基盤を与えているといってよい。社会的に見れば、交通サービス生産によって生ずる限界費用はそれによって犠牲となる各種生産要素の価値量を表わす機会費用によって示される追加的費用であり、それと運賃・料金を一致させることは最適生産基準として理論的整合性を明示している。

　問題は費用逓減状態にある場合の限界費用＜平均費用における不足分補償の問題と、いま一つ限界費用自身の算出の問題がある。前者については、H.ホ

テリング以来の提唱があって一般的な整理が行われているが、後者については結局、実務的処理が適切に行い得る範囲の近似値を当てはめるという考え方で実現することになる。例えば回避可能費用（avoidable cost）をそれに充てるといった方法である。

いずれにしても限界費用を基準にした運賃・料金の形成は、その理論的正当性にもかかわらず競争下の交通市場でも中心的存在にはなり得ない。市場での均衡価格が限界費用に一致する条件を充足することが容易でないからである。

第3の費用基準は、限界費用に基づく運賃・料金が一般に短期限界費用を前提にした認識であるのに対し、社会的基礎施設に対応する交通システムについての運賃・料金形成条件を長期限界費用に置こうとする考え方に立っている。

この考え方は公共性の高い交通システムにあっては、それを拡大した方が厚生の増大に望ましいという社会的要請条件が存在している場合、何らかの方法で長期にわたる増分費用を運賃・料金の算出基準とする考え方に妥当性を見出そうとしている。ポイントは長期限界費用価格形成原理に基づく最適条件への調整である。短期、長期の問題は費用の問題であると同時に需要構造差の問題でもあり、両者の最適生産条件が一致しないことが多いということである。特に技術的不可分性の高いシステムであるような場合には相当期間の不使用能力の発生が長期限界費用＞短期限界費用の関係を生じさせ、しかも費用逓減条件下における損失補塡の問題が併せて生ずる。長期的視点に立つ費用負担の問題は所得の再分配論も含めて、別の視点から論じられるべき性質のものでもある。

II 限界費用価格形成原理適用の現実的修正－ホテリングの提唱とセカンド・ベスト理論－

1 H．ホテリングの提唱

運賃・料金形成における限界費用原理の導入は、社会的により望ましい基準をどこに置くかという経済学上のテーマを論理構築の基礎にしている点で重要な意味を持っている。しかし、対象となる交通システムの生産形態が維持可能か否かという経営問題に結びつけて考察すると、明らかに幾つかの問題が顕わ

れてくる。一つは限界費用算定の問題であり、いま一つは総費用回収能力の問題である。前者については先に述べたような近似的手段を採ることで対処し得るとして、後者、費用逓減状態にある場合の不足分を如何に補塡するかの問題は単純ではない。運賃・料金形成に適応性を与える論拠を限界費用に求める時、この問題に対するホテリング（H.Hotelling）の提案は現実的妥当性のあるものとして評価されてきたことはよく知られている。[20]

重要なことは、社会的要請の強く公共性の高い需要に対応するシステムについて限界費用で直接、費用回収が行い得ない場合には、利用者に対し補塡の為の例えば消費税のような形の利用者負担に基づく賦課を行うこと、あるいはまた政府による補助金によって補塡するという方法が工夫され得るということの論拠を明らかにしたことである。ホテリングによれば、前者については賦課によって生ずる需要の抑制による厚生条件の変化がより大きいという理由から、後者によって補塡されることがより好ましいという見解を示している。ただ、この場合、事業経営の側面からは第二の収入源を得ているということによる効率的経営への努力が消極的になりかねないという二次的な問題があることを注意しなければならない。公共性領域の事業における非効率性は夙に指摘されるところで、公的資金の経常的投入が行われる場合、特にその辺への留意は慎重でなければならない。

2　セカンド・ベスト理論　－ラムゼイ価格－

ホテリングが提起した補償方法は、しかし明らかに社会的公平と配分という観点からは問題があり、市場メカニズムが効果的に作動しにくい部門での補完システムとしては更に一層の理論的整理が必要であった。限界費用価格形成原理における議論の多くが、理論的妥当性の問題以上に実効的応用性の問題に焦点が合わされてきたことは重要なことである。[21]

その一つが、ラムゼイ（F.P.Ramsey）を嚆矢とするボワトウ（N.Boiteux）、ボウモル（W.J.Baumol）、ブラッドフォード（D.F.Bradford）等による一連の研究である。[22]所謂、「ラムゼイ価格」と呼ばれる価格形成理論の構築である。

ホテリングの提唱にしろ、このラムゼイを先駆とするその後の価格形成論に

しろ、交通における社会的基礎システム形成の上で、マクロ的視野に立つ経営機構の工夫に経済学的手法を導入しようとする努力の一環として今日的重要性を持っている。

この種のものが総じて持つ特徴である自然独占、費用逓減という経営構造が市場機能の効果的な作動を損わせるという特性を持つ。これと公共性という社会的要請を整合的に結びつけ、かつ収支均衡を図り社会的最適条件、厚生の最大化を可及的に達成し得る理論の構築という課題に中心が置かれている。ホテリングはそれを外生的な補填方法に一つの道を求めたが、それは理論的な問題を残したまま実務性を重視しつつ相対的な選択に委ねたものであった。その問題を受けて、より整合的な価格形成は最適価格から公平に乖離した価格、すなわち「次善（second best）」の価格形成をもって限界費用との差額を補填していくという方法が考えられるようになった。ラムゼイ価格と呼ばれるものがそれである。[23]

ラムゼイ価格成立は以下のような条件の充足を前提とする。[24]
（1）これは総余剰の最大化を目的とする
（2）所得効果はゼロとする
（3）交差弾力性はゼロ
（4）要素価格は一定
（5）価格と需要量の関係は線形
（6）消費の外部性は存在しないものとする
（7）中間財を対象とせず最終消費財を対象とする

公共性、公益性という概念の中に適正かつ平等の価格による供給という観念が一般化している反面、それは逆に分配の面での差別をもたらすことが問題になってくる。本来、経済学では適正な価格というものが費用を核とした関係の中で論じられているという基本線からして、資源の最適配分をもたらす価格の形成における限界費用原理が適用される価格論というのは、基本的には差別価格を容認するものでなくてはならないはずである。補助システムを導入しないでその目的を達成するための価格形成論であるラムゼイ価格は、正にそうした

第6章　運賃・料金の問題

観念から整理された理論に他ならない。結論的にいえば、ラムゼイ価格は供給財・サービスに対する価格を限界費用に対し需要の価格弾力性に逆比例するような関係が充足されるように決めることにある。いい換えれば、ラムゼイ価格から限界費用を引いた差とラムゼイ価格との比（乖離率）に価格弾力性値を乗じた値（ラムゼイ・ナンバー）が等しくなるような関係を持つ市場構造を意味している[25]。こうした条件下では、価格が限界費用に等しく定められた場合の市場と、収支均衡を図るために限界費用を越えて引き上げられた価格における市場での需要量変化率が等しいという、ラムゼイが指摘した次善の条件が充足されることになる。

ラムゼイ価格はホテリングから更に進め資源配分により有効な価格修正メカニズムとして経済学的整合性を与えた差別価格に他ならない。先に示したようにタウシッグが結合生産の理論の導入によって差別運賃の理論化を図ろうとした時、需要条件の違いに目を向けていたが、それは需要の価格弾力性との間に符合する関係を見出し得る。いい換えれば、差別運賃・料金論は次善理論の下で平均費用価格形成原理の持つ欠点を社会的に止揚する限界費用価格形成原理の枠の中で整合的に組み込む方法が提示されたということにおいて、一連の系譜の類似性を見出し得るといえよう。そして実は、ピグーがタウシッグに対して差別運賃の論拠を独占条件により強く求めたことは次のような動きの中で重要な指摘であった。すなわち市場競争が進むにつれ独占力が低下すると、運賃・料金の差別化は独占によってではなく、需要の価格弾力性に応じたラムゼイ価格システムに論拠を移しながら、そのレゾーン・デートルを維持していくということである[26]。

一般に公共性概念の中ではこうした経済学的論理に基づく負担論より、それを利用する立場からの権利と義務という関係において形式的平等論の下に負担の均一化を呼び出そうとする傾向が無いではない。市場メカニズムが効果的に作動しにくい部門では特に負担の論理的基準を見出しにくく、どうしてもこうした問題が残されてしまう。それに対し配分の問題を加味しつつ社会的厚生の増大に結びつく論理の中で一定の方向性を明らかにしている意味は大きい。

第4節　運賃・料金形成の諸因子

　運賃・料金が交通サービスの対価として費用負担の問題が中心になって論じられるのは当然のこととして、しかし一方で、当該交通サービスの生産に要した具体的な支出量としての費用問題としてのみ取り扱われているわけでないことは既に明らかなところである。極めて多くの場合において空費される交通サービスの量は少なくなく、それが価値実現に直接結びついた交通サービスの使用過程を通じて費用回収が図られるという構図も完結的ではない。即時財、交通サービスの生産とはかように多くの点で費用の埋没化が起き易く、それ故にこそ改めて費用問題が最重要の課題として取り上げられてきたことは周知のとおりである。殊に膨大な資源消費に関わって、それを費用分析の中に有効な利用を図ろうとする意図は重要な認識である。その意味で市場メカニズムの役割は格好の装置に違いない。今日の運賃・料金論が主としてその方向の中で行われていることはその意味で評価に値する。しかし、依然として交通需要の本質的特性には変わりなく、市場メカニズムは交通システム形成基軸の一つを維持しているに過ぎなく、しかもその範囲と適応は限定的かつ重層的である。たとえ市場合理性を持って形成された運賃・料金でさえも需要の決定的規制因子ではない。それは実現価値量との間で相対化された規制因子の一つでしかない。
　交通サービス需給における市場合理性とはその範囲のものであり、価格理論との整合も制限的あるいは間接的にならざるを得ない。
　かように市場合理性、価格メカニズムは運賃・料金形成に貴重な視座を与えながらも他の多くの因子に摂動されて一義的存在とは成り得ない。それは正しく交通サービス評価の諸因子それぞれが交通需要を鋭く規制し、そのすべてが運賃・料金形成に結びつく余地を持っているからである。したがって実際の運賃・料金はそうした諸因子を考慮した形態・構造を採ることになる。
　第1の規制因子は、交通需要ならびに交通対象で、これは最も基礎的な因子

第6章 運賃・料金の問題

ということになる。既に度々触れてきたように交通需要とは結局、交通対象の持つ機能、有用性すなわち効用の実体化を図る物理的行為に他ならないから、交通対象の差は最も基本的な規制因子として存在する。大別される人、物、情報において交通サービスに違いが生じ、それに応じた運賃・料金制度が組み立てられていることは周知のとおりである。交通サービス需要は交通対象に対する需要条件の中で結合的に派生する需要であり、当然その条件下に強く規制されている。人、物、情報という対象の分類も、一連の価値実現過程の中では様々な形で抽象化された存在になり得る。例えば資源という認識の下では、異なる種類の機能要素でしかない。しかし、人は同時に社会的諸関係の中で擬制化された存在としてあり、権利の主体者として抽象化されている。価値実現過程とは正しくそうした関係が基礎になって具体化されていく社会関係に他ならず、運賃・料金は当然そうしたことを直接、間接に反映したものになる。特に交通権が基本的人権として認められる市民社会の交通システム形成の上で、この問題は負担問題を絡めて難しい課題の一つになる。[27]一方で個別主体として自由な価値実現行動が容認されるべきであるという社会であってみれば、そこには自ら権利の持つ実体的限界を明らかにしなければならないからである。殊にシビル・ミニマム（civil minimum）、社会的基礎施設としての交通条件と、多様な価値観の下でのより自由度の高い交通条件への要請とは、明らかに性質を異にする需要条件である。市民社会における交通体系はこうした種々の要請に応じた適応性を必要とする。運賃・料金体系も当然その目的を具体化していなければならない。むろん、それを決める論理も単一ではあり得ない。が、何らかの共通する尺度を必要としており、資源投入に関わる生産費において理論形成の整合的基礎を得るという一つの流れがある。とはいえ、依然として運賃・料金が具体的な姿として表わされる過程で種々の論理によってバイアスを示すことは避けられない。

情報への認識は今日、情報化社会といわれる時代のパラダイム構造に結びついて、エポック・メイキングな役割を担う様相を呈しつつある。それは当然に情報交通の飛躍的な拡大を促し、更に時代の社会的基礎条件として基盤整備の

重要な対象になっている。周知のように情報は不確実性との対応関係において最も現実的有用性が表現される[28]。価値観の多様化とは一方で正に不確実性の多様化を生む様相でもあり得るし、また選択の競争を促す社会状況でもある。こうした不安定条件の下で、適切な意思決定を迅速かつ継続的に行うためには膨大な情報の分析に頼らざるを得ない。情報化による先験的価値実現の優位性を得ることこそが情報化社会における鍵であるといわねばならない。それは正しく情報・情報化の経済が追求されている社会に他ならない。当然、それがより効果的に実現されるための情報交通における価格、運賃・料金の形成が重要な課題として浮かび上がってくることになる。

　情報は他の交通対象に比して形態変換の自由度がはるかに大きい。代意手段を通じて情報源から分離、分割した形で展開できるからである。文字、数字、図形など簡便な形式に記号化された代意手段は最も一般的なものとして通用している。殊に短進型化された数字は技術的処理が容易で情報化促進の鍵になっていることは周知のとおりである。情報化のポイントは不確実性に対応する能力と、この代意性に基づく技術的緩和性にあるといってよい。そして、ここにこそ情報・情報化の経済が成立する所以がある。

　情報化は情報自身の持つ有用性においてばかりでなく、人、物の移動を通じて実体化される価値実現過程の不確実性縮小と効率化促進に著しく寄与的である。先験性と経済性、殊に資源の有効利用という点では再生産構造の革新的な変化が期待される。その意味で情報交通サービスに対する需要促進は緊要の課題であるといわねばならない。殊にその対価、運賃・料金の形成はそれに寄与するものであることが強く要請される。それは多分に技術的条件の中に情報化の経済が新たな市場を創出し、情報および情報関連産業の成長によって、諸要素の価格低下を可能にする諸条件が出現しつつあることが促進的に働く状況にある。交通対象の可変性から技術的柔軟性が高く、また要素の分割使用・管理という経営形態が一般的であることも、費用と価格形成の上で多様な選択と工夫の余地の広いことが示唆的である。特に電子情報系の分野では市場が空間の同一性とリアルタイム性を持っており、競争効果が著しく効率的に作動し、他

第6章　運賃・料金の問題

の分野以上に価格競争が発生し易いことも注目される。

　第2の規制因子は、場所、時間の2因子である。交通サービスに対する評価がまず何よりもこの2因子に基礎を置いている以上、運賃・料金の構成もまた基本的にはこの二つの因子の枠組の中で行われる。場所因子については、位置、面積、距離が、時間因子は再現性のない非可逆性因子であるため、即時財評価に最も厳しい規制を与える。時間、時間帯、週、旬期、月、季節、年次、等々それぞれに極めて個別的な枠組が形成される。運賃の単位が、交通対象の単位と交通距離の積で表わされることは周知のところであるが、それは更に時間因子によって補正される。最も一般的な例として、人・キロメートル、トン・キロメートルが挙げられ、運賃率算定の基礎単位となっているが、需給条件下に時間因子によって異なる場合は多い。いずれにしても、運賃・料金の基本算式は、交通対象条件、場所因子、時間因子を変数とする関数関係を示す。

　場所因子系の運賃形態としては、地域・地帯・区間制、距離比例・逓減制、路線・方向別、片道・往復別、等々の運賃・料金形態が、時間因子系としては、時間別・時間帯制、期間制、時期・季節制、時間比例・逓減制、一定時間・期間均一制、時間・期日・期間指定制、混雑度時間別制、等々が例示される。これらは他の因子と結合して種々の変種、組み合わせが行われ一群の運賃・料金体系が形成されることになる。殊に地域交通における運賃・料金問題は、地域における交通需要管理（Transportation Demand Management）[29]に関連して最も具体的な手法を提供するものとして種々の提案がなされる。

　例えば、ピーク時とオフピーク時の需要条件を運賃・料金に反映させて需要の調節を図ろうとするピーク・ロード・プライシング（peak load pricing）、あるいは道路を利用する車輌に対し価格メカニズムを導入して市場機能を働かせようとするシステム、ロード・プライシング（road pricing）の提案などは、今日、都市交通における混雑問題に対する具体的な手法として注目されていることは周知のとおりである[30]。

　第3の規制因子は、交通サービス生産要素構造ならびに生産・供給システムに関する点である。交通サービスは技術上、投入される生産要素の構造とそれ

に要する費用の上に運賃・料金が直接規定される性質を持つ。例えば鉄道のように通路要素への投資から著しく高い固定費の発生があり、それに規定された運賃・料金体系を取ることになる。費用構造上、費用逓減性を持つため、そのメリットを強調した運賃・料金が仕立てられる。それが同じ鉄道事業であっても、そうした要素部分が別事業によって行われ、交通事業者はそれを利用して、交通サービスの生産・供給に携わるという場合には、費用曲線が当然異なってくる。その結果として運賃・料金の設定がより多様化の余地が出るであろう。少なくともそうした事業者が自然独占者として存在し得るという関係は少なくなり、市場の競争促進の幅が出てくる。

　かように運賃・料金の基礎になる生産費の構造が組み込み要素の相違によって著しく異なる結果を生み、それが運賃・料金の決定に差異を与える。こうした関係は市場が競争的になるにしたがい、交通市場の分解・重層化の進む中で一層促進される傾向にある。(31) いい換えれば、交通事業の運賃・料金形成における基礎が著しく流動化する時代にあって費用曲線が不連続、多様化する傾向は高く、固定的に一般化することは適切でないということになる。費用構造の著しく異なる生産要素を一体的に経営することは多くの問題を生じさせ、特に運賃・料金形成の上で難しい配分の問題を生じさせる。こうした問題を競争下で運賃・料金問題を効果的に処理していく一つの方法として要素市場への分解という形で経営の分離を行っていく選択が採られる。

　即時財生産の需要発生時点拘束性は経営の柔軟性を著しく抑制しており、費用配分もその時点の需要に収斂された運賃・料金形成に規制される。したがってできる限り費用配分が空間的制約を受けないですむような生産・供給構造を持った経営形態へと変容する傾向を持つのは当然のことといえる。例えば鉄道事業においても通路要素関連の下部構造部分は別経営組織で行われ、それを利用して種々の交通サービス生産・供給に携わる形態が一般的になるといった例が挙げられる。道路と自動車、ターミナル事業の独立、等々、これらは極めて一般化した分解型経営の例である。そして下部構造部分の事業が大規模かつ自然独占性を持つ種類のものとして、公共性基準が強く働く規制対象になるのに

第6章　運賃・料金の問題

対し、他は極めて活発に競争の行われる市場メカニズムが有効に作動する部門として展開する。むろん価格、運賃・料金形成の論理も自ずから異なってくる。交通需要発生時には、それら各要素市場を通じて結合的に需要された諸要素価格を基礎とした運賃・料金形成が行われる。

かように交通市場が競争下に分解・重層化する中で市場への参入・退出は容易になって、また規制も特定部門の市場に限定され市場メカニズムの効果的作動の範囲も拡大する。需要の多元・多様化する時代の交通システム形成はこうした展開の中に市場メカニズムの活性を図っていくことになる。所謂、規制緩和論もかような展望を踏まえた議論であることが必要である。

第4は政策的課題の反映という規制因子である。この場合、それは大別すると二つの領域に分かれる。一つは市場機構を通じて展開される交通サービスの需給関係が何らかの政策的介入を施して補完することが必要であるといった場合。そしていま一つは、元々、そうした需給システムでは基本的に困難または望ましくないといった場合でかつ社会的要請が強い分野の課題に対処する場合である。

前者は所謂、市場の失敗が発生するような条件があって政府の規制、介入が市場メカニズムの作動を活性化させる上で望ましいというようなケースである。これについては先に触れた自然独占条件下における運賃・料金の問題、あるいは外部性が存在している場合の内部化問題を運賃・料金に反映させる場合などに政策的介入が期待される。また、市場の公正競争を促進するための諸措置の一貫として市場メカニズムが効果的に作動し難い状況を可及的に排除する目的を政策的に推進するという包括的な対処の仕方もある。これらはいずれも運賃・料金形成に直接、間接に政策的介入が行われることによって補完されるという関係にある。

それに対し後者はより積極的に政策的意図を明らかにして運賃・料金を主導するケースである。これは状況に応じて極めて広狭、幅広い対応があるわけで、異種交通機関それぞれに種々の対応があり、また広く交通の社会的位置づけによって包括的に枠付けするという巨視的な対処も必要とする領域である。した

がって、公共性の中で公平、公正が最も一般的な基準になるにしても、必要に応じてある分野に著しく傾斜した選択をしなければならない場合も少なくない。要するに市場メカニズム、私的システムによるシステムが社会的整合性をもって作動する領域以外の交通分野についてはすべて何らかの形で対象となるというに他ならない。その対応に応じて規制（regulation）であり、制御（control）であり、管理（management）であり得る。運賃・料金への関与もそれに応ずる。殊にある種の交通機関が独占的に他に卓越した能力を持って社会全体に影響を及ぼす存在としてある場合など、それ自身に対してこうした介入は不可欠である。鉄道時代における公共規制、保護・補助といった政策介入が一般的であったのは正にそうした理由による。交通システムの革新的な変化は社会の価値実現体系の基礎構造を変える。そうした場合の政策的主導の重要性は敢えて論ずるまでもない。

　かような交通システム自体の基盤整備を通じた総合的な政策推進は、当然、運賃・料金構造の基礎的条件を大きく変質させることはいうまでもない。加えて需要側面で政策的介入、配慮を必要とする場面も少なくない。経済の持続的発展の条件としての産業優遇型の運賃・料金体系の構築、特定産業部門への傾斜的措置、また所得の再分配、福祉条件への支援、グローバルな環境問題との関係、更にはより強力な統制を必要とする有事下での対処等、交通システム形成における政策的措置は運賃・料金体系と共により包括的な視野から種々の対応が行われ、準備されねばならない。交通体系全体の中で市場メカニズムが自律的、効果的に作動し得る領域は他の分野に比して著しく制限的であるというのが実態なのである。その意味で運賃・料金形成も多くの点で経験主義的歴史性を帯びていることを認識しておく必要がある。

注

(1) Ramsey, F.P., A Contribution to the Theory of Taxation, *Economic Journal*, Vol.37, 1927. 山内弘隆「高速道路の料金決定―ラムゼー価格の適用をめぐって―」、『道路交通経済』第13巻、第4号、No.49, 1989.10, pp.28～35.

第6章　運賃・料金の問題

(2) 今野源八郎編『交通経済学』四訂, 青林書院新社, 昭和48年, 第2章.
(3) 丸茂新『鉄道運賃学説史』所書店, 昭和47年.
(4) 前田義信『交通経済学要論』改訂版　晃洋書房, 1988年, pp.134～142.
(5) 前田義信『前掲書』, pp.84～85. 増井健一『交通経済学』東洋経済新報社, 昭和48年, pp.64～67.
(6) 佐波宣平『交通概論』有斐閣, 昭和29年, 第6章.
(7) 増井健一「鉄道運賃の性格に就いての論争―タウシッグ対ピグー―」,『三田学会雑誌』第45巻, 第5,9号.
伊勢田穆「タウシッグ=ピグー論争について」,『香川大学経済論叢』第48巻, 第1号, pp.30～75. 丸茂新『前掲書』, pp.103～116.
(8) Taussig, F.W., A Contribution to the Theory of Railway Rates, *Quarterly Journal of Economics*, Vol.5, 1891, pp.438～465; A Reply and a Rejoinder, *Q.J.E.*, Vol.21, 1906～1907, pp.161～165; Railway Rates and Joint Cost Once More, *Q.J.E.*, Vol.27, 1913, pp.378～384; Railway Rates and Joint Cost, *Q.J.E.*, Vol.27, 1913, pp.536～538; Railway Rates and Joint Casts, *Q.J.E.*, Vol.27, 1913, pp.692～694. Taussig, F.W., *Principles of Economics*, Vol.II, The Macmillam Co., 1913, chap. 60,61.
(9) Mill, J.S., *Principles of Political Economy with some of their applications to social Philosophy*, 1848, ed. W.J. Ashley, Longmans, Green and Co., London, 1923, pp.569～571.
(10) Pigou, A.C., *Wealth and Welfare*, London, 1912, pp.215～219. *The Economic of Welfare*, first ed. 1920. fourth ed. 1932, chap. XVIII. Railway Rates and Joint Cost, *Quaterly Journal of Economics*, Vol.27, 1913, pp.535～536; Railway Rates and Joint Costs, *Q.J.E.*, Vol.27, 1913, pp.687～692.
(11) 前田義信『前掲書』, pp.101～105.
(12) Pigou, A.C., *The Economic of Welfare*, chap. XVII.
(13) Pigou, A.C., Railway Rates and Joint Cost, *Q.J.E.*, Vol.27, 1913, pp.690～691.
(14) 丸茂新『前掲書』, 第2章.
(15) Taussig, W.F., Railway Rates and Joint Cost, *Q.J.E.*, Vol.27, pp.692～694.
(16) 拙稿「交通市場の分解」, 流通経済大学『創立三十周年記念論文集』経済

学部編,流通経済大学出版会,1996年,pp.88〜90.
(17) 拙著『アメリカ国民経済の生成と鉄道建設―アメリカ鉄道経済の成立―』泉文堂,昭和55年.小澤治郎『アメリカ鉄道業の生成』ミネルヴァ書房,1991年.
(18) 斎藤峻彦『交通市場政策の構造』中央経済社,平成3年,pp.151〜152,168〜172.前田義信『前掲書』,pp.142〜146.
(19) 前田義信『前掲書』,pp.121〜122.中島勇次「鉄道の原価理論とその実際問題への接近」,運輸調査局『運輸と経済』第38巻第3号,1978年3月,pp.8〜17.
(20) Hotelling, H., The General Welfare in relation to Problems of Taxation and of Railway and Utility Rates, *Econometrica*, July 1938, pp242〜269.
(21) 斎藤峻彦『前掲書』,pp.163〜168.
(22) 前田義信『前掲書』,pp.153〜161.
(23) Ramsey, F.P., A Contribution to the Theory of Taxation, *Economic Journal*, Vol.37, 1927.
(24) 中村清「『差別価格』について」,『運輸と経済』,第46巻第5号,1986年5月,pp.49〜52.
(25) 山内弘隆「高速道路の料金決定―ラムゼー価格の適用をめぐって―」,経済調査会『道路交通経済』No.49, 1989年10月,pp.28〜30.丸茂新「ラムゼー価格について―交通サービスとの関連において―」,日本交通学会『交通学研究』1986年研究年報,第30号,1987年3月,pp.109〜121.
(26) 斎藤峻彦『前掲書』,pp.177〜178.
(27) 池田博行・松尾光芳編著『現代交通論』税務経理協会,平成6年,終章.
(28) Lucas, Henry C., Jr., *Information Systems Concepts for Management*, fifth ed, Mitchell McGraw-Hill, N.Y., 1994, pp.30〜.野口悠紀雄『情報の経済理論』東洋経済新報社,昭和49年,第2,3章.
(29) 武田文夫「交通需要管理に関する基本的視点」,『道路交通経済』No.59, 1992年4月,pp.9〜11.
(30) 小淵洋一『現代の交通経済学』中央経済社,第2版,平成8年,pp.204〜224.
(31) 拙稿「前掲論文」,pp.84〜92.

第7章　交通と公共性－公共性基準の問題－

第1節　公共性課題への接近

　交通における公共性の問題は古くて新しい課題として今日に至っている。境界が必ずしも明瞭でなく多分に抽象性を帯びるとはいえ、公共性という用語が社会における何らかの制約概念として存在する以上、実体を規制する諸因子を明らかにして一定の基準を提示しなければならない。

I　目的と対象

　公共性という用語が持つ基本的意味が正に public あるいは common の字義が示すように、何らかの形で「社会的共通性」を基礎にした目的概念であることは間違いない。広義に解すれば、ある何らかの共通規範の下に形成された社会的枠組の中で生計を営むすべての成員に共通に関わる諸関係を、当該社会的合目的性をもって抽象化した概念であるということである。国民経済、社会的福祉の発展に貢献するといった目標提示が行われることが多いことは周知のとおりである。そして、それらの目的、目標の実現のための条件整備が期待された概念であるという点で現実性を持つ。

　交通における公共性の問題は正にこれらの実現のための担い手として、その役割、位置づけに焦点が合わされた課題に他ならない。そして、ここにおける公共性課題とは特定の交通機関にのみ担わされた限定された領域のものではなく、さまざまな交通過程が公共性基準の下に直接、間接に関与し得る可能性を持った社会的関係であることが示唆される。むろん、ある特定の機関、部門が

中核的存在として、この種の課題を主導、制御しながら効果的な実現を図ることは必要であるが、それは一つの狭い意味での象徴的な「公共性」課題の担い手に他ならない。交通における公共性とは、その交通および交通システムが社会全体の共通の課題に対処したものとして展開している場合、既に一定の公共性を実現しているという評価において著しく状況相対的な存在になるということである。その意味では例えば、「公共性として漠然と表現されている概念は、国民的公共性と国家的公共性と経済的公共性との内容を包含しており、そのために公共性の内容的重点は政治的に歴史的に変化する傾向を持つ。」(1)といった指摘は極めて適切な表現であるといわねばならない。こうした点を認識しつつ交通における公共性の問題を考察するに当たっては、少なくとも次の諸点を視野に入れて置かねばならない。

(1) 安全保障、社会秩序維持、災害など、有事諸関係における分野
(2) 国民経済的視野に立った産業、経済の振興を目的とした主導、保護・助成、規制といった役割
(3) 経済活動の基本的枠組みの選択と、それが持つ限界を補完、調整する必要性
(4) 社会生活一般に共通の課題として対処しなければならない社会政策的課題。福祉政策はその最も重要な課題である。
(5) 交通権の位置づけと課題の実現
(6) グローバルな社会関係が不可欠な時代における国際的調整を必要とする分野

II　基準および担い手

公共性の目的、役割が示されたとしても、それを実現する方法、担い手がどのような形態、組織であるべきかは難しい問題を含んでいる。最も一般的には政府ならびにそれに関連する公的機関がその例として挙げられるが、実のところ、それは一つの中心的な組織であるが、この目的を達成するための唯一の存在であるというわけではない。公共性という概念はある特定の機関、組織の役

第7章 交通と公共性―公共性基準の問題―

割を述べているものではなく、より広く社会の成員全体が何らかの形で直接、間接に関与することが予定された概念である。公共性が求めているものは成員個別の要請から独立したものではなく、そこに源を発した共通の需要を対象にしているというところに力点がある。むろん社会の構造、体制などによってバイアスの生ずることは避けられないが、ことの本質がここにあることを強く認識しておく必要がある。

公共性の問題も当然、その具体化にあたっては対象と担い手が明確にされて行われていく。前者については先に提示された諸点がそれになるわけであるが、それらが常に同様の方法、担い手によって行われるというわけではなく、相当幅のある実現形態を採り得る分野を含んでいる。それらを対象別に振り分けていけば概ね次のような領域に分類される。

第1は、公共財およびそれに準ずる財・サービスの供給分野。

第2は、私的財として市場を通じて供給されることが本来望ましいような財・サービスであっても、発展段階、成長条件の未成熟から私的資本の積極的な参入が期待し得ず、しかも社会的に必要度の高い分野である場合。

第3は、私的資本の自由な活動に任せることが必ずしも好ましくないような財・サービス供給に関する分野。

第4は、規制、調整、保護・補助、秩序・安全保障といった社会的諸条件を構築するに必要な諸行政活動。これは第1の分野に属する面が多いが、目的の明確化された公共性基準の中で特記されるべきものである。

こうした諸分野に対して、それを具体的には如何なる担い手によって実施されるべきかが、現実の諸課題として提起される。

1　公共性基準の問題

公共性の問題を扱う上でその基準を明らかにしていく必要があるが、それが対象となっている社会に所属する成員の意思が反映される意思決定機構が成立していなければならない。これは公共性論の所在がどこにあるかを明らかにする上で最も重要な基礎的条件である。必要な情報が継続的かつ的確に収集、提示される機関の存在、所属成員の意思が明確にし得る機会を提供する議会、委

員会、公聴会といった組織、その意思を現実のシステムの中に導入する方法を検討し、具体化する実行システム、実施結果をフィードバックし検討するシステム、等々の組織がなければならない。

　こうした組織、システム、制度が存在していても、実際には必ずしも効果的に機能していない場合が少なくない。が、少なくともそうした必要条件下に意思決定がなされることによって公共性の具体的な存在が姿を顕わしてくる。いい換えれば、公共性とは成員共通の意思を前提とした社会的概念であって、また、それ故に「基準」は著しく経験主義的要素の濃い性質を持ったものになることは避けられない。少なくともある特定の理論系の中のみで律し切ることのできる領域でないことだけは確かである。

　種々の理論の下に「公共性」を規定するという作業が行われるが、それはそれぞれに仮説としての整合性であって、公共性自身はより多元、多様な特性を抱えた実体概念として存在していることを認識しておかねばならない。基本的に歴史性を持つ社会的概念として、殊に今日の市民社会において公共性が幅のある実体概念であることは明らかなところで、その意味からも固定的にとらえられる対象ではなく、それを具体的な姿に仕立て上げていく意思決定の機構が重要なのである。

　そして交通における公共性の問題は社会の基礎的な条件を構築する課題として、時代のパラダイム、体制を反映して、それが安全、安定的に秩序ある持続的な成長、発展を展望し得る有機的な社会構造を実体化する共通の意思を基準として提示されなければならない。

　公共性基準はまずそうしたことを第1の基準として、

　第2には、市民社会における各成員の権利の実現と社会的責務の分担を明らかにして、それを有機的に組織化するシステムの形成に、

　第3には、産業、経済の側面から持続的成長を維持するための産業構造と資源の有効利用を促進するための経済システムの形成基軸の選択、

　第4には、それが持つ欠陥を補完し、グローバルな資源構造に適応した再生産循環体系の構築に寄与すること、

第7章　交通と公共性—公共性基準の問題—

これらが全体の枠組を方向づけていく。

　公共性基準というのは、かように幅のある領域に対応したものでなければならないから、特定の理論の整合的な帰結として位置づけることは無理がある。それぞれの分野において引き出された公共性領域の理論性が集合的に展開している実体領域として存在しているということ、これである。したがって、例えばある学説分野から引き出された公共性領域は、その分野の理論の枠内での整合領域であって、それを実際の場に展開する論理能力は自ずと限界があることを知っておく必要がある。あらゆる理論は常に仮説の領域を出ることはできず、その限界を認識して現実の場に供していかなければならない。特に公共性領域は限られた特定の個別主体を対象としているわけではなく、多元多様な論理の集積された場としてあることを理解しておかねばならないのである。

　かような限界を認識しつつ、しかし、一定の枠内においては、それぞれの理論から引き出された公共性領域の位置づけと役割、そして幾つかの対策は社会的有用性を持つ。ナショナル・ミニマムとか、ソーシャル・ミニマムといったとらえ方[2]、あるいは経済学の分野で提議されている市場の失敗、公共財問題などを中心とする公共経済学の分野で展開されている理論形式などは、市場メカニズムとの関係において資源の有効利用、最適配分問題といった立場から多くの貴重な提案がなされていることは周知のとおりである。

　交通における公共性基準は、社会における価値実現能力の外縁を規定するシステム形成の基軸に関する問題である。と同時にそれは社会の体制構造を大きく反映した論理の交錯する場であって、多分に流動性を持った領域の問題としてあることを認識しておかねばならない。むろん特定の交通機関における社会的機能を論ずる場でもない。それらはある条件下では著しく公共性基準に適合的であったとしても、社会状況の変化の中でその役割、位置づけが変化していくことは当然あり得ることなのである。

2　公共性課題の分担

　公共性基準下に関わる交通システム形成がどのような形態、担い手によって行われるかの問題である。既に明らかなように公共性の問題はある種特殊な

財・サービスの供給における固定的に枠付けされた狭い領域の問題として見ることは適切でない。その意味においてこの問題の諸課題が特定の機関、施設固有の役割範囲として限定してしまうことは正しくない。むろんその主たる役割が政府ならびに諸公的機関にあり、民間にあっては特許、認可を受けた公益諸事業により、あるいはまた公私混合の第三セクター型の事業などに負わされていることはいうまでもない。が、進んでは市場に参入してくる各種の交通事業、さらには私的交通システムの領域にあってもこの課題と無縁でないことを指摘しておく必要がある。

それは価値実現が交通過程の連続性の基礎の上に成り立っており、結合需要される各種交通システムに対する需要度は共通しているという関係があることによる。公共交通機関、私的交通システム、交通企業、そのいずれもが生産・供給構造における差であって、ある交通需要の発生における総合関係の中で差が生じているわけではない。しかも、それが即時財需要という存在であるが故に、場所因子と時間因子に規定されて選択の幅が著しく制約されているという条件が加わる。交通における公共性とは交通需要におけるかような規制条件下に著しく流動性を持った社会的概念としてある。この課題を特定の機関、施設等に集約して扱い切ることの不適切さを知る所以である。

交通の問題はどのような場合であっても、価値実現過程の基礎として不可欠の行為であるという事実を見詰めていなければならない。この事実があるが故にこそ交通における公共性の問題が常に大きな領域を占めて論じられてきたのである。共通の必需対象である以上、できれば公共財の形で供給されることは望ましい提案の一つである。しかし、それが交通サービスという即時財を扱っている以上、需要条件との調整関係の下に行われざるを得ない。殊に需要の個別性が基本権の上に幅広く認められている社会にあっては、供給システムを公共性の中で完結させようとすることは非現実的である。生産と消費が同時に行われるという条件の下では個別需要条件からの規制を避けることはできない。

いい換えれば、個別需要対応性を広く認めた社会関係の中では、公共性課題は同時に多様化する交通システムの中に分散化しているという状況があるとい

第7章　交通と公共性―公共性基準の問題―

うことである。

　以上の諸点を留意しながら公共性課題分担の問題を整理すると次のようになろう。

　第1に、公共性基準は現実の交通諸過程に直結した弾力的に対処し得るフィードバック・システムが存在している中で実施されるようになっていなければならない。これによってこの課題に対し幅広い参加の条件を整える必要がある。

　第2に、これを実施する担い手は特定の専門化された機関、組織にのみ委ねられるのではなく種々の交通システムを通じて行われるという認識が必要である。したがって、それらを公共性基準下に組織して具体化し得る範囲の明示と位置づけが行われていなければならない。この公共性課題への内部化は社会の成員が孤立的に存在しているのではなく、一連の再生産体系の中に有機的に組織化された一員としてあることを強く意識している。

　第3に、その内部化は交通過程それ自体に直接参与する形態もあるが、また費用負担という課題の中でも行われる。今日、議論の中心は主として後者に注がれており、所謂、社会的費用の内部化も一般的な負担形態になってきていることは周知のとおりである。(3)分担の形態は一様のものではなく、多様な可能性を提示して分担の実を挙げることが重要である。

　第4に、しかし、公共性課題はそれを持続的、効果的に行うためには中核的に任務を担う機関、組織の存在が必要である。基本的には社会が安定的に秩序ある成長を実現するための役割であるから、社会的変化の中で変質することは避けられないが、交通過程という具体的な行為を効果的、有機的に行うためには一定の基礎条件を整えるための機関、組織が不可欠である。そうした機関が直接に交通サービス生産・供給に携わる水準で行われるべきかはまた別の問題である。初期の一定期間は公的機関として運営され、その後民間化して経営の効率化を促すといった方法もむろんあり得る。また、ある生産要素部分については公的機関の管理・運営によることが望ましいという場合もある。道路などはその端的な例として挙げられる。

　第5に、指摘しておかねばならないのは、交通権に対する認識と公共性基準

の問題である。公共性が社会関係の経験に基づく所産である以上、歴史的相対性は避けられない。今日的社会にあっては、その中軸に人権としての交通権があって、それを軸に社会的有為性を実証していることは既に指摘してきた通りである。むろん交通権が公共性基準のみを規律する権利概念ではなく、すべての交通過程に対応していることは言うまでもないが、それが最も象徴的に論じられる場がこの領域であるということである。そして、公共性基準は常にこの関係の中での現実的適応性が維持されているのでなければならない。

第2節　交通権の問題

I　交通権の概念と位置づけ

　交通権についての概念規定およびその位置づけについては、必ずしも明確に理論化されているわけではない。ここでの議論が法律的な位置づけを行おうとしているわけでないことはいうまでもなく、社会的関係の中でそれがどのような性質をもったものとして存在しているかが中心になる。元々、権利というものは自然法上の意味づけは別にして、社会の体制に強く規定された存在として極めて歴史的相対性を帯びたものである。交通権は、しかし、人間の生存に関わる基本的な物理条件を社会的に意義づけて、各成員の価値実現過程への参加条件を実体的に明らかにし、かつ保障しようとする意思を抽象化したものに他ならない。当然、生得の生命構造に由来して一面で自然法的接近に傾きがちではあるけれども、他面で極めて現実の社会関係の中でその内実を最も直接的に表現する権利論になっている。

　いずれにしても交通はあらゆる意味で人間社会の価値実現を実体化する過程として存在しているから、権利論においても最も基礎的な対象として取り扱われねばならない。(4)

　交通権はすべての権利に前提されている基礎的権利であり、他のすべての権利は、これに第一次的に規定されているということ、これである。これが交通

第7章　交通と公共性―公共性基準の問題―

権の最広義の位置づけといってよい。その意味で交通権は生存権を実体的に意義づける基本的人権に他ならない。

　一般的に交通権とはその社会における場所的移動に関する権利としての意味でとらえられる。しかし、それは交通権の意味するところのある象徴化された交通過程をとらえてのことであって、実のところはより一層社会の本質的関係に根ざした存在である。交通というのは社会の特徴を実体的に表わしていく現象であって、そこに当の社会の権利構造の具体的特性が反映されてくる。その意味において、権利条件としての交通権がどのような水準、形態で認められているかは重要な社会的指標といわなければならない。

　以上のことを考慮して交通権の概念を整理すれば次のようになろう。すなわち、交通権とは、人間社会の各発展段階において歴史的に規定される価値実現過程の自由度を実体的に規律する基礎的社会規範である。

II　交通権の実現

　如上のように定義される交通権が現実の社会においてどのような形態、水準で実現されるかという問題である。

　第1のポイントは、交通権がその社会で如何ような形で、認識されているかということである。上記の定義にもかかわらず交通権に対するとらえ方は必ずしも一様ではない。「歴史的」に規定されるというとおり時代、地域によって異なるばかりでなく、また人権という立場から一面で人の移動、旅客交通に強く傾斜した理解がなされているといえるかも知れない。むろん交通権は単に旅客交通のみが対象になっているわけではなく、さまざまな交通の自由を得るための基礎としての人格への属性として位置づけられたものである。自然界における非生存性に対抗する第一の積極的な手段という意味では生得の能力として有しつつも、より進んだ生存性を得るための社会形成という過程で交通権は別に社会から強く規制を受けることとなった。要するに交通権とはその両性を持った自然権的、社会権的存在に他ならない。このことが交通権問題が極めて実体論的課題であるにもかかわらず、本質論に関わって抽象性を帯びる理由にも

なっている。しかし、交通権が生存性をより高度に達成するための意図に発している以上、制度上、明確な形で成文化されているか否かにかかわらず、一定の規範性をもって実体化されていることは間違いない。

　第2は、かような基礎的な規範を如何にして交通関係の中に整合的に有為化させていくかの問題である。

　既に明らかなように、交通権は概念上の如何に関わりなく社会を権利構造論的に分析する場合には必ず認識されていなければならない第一次的規範として、交通諸関係を規律する法規、慣行等、社会的諸制度の中に具体的に反映されていかねばならない。それは権利であると同時に、それが目的とする価値実現の自由度を可及的、効果的に促進するというテーマに即して、有機的に秩序化された持続的成長性を醸成する規範として実体化されることが必要である。

　第3は、交通権が当該社会の権利としてどのような範囲、形態を認識対象としているかという問題である。これは各成員に関わる交通需要条件下に供給される交通サービスの評価に結びつく問題でもある。が、より包括的に交通の自由度という観点から、「移動の自由」と「移動できることの自由」という点で論じられることが多い。

1　移動の自由

　交通権はまず第一に、場所的移動の社会的関係における自由度の問題として取り上げられる。「移動できることの自由」は、これを前提として行われるより具体的な交通の実現性を対象とする。ここに移動の自由とは、交通権によって保障される場所、時間の両因子に規定される位置変化の自由に関する社会的関係を指す。一般にある個別主体の移動の自由を拘束する条件は、（a）それが他の個別主体に不利益をもたらす場合、（b）当該個別主体の自由に委ねることがかえって自身の不利益を招くと判断される社会的意思が働く場合、（c）特定の個別主体、集団の利益のために他の成員の自由な移動を不適切とする場合、（d）社会全体の総和の利益実現の上で望ましくないとされる条件のある場合、等々が挙げられる。

　今日の市民社会的条件の下では、（a）に強く傾斜しており、（c）は排除の

意思が強く働いている。個別主体相互の権利を侵さない範囲で可及的に自由の論理が認められるべきであるとする思潮の中で、時には（ｂ）、（ｄ）の条件も消極的にしか受け入れられないという考え方も出てくる。交通権は「自由」の歴史的展開の中で最も現実的な利害に直結する権利として、社会の自由度を測る指標としての意味も持っている。

移動の自由は社会の成員個別の行動条件を保障するものとして、価値実現過程である交通の自由度に実行性を与える基礎となる。

2　移動できることの自由

交通権がどのような水準で実現されるかは「移動の自由」を前提とした現実の場における「移動できることの自由」の度合によって決まる。これが権利として認識されていく場合、それを保障し実現する社会的システムの形成に対する要請は飛躍的に高まる。

移動の自由としての交通権が、移動ができるという現実条件を必ずしも保障しているわけではなく、その実行は種々の多様な形態で行われる概念として存在するのに対し、移動できることの自由を権利として認めることは社会自身が著しく現実的な賦課を負うことになる。権利を充足するための少なくともソーシャル・ミニマムな交通条件が保障されるための、社会的基礎システムは整備されなければならない。(5)むろんそれは社会の成員全体が関係してくるものであるから、特定の機関にのみ負わされた役割とされるべきものではない。しかし、現実に効果的なシステムを形成するためには中心的に機能管理の行える組織が不可欠で、公的機関の果たす役割は大きい。殊に公共財水準での供給が必要な生産要素あるいは交通サービスといったものについては、主導的にその役割を果たさねばならない。

移動できることの自由のレベルで交通権を実現することは、単に社会の体制的合意としての抽象性を越えて技術的、経済的能力という現実の課題に強く規制されている。この能力の範囲を越えて権利の実現はあり得ないけれども、それらを如何により合目的に機能させるかの考案は努力されねばならない。今日の社会で最も期待され、現に努められているのはその方向であるといってよい。

しかし、依然として交通権の本質が個別成員の基本的権利であるという本源に帰るとき、権利の保障が社会全体の体制方向であると共に、それによって得る収益の帰する個別主体の果たすべき参加責務は小さくない。交通の本質である価値実現の実体過程とは、社会の成員である個別主体の自由の実行限界として、交通権は自由意思の現実化への対処に多様な形態と役割の存在が主張された権利であることを大きく特徴としているといわねばならない。

Ⅲ　交通権と公共性課題

交通における公共性の問題は交通権を基礎にした基準であり課題である。既に明らかなように、交通権は価値実現過程の様態あるいは自由度を規定する私権性に強く傾斜した存在としてあることである。したがって、それが公共性の領域で論じられるためには幾つかの前提条件が必要である。私権が社会全体を個別に現実規制する範囲は限られており、少なくとも公共性基準はその範囲を越えた領域ならびに共通の私権領域における課題の合意に基づく組織化でなければならない。と同時にまた、公共性基準が個別主体の自身の負担に基づく交通を大きく規制するような存在に発展することは、忌避される社会関係にあることも見逃してはならない。その間に位置してしかも技術的条件、負担能力、社会的費用の負担、交通領域の制度的条件、等々の制約が勘案されていなければならない。そして公共性課題は交通権を基礎にしてその重要な部分に応ずるものであっても、そのすべてに対応するわけのものでないことは改めていうまでもない。

交通過程の大半は極めて個別私的性の高い交通の下で実施されているわけで、交通権が優れてその延長線上に意義づけられた存在である以上、公共性基準もその領域を越えることはない。むろん交通権が社会の歴史的変化の中で相対的に位置づけられるものであってみれば、公共性下に配される領域に幅があることはいうまでもない。そして公共性が市民社会を土壌とした概念である以上、私権としての交通権を大きく制約する存在であり得るわけにはいかない。

私権の領域では達成し得ないか、また困難であったり望ましくないといった

第7章 交通と公共性―公共性基準の問題―

条件下で共通の利害を公共性の中に処方を見出そうとする方向性の中での議論に他ならない。

第3節 公共交通システムと私的交通システム

　公共性課題に対処する実際の交通システムの構築はその課題における相対性の中で特定の機関に截然と委ね分けることが難しい。公共性基準はそれに一定の判別指標を与えるがそれ自体，社会での認識差に委ねられている。

I 公共交通システムの役割分担

　公共交通システムの中で組織された交通機関が、公共性課題に直接かつ専門的に従事する役割を担うことは論を待たない。それが公的機関によって管理・運営されているか、民間事業として行われているか、あるいは公私混合の形態で経営されているかは二次的問題である。「公共の利益（public interests）」に応じたシステムの中に組み込まれている限り、この目的に合致している。(6)

　まず第1に、この課題に対して最も一般的な形態として認識されているのは、所謂、公共交通機関と呼ばれているものである。交通サービスを生産・供給するという最も直接的に交通需要に応じた形で公共性課題に対処している存在である。コモン・キャリア（common carrier）あるいはパブリック・キャリア（public carrier）といういい方の中で最も適合的に表現されるこの種の交通機関は、不特定多数の交通需要者を対象として、一定の条件の下に、交通サービスを専門に供給する事業形態を採るものを指している。「不特定多数」の需要者を対象としてるところにコモン、パブリックの意味が表象されている。そして、それに応ずる諸条件を要求されていることによって「公共の利益」が保障された形態ということになる。公共事業としてあるいは公益企業の形で行われて、今日最も一般的な交通機関の一つになっていることは周知のとおりである。

　さらに競争市場下に参入してさまざまな形で交通需要に応じている私企業

も、需要者が固定されていない限り一定の範囲で、「公共」の場に展開している交通機関としての役割を担っている。特別の場合を除けば経営形態において固定的なものである必要はないけれども、不可欠の基礎的需要に対応している機関である以上、公共性という課題に直接、間接に隣接した社会的位置にあるということである。そして、安定的で秩序ある交通システムの存在は社会の持続的発展に不可欠の条件であるから、それを維持するためには適切な規範と公権力の主導力を必要としていることはいうまでもない。

第2に、公共交通機関という概念の理解について。今日、その機能、役割をより明確にして公共性課題の達成システムの理論化を図ろうという傾向が強く出てきている。特に公共経済学の成長はこの分野の理論的根拠の明確化と分担の問題を強く提議して、他の諸分野との関係を整合的に位置づける上で貴重な成果を上げつつある。(7) 公共性課題が公的機関によって果たされる業務分野であるという考え方は、少なくとも払拭されつつあるし、また社会構造に応じて公共性の領域が状況相対的に変化する存在であるという認識も深まっている。

公共交通システムが、不特定多数の需要者を対象とする、所謂、公共交通機関の任務領域以上の範囲にわたる役割を担っていること、そして公共性基準に照らして種々の段階があることは度々指摘してきたとおりである。重要なことは、この課題は単に交通サービス自体を直接に扱う段階の問題として以上に、社会全体として交通条件が効果的に高まるような方向で寄与することに要点があることである。その意味で公共性課題への対応は、特定部門の役割に偏った手法ではなく、機能的、経営的それぞれにより適合的に参加できる形の総合的な社会システムとしての接近が必要なのである。交通サービスにおける即時財としての性質は需要との関係が経営構造に直結され、また、それが需要条件を強く規制するという相互関係を避け得なくしている。したがって、生産・供給構造が固定的かつ包括的であると交通過程すなわち価値実現過程の態様に大きく制約が出てくる。より弾力的で自由度の高い選択のためには、多様な交通サービスの生産・供給が可能な柔軟なシステム編成の構造体系が必要なのである。その意味では交通サービス生産要素の供給構造領域により広い選択の幅が

第7章　交通と公共性―公共性基準の問題―

あるといえよう。

　交通における公共性の問題に関連して挙げられる課題の一つが独占、就中、自然独占の問題であることは周知のとおりである。技術的不可分性の中に大規模な投資を必要とする要素部分がある以上、こうした供給構造の発生は避け難く、しかも公共性の高さにおいては他のシステムに委ねることは好ましくないという条件にあれば、公共性の高い機関に経営を依存せざるを得ない。しかし、それは交通サービスを生産・供給する事業の中に直接、投資して同置しなければならないというわけではない。その要素特性に引かれて交通事業全体が非弾力的な経営構造になることは好ましいことではない。むしろそうした要素部分は公共性の高い部門として経営・管理する独立の事業として行われることの方が望ましい。交通事業にあっては即時財生産・供給の上から常に需要発生時に合わせた生産要素の準備経営を必要としている。収益性、生産性の点からは要素投資の軽量化が効果的であり、むしろ要素別市場の中で可及的に効率的な運用を図って不使用能力の縮減を通じ経営の合理化を促進することは投資のインセンティヴを高める。かのような生産・供給側面からの経営的要請は、交通市場の分解・重層化を促進し、生産要素市場の発達という形で新たな市場展開を促してきていることは既に指摘してきたとおりである。生産要素別経営という形の中に経営形態の選択幅を広げるという機会を見出そうとしているのである。これによって交通事業における特有の経営的課題の幾つかは軽減されていく。

　交通における公共性課題はこの生産・供給構造の変化の中で、より広い対応能力の可能性を展望し始めている。市場の失敗領域の代表的な事例として挙げられてきた交通事業が市場化を可能にする方向性を見出してきたことはその一つであり、市場メカニズムの中により効率的な社会的要請に応じ得る新たな形の公共性の高い交通システムの構築が展望されているということでもある。

Ⅱ　私的交通システムの役割

　公共性課題を可及的に達成する手段として、その第一に公共交通機関ならび

にそれに準ずる組織、機関が挙げられるのは当然のこととしても、日常、さまざまな形で発生するこの領域での諸交通需要に対する手立てとしては決して十分なものではない。これら需要の個別諸条件に即時的に対応できる交通システムの形成は、「不特定多数の需要者」に応じた一般の公共交通機関では困難な場合が多い。公共性課題とはそうした特定・特殊の交通機関だけでは対処し切れないより広い範囲の問題を抱えている。当然、幅広い領域の交通手段がこの課題に参与する総合度の高いシステムの編成が必要になってくる。

　ここに私的交通システムが公共性課題に関与する意味がある。

　交通は一連の価値実現過程を担うものとして、始・末端需要においては必ず個別化が生ずる。この大半は私的交通システムに頼らざるを得ず、公共性課題といえどもこの現実から無縁ではあり得ない。しかも、それらの交通需要が著しく個別的かつ多様であることは、不特定多数という需要を対象にして主に量的供給の中に一定の経営合理性を求めている公共交通機関が不得手とする領域に他ならない。いい換えれば公共性課題もこの部分においては他のシステムとの間に補完依存しなければ完成されない課題であるということである。また逆に個別自由な判断の下に価値実現の追求が認められている社会であるとはいえ、それが有機的に結合されたネットワークの中で実体化されている以上、公共性課題は個別成員の社会的責務としても一定の分担任務を負うている。

　第1に、公共性課題の最も基本的な目的として、自己の交通需要以外の第三者の交通需要に対し、利益を目的とすることなくかつ付帯的な拘束条件なしに交通サービスを供給することを通じて極めて一般的な形で基本的な公共性課題に参与するという場合である。最も自由度の高い参加形態ながら、私的交通システムを公共交通システムの中に制度的に位置づけて一般化することにより、最大限に効果を引き出し得る組織化である。有償・無償の問題、安全性、私的交通システム自身のこの課題における選択の自由度の問題など、それに伴って解決、整理しなければならない課題は少なくないが、交通における公共性の問題に日常的に結びついた形態として社会的意義は大きい。

　第2は、私的交通システム以外に交通手段を見出し得ない条件下での役割で

第 7 章　交通と公共性─公共性基準の問題─

ある。代替的手段が皆無の私的交通システムが明確な形で参与していく形態である。他に当レベルの手段が見出し得ない状況下で、その役割は著しく直接的で、時には義務的でさえあり得る。しかし、私的システムをこうした形で公共交通システムの中に組み込むことは、その社会の私権との調整に制度的に合意の意思決定システムが適切に作動していなければならない。明らかに公共性課題に対し、公共交通機関の補助機関として端末需要に対処しようとしている。

すべての私的システムに共通に当てはまるケースでないだけに公共使用による一定の補償問題も出てくる。私権を重視する社会にあって公・私分離方式が一般化している中で無償の形態を期待することは困難であり、ここでの本来の目的を達し得ない。こうした状況下では私的な交渉を通じて行うことは当然あり得るわけで、そうした場合に生ずる問題を公共性の中に組織化して解決していこうとするものである。

第 3 は、何らかの特殊状況下における私的交通システムの公共性課題への組織化である。これは通常の社会状態であれば生じない交通サービスの需給関係に応ずべく公共目的に供用する形態である。安全保障上の問題、事件、事故、災害時といった、所謂、有事発生下での課題で、平時における社会的諸関係が維持され難い状況が発生する。収用、徴用あるいは協力の義務といった形で制度的に明確な組織化の手続きが周知されていなければならない。

第 4 に、交通においては公共性課題が私的システムにまで至って組織化されたものでなければ十分達成し得ないことは既に明らかなところである。他の諸分野と異なり交通の基礎性と連続性がこの有機性を必要とさせている。しかも交通過程の大半は私的交通システムを経なければ実現できないし、またそれが自由度の高い交通システム実現の上からも一層進められることは間違いない。いい換えれば、改めて公共性課題の中に私的交通システムを組み込むという議論をしなければならないこと自体、交通の本質からすれば問題があるのである。

一連の交通過程の中で公共性基準、市場メカニズム、私的システムそのいずれもが軽重の差があるわけではない。それぞれがある部分の交通需要に対応したシステムとして、より効果的な選択が行われるための基軸選択肢に他ならな

いのである。その意味において、公共交通機関も私的システムとの同期性を軽視してはならないし、また私的システムも公共性課題に一翼を担わなければ社会の有機的な持続的発展は望めない。ここに交通の基本的特性がある。それを社会全体として認識すると共に、認知し得る組織、制度、システムの熟成が必要なのである。

注
(1) 清水義汎編著『交通の現代的課題』白桃書房, 昭和63年, p.10. 同『交通政策と公共性』日本評論社, 1992年, pp.9～14.
(2) 細田繁雄「交通におけるナショナル・ミニマム問題」,『運輸と経済』第31巻, 第11号, 1971年11月, pp.6～13.
(3) Michalski, W., *Glundlegung eines Operationalen Konzepts der "Social Costs"*, 1965, 尾上久雄・飯尾要訳『社会的費用論』日本評論社, 1969年. Kapp, K.W., *The Social Costs of Private Enterprise*, 1950, 篠原泰三訳『私的企業と社会的費用』岩波書店, 1959年. 同, *Environmental Disruption and Social Costs*, 1975, 柴田徳衛・鈴木正俊訳『環境破壊と社会的費用』岩波書店, 1975年. 宇沢弘文『自動車の社会的費用』岩波書店, 1974年, Ⅲ. 中島勇次「道路と鉄道をめぐる社会的費用の問題」,『運輸と経済』第32巻第3号, 1972年3月, pp.25～33. 真島和男「交通の社会的費用に関するノート」,『同』, pp.34～43. 尾上久雄「環境容量と社会的費用」, 日本交通学会『交通学研究』1973年研究年報, 1973年11月, pp.33～45.
(4) 交通権学会編『交通権』日本経済評論社, 1986年, 第2章. 松尾光芳「交通権への接近」, 清水義汎編著『交通の現代的課題』, 第2章. 池田博行・松尾光芳編著『現代交通論』税務経理協会, 平成6年, Ⅲ, 終章.
(5) 衛藤卓也「交通弱者への政策論的接近」, 日本交通学会『交通学研究』1980年研究年報, 第24号, 1981年3月, pp.79～92.
(6) 前田義信『交通経済要論』晃洋書房, 1988年, pp.42～43.
(7) 奥野信宏『公共経済』東洋経済新報社, 1988年, 第1,2章. 常木淳『公共経済学』新世社, 1990年. 奥野正寛・篠原総一・金本良嗣編『交通政策の経済学』

第 7 章　交通と公共性―公共性基準の問題―

日本経済新聞社, 1989年. 山田浩之「交通サービスの公共性―公共経済学的アプローチ―」, 日本交通学会『交通学研究』1979年研究年報, 第23号, 1979年10月, pp.109〜123.

第8章　地域と交通

第1節　社会活動の地域性

I　地域と社会形成

　人間社会の活動はすべてが何らかの形で地域という場に展開する。地域は地理的関係において既に位相を異にするものとして社会現象に固有性を育む基礎でもある。場所因子、時間因子とは交通条件を規定する基礎因子に他ならないが、それが空間的に固定される現象場として地域が存在する。交通はそこに活性を与える要件である現実的機能として働く。社会を形成する個別主体ならびに諸資源はこの地域の場所的、時間的条件の中で実体化されているという事実の中にあらゆる問題に特殊性が顕われてくる。正しく地域の問題はこの固有性を認識することから始められなければならない。しかし、地域は空間的に制約された社会条件である以上、その能力において一定の限界があり地域間関係の中に補完的条件を充足する意思が多くの場合に成長要件を構成するといってよい。そして地域社会それ自体の活性と地域間関係形成の基礎が交通条件に依存していることがここでのポイントになる。

　一般に地域社会を論ずる場合、まずそれを形成する諸因子の地理的、歴史的分析が基本的手法として行われる。それらの因子が固有の空間条件の中で展開する動態的な様相を観ることによって、各因子が持つ社会的特性を検証する機会を得ることが期待されているからである。その意味で地域社会とは正に社会が持つ諸因子の現象場であり現象そのものであるといってさしつかえない。そして、地域社会の構造は現実の価値実現システムを示すものとして、交通過程

の地域固有性を実体化している存在であるといえる。交通は地域社会の単なる付帯現象ではない。こうした点から交通の役割を再確認するという意味から、地域という空間における社会の実体性に検証の場を求めるということは、交通の実証的アプローチを発展させる上で不可欠のことである。

　文明史が立証するように地域社会の形成は、交通手段の存在が如何に重要かを明らかにしている。より正確にいえば価値実現の実体過程である交通を実施する手段が存在しない限り、地域社会の成長はあり得ない。古代文明史が、あるいは開発のフロンティア史が如実に示すように、地域が交通機関の発達によって如何に変貌するか、そして地域社会が正にその成果そのものに他ならないことが極めて原初的に表現されている。地域社会の成長と共に交通システムは内部化して有機的機能を果たし続ける。そして、そのある部分が現象的に地域交通の姿を代表して展開する。今日、盛んに議論の対象となっている都市交通の問題などは、その典型的な事例である。

　地域社会とは交通条件の変化に基礎づけられた価値実現行動の歴史的集積の上に成立する価値実現システムの複合体に他ならない。それ故にこそ、地域社会はそれぞれ固有の特性を帯びた実体として存在しているということになる。[1]

Ⅱ　分析視点

　既に指摘してきたように、社会のあらゆる現象は地域という空間場に展開され、地域社会の分析とは、結局、この場所と時間の中に社会の諸機能がどのような展開を示していくかの検証にある。そして、それは基礎的には交通過程という形で実体化する現象場としての理解の上に立たねばならない。

　第1に、地域社会は交通過程における結節機能要素の集積する場に形成される社会として、その立地性が最も重要な分析指標になる。一般に立地の決定は交通の原始的機能を立証する行動として、いずれの場合もその第一次的因子は交通条件を基本にしている。古くは文明発祥の地において明瞭にこのことを立証しているが、むろん、それによって実現される価値実現対象の賦存条件との結合的な関係において選択されることはいうまでもない。

第2に、地域社会の分析はそこで展開される価値実現諸要素の特徴を明らかにすることが中心課題になる。その場合、因子分析を通じた機能論的結論を導き出すことは有効な手法である。例えば都市の評価において所謂、集積の利益（merit of agglomeration, economies of concentration）といったとらえ方をするのも、そうした分析手法から導出されてきたものに他ならない。[2]この方法は要素機能の分析に主眼が置かれて、交通過程も独立の機関機能接近的分析になる傾向が強いことは周知のとおりである。地域交通というとらえ方自身がそうした見方に傾斜した概念として理解されていることが多い。しかし、地域社会における交通分析はその地域における価値実現の実体的能力とそのシステムがどのように組織化されているかを総合的に析出し、一層の改善、持続的な成長に、より優れた処方箋を策案することが期待されている。
　第3に、地域社会は価値実現能力の質、量によって決定される限界域に規定された空間構造を成していることに注視しなければならない。それは各種因子とそれを結合するネットワーク形成の能力ならびにそれを有機化する交通の能力に依存し、社会活動の容力を実体的に明らかにする行程でもある。
　第4に、地域はグローバルな視点において、資源分布の地理的、地形的、その他自然的諸条件によって差別化される存在である。所与の第一次的制約条件として地域社会に固有性を与える基礎であるが、社会形成における人為の類似性が歴史的集積の中でその鮮明さを弱めさせる現象のあることも否定できない。分析にあたってはこの基礎的条件の認識を軽視してはならない。
　そして、地域社会はこうした諸因子の展開と、それらによって生み出される社会特性の時間的蓄積という歴史性の中でそれぞれ独自の生活空間を構成している。
　第5に、地域社会はその発展過程で他の地域社会との間に結合関係をもつ段階を経る。それは正しく地域の固有性に新たに他の地域社会の特性が混入して新しい社会構造へシフトする過程である。そして、それは交通過程の地域間化を通じて価値実現システムに地域間分業の構造が組み込まれていくことを意味している。交通条件が改めて地域社会の中に占める地位を鮮明に評価される場

第8章　地域と交通

面である。そのインフラストラクチュアとしての機能は地域社会の展開方向を強く規定していることを認識させる。分析の上で重要な視点である。

Ⅲ　立地の選択

地域社会の形成はまず第一に立地の選定に始まる。これはその社会がどのような機能因子をもって成立しているかの基礎構造を明らかにする機会を与えることにもなる。[3]立地を決定する因子を分類すれば、資源因子、環境因子、社会関係因子、交通因子、費用因子の5因子に概略整理される。地域を対象とした学問分野で研究されている手法がこれら諸因子の評価および相互関係を軸にした分析であり、理論形成になっていることは周知のとおりである。科学的分析の方法として当然の手法であり、多くの成果を得ている一方、この機能論的因子分析の手法が地域社会全体の有機的動態性を巨視的に把握する目的には必ずしも十分な方法でないことも理解しておく必要がある。しかし、地域の固有性を主唱するにしても、その特性を明らかにするためにはどうしても因子別分析の手法が不可欠である。殊に立地選定への意思決定を行うプロセスにおいては最も手堅い論理手法を提供しているといってよい。

1　資源因子

立地選定において最も重視され文明史上の原点であり、経済社会発展を大きく規定するのはこの資源条件である。ここにおいて資源とはその時代それぞれに有用化されるあらゆる種類の対象が加わる。最も原始的な形態は自然資源であることはいうまでもないが、産業、経済の発達と共に二次的、三次的に生み出される加工資源が大きな地位を占めてくる。それらの物的資源は産業、経済の成長に不可欠の要素であるが、それを利用して地域社会の発展を促すためには有能な労働力資源が必要である。人的資源は社会の構成員として同時に立地選定の主体者であるが、地域社会に特殊性が現れる理由の最も重要な要素として存在する。生産要素としては労働の能力に焦点が合わされ生産性を大きく規定する。所謂、労働指向型立地の選定は人件費比較競争と共に最も重要な指標になっていることは周知のとおりである。これは交通条件、居住環境の変化に

217

よって変わるかなり弾力的な存在ではある。第3の資源は知的資源、より広くいえば情報資源、これが挙げられる。情報交通システムの発達によって情報の地域閉鎖性は着実に緩和され、殊に情報化社会が主唱される今日、情報資源の地域間流通は著しい。しかし、歴史的にはむろんのこと今日においても依然として一定の地域的偏在は避けられず、殊に集積性という点ではどうしても大都市圏に集中する。が、メディア、伝達性の向上と共に、最も移動経済性の高い資源としてグローバルな情報の共有化の到来が期待されている。情報集積の利益は資源条件の中で最も重要な立地選択要素の一つになっていることは疑う余地がない。

2　環境因子

立地に関わる最も基礎的な要素は自然条件など原始的要素を含む環境因子である。生活条件、産業成長条件などあらゆる意味において環境因子は立地選定上の第一次指標である。資源の分布、人口の偏在、産業・経済の地域間格差、等々、環境因子によって規定されるさまざまな現象は、立地選定における最も重要な現実指標であるといってよい。環境因子は自然条件を基礎にしながらも、人類史の発展過程の中で人為的要素が大きく地位を占めてきた。今日、環境問題として地球物理学的な領域にまで影響を及ぼす程の人為的課題に直面していることは、環境因子の中に反映される外部性の問題が問いかけられているということでもある。

3　社会関係因子

社会関係が立地選定の因子として働くのは体制、制度、慣行、慣習、文化、等々、多岐にわたるが、地域社会の歴史に規定された経験主義的要素として、評価に抽象性が伴うのは避けられない。そして、現実の社会生活の場で最も直接的かつ日常的に規制力を示す因子として地域社会を特徴づけている。地域社会の比較分析の中で最も多角的な分析を必要とする側面である。大都市における場合のように多彩な社会的因子が集積して巨大な総合力を示している場合、また、ある特徴的な因子、例えば宗教、景観、産業、政治、軍事といったような要素に強く傾斜した形で存在している場合など、その種類は多様である。国

第8章　地域と交通

際関係では人種、民族なども加わって極めて難しい判断をせまられる因子でもある。

4　交通因子

地域が社会活動の場として展開するための行動手段として、他の諸因子を価値実現過程の中に結びつけていくための不可欠の因子である、立地選択にあたって交通因子は意思決定の最終条件として存在する。立地論の中で交通因子は他の諸因子との関係において、地域における価値実現の実体的能力と自由度を規定する。各地域は地理的に位相を持つ空間条件の中で他に相違する諸条件下にあるにもかかわらず、それぞれが立地選択の対象となって社会が成立し得る理由の要点は、正に交通因子の実体化能力に大きく幅があるからである。地域社会にとって各因子は交通因子との間に関数関係を成立させているということである。

一般に立地論において交通因子の問題は交通費用に力点が置かれていることが多い[4]。他の事情にして等しい限り、立地条件は交通費に反比例するという論理公式である。立地論における最も基本的な関係式であり、地域社会形成に明瞭な外縁規定を与える論理枠ともなっている。しかし交通の本質からすれば費用は評価の一指標であって、しかもそれが常に最優先の指標として意識されているというわけではないということ、それよりもはるかに実行能力に強くウエイトが掛けられた因子であるということである。立地選定にあって交通因子の位置づけは、交通需要条件と負担力に応じた交通の自由度に対する意思に力点が置かれているといわねばならない。

5　費用因子

他のすべての因子において費用因子はその限界を規定し、選択における抑制因子として働く。立地の選定、地域社会の諸現象にあっては、そこに投じられる財・サービスを機会費用として、それとの比較優位、費用・便益（効果）の分析が何らかの形で行われていることは論を待たない。少なくとも地域社会全体の総和という巨視的評価の上では、それが成長条件を規定している。前記の交通因子における費用にしても機能面がより重視されることは述べたが、それ

は費用評価が著しく相対的な位置づけにあることを指摘したわけで、限界規定の評価指標の地位を否定しているわけではない。まして利益追求を目的とした事業の立地選定にあたっては最も重要な決定因子であることはいうまでもない。地域間分業を越えて地域間競争、殊に国際的な競争市場では立地選択とは費用のより低廉な地域の選定競争といった感さえある時代でもある。交通条件が高度に高まるにしたがって、費用因子における比較優位の評価はより大きな意味を持ってくるといわねばならない。

地域社会の中心課題の一つが地域経済という領域にある以上、立地論に経済学的理論化の要請が強く出てくるのは当然のこととして、そこではこの費用因子を指標とする費用最小化指向性という立地選択の尺度が強く前面に出てくることになる。

第2節　地域社会の形成と交通

I　交通に対する地域的認識

地域社会の形成にとって交通があらゆる意味において基礎条件を成していることは、もはや、自明の理である。このことは多くの場で論じられ、また理論的にも経験的にも周知のところである。その故に地域社会の分析、問題を扱う者にとって交通に対する認識は決して小さいものではない。しかし、同時に地域社会における最大の課題の一つが交通およびそれに関連した問題として存在している事実を直視しておく必要がある。交通条件と価値実現形態の多様性の間に乖離が生じ、多くの場合、結果対処療法的に問題に取り組むという状態になっている。交通過程の多くの部分がさまざまな構成体の中で行われており、現象が顕著な交通部分に焦点が合わされてきた認識経験にも原因している。いずれにしても地域という場が個別成員の諸関係の連続的ネットワーク化を通じて有機化された価値実現体系としてあることを考えれば、交通体系に対する認識はより本質的であらねばならない。そこにこそ集積の利益が効果的に作動し、

第8章 地域と交通

地域社会成長へのインセンティヴが生ずる。

　第2に、地域社会形成の基礎として交通システム構築のためには多くの要素投資を必要とするが、これは社会的基礎施設としての社会資本の形成という公共性の高い投資から、個別成員の私的な投資まで幅広くこの視野の中に入っている。それらは最も基本的な社会的課題として整合的な基準の整理が必要である。

　第3に、地域社会は多様な要請をさまざまな能力を有する諸機能を有機的に集積立地させることによって持続的展開を可能にしている。それらが効果的に組織され成長への展望を描写するためには、交通システムの形成もその方向で処方されねばならない。その意味で地域社会は一定の規制された交通システムの調整選択を行わねばならない。所謂、交通需要管理（Transportation Demand Management）の問題が地域社会政策の中でクローズアップされてくる所以である。具体的な社会生活そのものの中での政策課題として地域社会を大きく規制していく側面である。

　第4に、地域社会はさまざまな価値実現の過程で同時に負の現象も発生させる。混雑問題、外部不経済、社会的費用など社会機構の欠陥による不整合の発生、さらには自然環境サイクルとの非同調性がもたらすグローバルな諸課題、等々。そして社会関係自身の諸問題を調整していくための諸規範の必要性、これらを視野に入れた対策を必要とする。

　第5に、地域社会は単なる人的集合ではなく、それを規定する時代の体制が一定の方向性を与え、それを軸にして価値実現体系の骨格が組織立てられていくのが一般である。地域の交通システムがこれに実体性を与えるわけで、当然、そうした社会関係を強く反映した体系になる。しかし、地域社会はより微視的な領域にまで交通過程が連鎖することによって成り立っており、そこでは多様な価値判断が現実を規定し、正に私的交通システムの領域が軸になって展開している一連の交通過程のある段階で、基軸の重点が相対遷移して地域社会の複合性を実現しているのである。基軸位相間の連鎖有機性が高まることは、地域社会の価値実現循環体系の効率性を高めることに結びつく。交通システムの発

達とはその方向で順行している場合の状況を指している。集積、分業、規模、専門化、多角化、ネットワーク化、等々さまざまな組織化、システム化を通じて工夫される「経済性」の効果的な実現のポイントもここにある。そしてさらに、情報交通の発達が大きく情報・情報化の経済（economy of informationization）を引き起こしつつある今日の動きは基軸位相間の同期性をより高め、地域社会に新たな価値実現体系を形成する機会を準備しているといえよう。

II　ネットワーク化と集積効果

地域社会は地理的空間に歴史的に蓄積された社会的諸要素、成員がその価値を実効化するためのネットワーク機能が有機的に形成された装置として存在している。この機能システムの中で直接、間接に投じられた資源の有効利用が促進されるという関係が持続的に展開することによって、地域というものが社会形成上、大きく存在意義を明らかにしてくる。正に地域社会はかようなネットワークの多重な連鎖構造の中に結合、組織化された諸要素のメリットが集積して成長へのインセンティヴを与えている有機体であるといってよい。そして、このネットワークを実体的に機能させるシステムとして交通体系の役割が位置づけられている。

整理していえば、地域社会とはこうした広義の意味でのネットワーク社会として、それを実現する交通システムの形成が価値実現過程を実体化し、集積の利益を追求することを動因とする歴史的に規定された有機的組織であるということができる。

III　交通投資と地域社会の成長

地域を場にその成員と資源・諸要素が展開する社会をして、それを有機的にネットワーク化し集積の利益を効果的に創出するためには多くの対処すべき課題が存在する。交通投資はその中の最も重要な課題の一つである。[5]

この課題についてまず第1に整理しておかねばならないのは、この場合、交通投資は一連の交通過程が有機的に連鎖結合したシステムとして展開し得るよ

第8章　地域と交通

うな形で行われていくことが期待されるが、実際には一元化された組織的な投資形態が採られるのは一部でしかないということである。ある部分は公共施設として、ある部分は企業、個人等の個別投資がそれぞれの価値判断の下に部分部分を構成投資していくという形になっている。そして、それらは一般的には交通投資とは認識されない領域のものも含めて枝葉、端末に至る多様な投資形態を通じて複合的に行われている。今日的には、公共性基準、私的システム、市場メカニズムが基軸となって行われているということになるが、交通システムは歴史的に蓄積された諸投資の上に形成されていることは留意しておかねばならない。

　第2に、交通投資は交通サービス生産要素ならびに生産・供給システム形成のための投資としてさまざまな組み合わせの中で行われる。すべての要素、システムの投資をトータルに行い、独立に完結する交通機関の投資というのは軌道系の交通機関に見られるような場合を除くとむしろ例外的である。普通は部分要素、部分システムにそれぞれの資本力、目的に応じ、他の諸要素、システムとの結合を予定して行う部分投資型である。地域社会の交通投資はその集合から成っているわけで、それぞれが全体として有機的整合化が図られるように行われていくことが期待されている。その点を留意しながら次のような点を整理、理解しておく必要がある。

（1）交通投資は地域社会の価値実現体系の中に新たな行程を形成する行為に他ならない。投資の基準はしかし、前述の3基軸のいずれにあるかによって異なるし、また具体的な投資対象がどのような要素から成るかによってもその評価は著しく異なる。目的が公共性基準に沿うような投資であっても、それが直ちに公共投資の形を採るべきかは別の評価を必要とする。社会的基礎施設として要請されるような不可欠の要素部分であれば公共投資の対象となるのは当然としても、それが継続して公的機関によって運営されるべきかはまた別の問題なのである。

（2）交通投資が多くの場合、要素投資が中心であるということは、当該投資の対象要素が他の諸要素との間に結合的に交通サービス生産・供給シス

テムを構成できる条件が存在することを前提としている。即時財である交通サービスの生産は常に最小生産能力の要素に規制されて他の諸要素の不使用能力の発生を余儀なくさせる。交通投資が他に比して一層バランスのとれた形で行われることが必要な理由はここにある。殊に公共性の高い要素への大規模な公共投資事業が長期先行的な視野から行われる結果として非効率を指摘され、時には埋没費用化して社会的損失を招くことがあるのも交通投資の特徴といえる。

(3) 投資効果が基本的にある程度の不確実性を持つということは、交通投資に対する姿勢に一定のバイアスを与える。交通需要近接性を指標とする投資比重の序列化、要素別投資への分解促進、直接投資の抑制・分散、投下資本固定化の可及的排除、等々である。殊に競争下に直面している場合など、投資の効率化は最大の関心事でこうした傾向は特に強くなる。かような傾向は一方でシステム形成の中で個別需要対応能力を高める工夫の必要性を強める。需要の多様化、競争の激化の中で私的交通システムへの傾斜は一層強まる。投資の効率化とこの個別対応性の強化と一面で相反する動きに対して、それを有機的に接合して発展させる鍵は要素供給構造の活性化、就中、要素市場の成長、それらを的確に結合させるための情報化の促進、そしてそれらを通じた柔軟性の高いネットワーク機構の形成である(6)。

第3に、交通投資は地域社会に有機的なネットワーク・システムを形成するための基礎条件を形作るものとして、交通の自由度を高めることが第一の任務であるが、それらの投資が生み出す様々な波及効果が地域社会の成長に寄与することが少なくない。特に社会的基礎施設として大規模に行われる公共性の高い交通投資の効果は著しい。所謂、前方・後方連関効果 (forward, backward linkage effects) が乗数的に経済の活性を引き起こす相乗効果は地域経済の成長にとって決定的に重要である。持続的成長への動機を与えて経済の離陸 (take-off) をもたらす機会になることも珍しくない。市場の拡大、関連産業の成長、就中、経済成長の基盤となる金属、機械、燃料産業などの基幹産業発展

第8章 地域と交通

に大きな機会を与える莫大な域内需要をもたらすことの意味は大きい。

　歴史的に見れば、先進資本主義諸国における経済成長の過程で果たした鉄道建設投資の役割は余りにも劇的であった。所謂、鉄道型離陸経済と呼称される程に大規模な波及効果を生み出したが(7)、その場合、単に一部地域の問題としてではなく国民経済のレベルにおいて成長への主導力を示したことは、交通投資のインパクトが如何に大きく作動したかを示す著例として歴史に刻まれている。社会全体を大きく変革させるような規模での交通システムの変化は、新しい価値実現体系の形成基盤として大規模な長期にわたる投資を引き出し持続的な経済成長をもたらすという範式こそは、交通投資の正に本質を象徴している。

　道路、自動車交通への投資が20世紀の各国経済成長に果たしてきたもの、そして今日急速に進みつつある情報化社会での大規模な情報交通システムへの投資、これらはそのいずれもが地域社会の成長に決定的な役割を果たすことになる。

　第4に、地域社会はその成長過程で地域を越えた地域間社会関係へと発展していく。それは社会成員の意思、資源の状況に応じ異なることはいうまでもないが、地域社会が地域という地理的な制約を持っている以上、成長過程でこの問題にあたることは避けられない。歴史の示すところは、正にこの地域間社会関係の連続的発展の中に成長の鍵が見出されてきたことを立証している。それはまた改めて交通がその本質を明らかにする場面でもある。地域間社会関係の場では常に交通過程が顕著に現われてきて、交通システムが主導的にその展開を規定する。現実の関係がどのようなものになるかは別にして、それを実体化させる先行的な手段として交通投資は常にこの問題の最優先の課題であることは疑問の余地がない。それが大きく広がって国民経済、国際経済への領域に発展していく過程で政治的課題が結びつき複雑な社会関係が展開していくことは周知のとおりである。

　地域間社会関係は基本的には地域間分業という産業・経済関係を主軸とした社会関係を構築していく中で発展していく。それが均衡的に展開することはむしろ少なく不均等な発展過程の中に屈折した歴史を築いてきた。殊に資本主義

的な生産関係の中では国境を越えてグローバルに市場を求める商品流通への要求が強く、交通に対する投資が著しく積極的に進められてきたことはこの一・二世紀間の顕著な現象であった。地域交通以上に地域間交通はマクロ的な時代の様相を顕著に反映する。それは同時に新しい社会規範の成立を必要とするプロセスでもある。

第3節　地域社会と交通調整

I　地域社会の秩序パラダイム

　社会の諸現象はそれぞれの地域の歴史的蓄積の上に形成されてきた意思という優れて経験主義的規範の上に成立している。それは単に静態的な枠組としてあるわけではなく、常に変化する流動性を持った概念空間の現象としてある。このことはしかし、地域性という一定のまとまりを持つという秩序現象と矛盾するものではない。地域社会の秩序パラダイムというのはそうした枠内の論理であり個別地域的概念である。そして地域社会における交通調整という問題は価値実現の実体過程を規制する問題として、地域社会に育まれるパラダイムの動態を無視しては成り立たない。

　いい換えれば、調整という作業はその地域におけるパラダイムというフィルターを経て行われる行為であって、それは正しく社会を規律する規範の背景を成している。

　しかし、こうしたパラダイムはそれが具体的な形で表される過程は一様ではない。法制度の中に確固とした形で組織化され強制力を最大限に行使していく場合もあるし、地域社会の中に徐々に育まれた慣習、慣行という形を採って日常生活の中から共通の方向性を醸成させていくという場合もある。一般にはこれら幾つかの方法を組み合わせた処方を通じて交通システムの調整を図っていくことが多い。実際、すべての価値実現過程にまで入り込んでいる交通を調整することにおいては、即効を求め得るのは部分的なものにしか過ぎない。

第8章　地域と交通

　地域社会はネットワークの有機的な展開の中に集積の効果を生み出すことが期待されている組織ではあるが、それを秩序づけているパラダイムは一律一様に現象しているわけではない。それ自身が常に変化する存在であり、それが実体を規制していく関係は正に変化の中の秩序といった表現が適切である。その意味では、地域社会における様相は時間の変化の中で位相の異なる連続的なパラダイム構造が重層的に展開しているということができよう。価値観の多様化という時代の様相はこの重層化を一層促進させる。情報交通の発展がもたらす情報化社会とは、正しくそれが顕著に現れる社会であるといえよう。

II　交通調整システムの選択

　地域という場に展開する社会関係の中で交通調整を行う手法の選択は秩序パラダイムの認識と共に、現に物理的な諸条件をその中で規制していく作業が必要であり、一義的に決めることが難しい。先に示した公共性基準、私的システム、市場メカニズムとは今日の交通システム形成の基軸として存在しているが、それ自身は直ちに調整の処方を与えるものにはならない。むしろ、これらの基軸自身がバランスのとれた交通システム形成の組み合わせという調整を必要としているからである。しかも、それらは主として供給側面から整理、分類された類型であって、需要側面からこうした類型化は鮮明には行いにくい。基本的には、より自由度の高い価値実現能力を示す交通システムであれば良いという明快な一義性の中で選択が行われている。具体的には幾つかの交通サービス質評価の諸因子によって分析評価が行われていることは先に示してきたとおりである。そして重要なことは、交通サービスの生産・供給が常に需要と同時・同所的関係の中で行われるという需給一体性を避けることができないことである。いい換えれば生産・供給過程は不可避的に需要規制的関係にあるということになる。交通調整が供給側面からの処方に傾斜したとしても、実はこの関係から同時に需要調整の課題も対象に加わってくることになる。

　第1に、当該地域の現在の供給構造に即してどの程度システム別に需要配分を行うことが可能であるか。またその際には如何なる基準が必要か。

第2に、供給構造のシステム間調整およびシステム別比重の調整が行い得る条件が存在し得るか。

　第3に、地域社会は集積の効果の内に成長を指向している組織として、この判別式に照らして需給不均衡が生じた場合に何らかの調整を行う必要があるという社会的合意の選択が可能か。

　第4に、地域社会の意思決定システムが交通サービスの需給、殊に需要に対してどの程度にまで調整力を行使し得るか。

　第5に、その調整問題が当該地域内の独立した問題として発生しているのか、それとも何らかの形で地域間社会関係の中で生じている問題なのか。後者であった場合、各地域社会および相互の調整システムについてはどのようになっているのか。

等々、以上まずこれらの点が明らかにされていかねばならない。そして、この課題に対しては、何らかの秩序パラダイム認識が前提されていなければならないことは明白である。

　市民社会という今日、一般的な基礎を成している社会関係の下で最も強調されるのは、個別成員の権利を尊重しつつ、かつ社会全体としての厚生を最大化するには如何なる基準、手法が選択し得るかという命題である。これは経済関係の中で最も適合性を持って当てはめられるものとして、この種の課題に対し経済学が多大の貢献を示してきたことは周知のとおりである。今日、行われている選択もそうした成果に依拠するところが大きいが、それらも当該地域社会の幾つかの選択の一つであって、しかも歴史性の中で重層的に形成、蓄積されていく構成要素として存在していることはいうまでもない。そして、そこで提議されている資源の有効利用、市民社会での労働分配といった極めて共通合理性を持った指摘は、今日の社会形成上、最も重要な基準を成している。そうした観念の中で調整の為の具体的な基準の整備が行われていくことになる。先に示した公共性基準、私的システム、市場メカニズムといった交通システム形成の基軸にしても、それらの実際の組成化がこうした社会の意識下にあることは明白である。

しかし一方、交通過程が個別主体の意思に委ねられた私的システム下に規律される部分が、最も多岐にわたりかつ重要な原初的地位を占めていることを忘れてはならない。市民社会における交通体系とは、より一層この基軸が社会全体のシステムの中に有機的に組織化されることが基本的方向性としてあることを認識しておかねばならない。

Ⅲ　私的交通システムの位置づけ

　交通体系の調整が社会の秩序パラダイムを反映したものであり、しかもそれが個別主体の価値実現意思を主軸に置こうとする体制下にある以上、私的交通システムが最も基礎的な基軸として認知され、調整システムの中に整合的に位置づけられることが必要である。私的交通システムが社会の中に何らかのメリットを認めて参入している以上、それから独立に存在し得るわけにはいかない。

　成員相互の調整、個別的に集団的に、制度的、慣習・慣行的に秩序が維持された中でその位置づけが決まってくることは経験の示すところである。

　そこでの一つの基準は参入個別主体の価値実現行動が社会的厚生を悪化させないという枠組であり、当然、社会的費用は原因者によって補償され、かつそれが肥大化しないような合意を社会的意思として定式化すること、これである。その範囲内で個別私的交通システムの自由度と社会的結合を認知、組織化して自己調整力の中で価値判断を行っていくという関係になる。

　第2は、私的交通システムの自己調整力における他のシステム基軸との間の機能・比重調整の問題である。地域社会が発展し機能がより複雑、多様になり、さらに地域間社会関係が持続的成長の条件となるような段階になれば、個別私的交通システムの自己調整力の相対的低下、ならびに他のシステムとの有機性を高めるための複合調整機構の整備が緊要になってくる。それは私的交通システムの能力を高めるためにも必要な機能変化に他ならない。交通システムにとって最も重要な点は個別交通需要対応能力であって、私的交通システムの能力はその点において他に優れていることが基本的に明らかであり、複合調整機構の整備もそれを促進する方向で行われることが望ましいことはいうまでもな

い。言い換えれば、それは私的システムが他の基軸の中に一定の範囲で融合して、それぞれの機能メリットの強化に相互的に寄与する関係を高めるということになる。

　この私的システムにおける自己調整力の社会機能化について、まず公共性基準への接近。それは基本的には社会成員共通の必需に対応する要請にポイントがあるわけで、それを反映した形で私的交通システムに共通の要素を組み込んで社会的対応性を高めることに目標が置かれる。制度的条件、技術的条件における共通化の促進、管理システムの一元性の向上、社会的基礎施設への組織化、投資・費用の分担、これらを通じて一方では公共性課題に一定の貢献がなし得ることがあること、等々である。いずれの基軸に基づくシステムにしろ、連続性の条件下に価値実現過程を完結させるためには、どうしても基軸相互の結合、有機化の促進がなされなければ、その能力を向上させることはできない。システム間調整の必要性は正にここに原因している。

　公共性基準が社会の成員すべてに共通の課題を対象にしているのに対し、私的交通システムの個別性が調整適合する範囲は限られている、しかも、その関係は比較的安定した存在である。しかし、私的交通システムが社会の変化に対応して、その機能を向上させようとする意思ははるかにダイナミックな流動性を持っており極めて幅のある展開を示している。そしてでき得れば、経済性を高めたシステムへの改善が期待されていることはいうまでもない。こうした要求に効果的に対応する方法としては市場メカニズムを有効に利用することが一つの方法である。私的システムの個別需要対応性を損うことなく、また可能であればそれをより促進する形で市場を通じて交通サービスならびに交通サービス生産要素の供給を受けることは、関係市場が着実に拡大している中で効果的に経済性を高めつつ交通サービス需要の充足幅を広げる有効な選択肢である。

　市場は私的交通システム形成に多様な選択肢を与える機会の場であると共に、資源の有効利用という巨視的合理性を追求する上で最も現実的能力を持ったメカニズムである。その意味ではこの機能を交通過程の中に組み込んで、かつ私的交通システムの能力を高める方向で融合調整が図られることは積極的に

支持される。むろん市場メカニズムの持つ弱点が補正されること、またその限界を認識した上でのことでなければならない。分業であることによる個別需要対応性の限界、独占への傾斜、市場失敗の欠陥など市場機構には幾つかの問題があることはよく知られている。それにもかかわらず資源利用、経済の活性化にとって最も有効なメカニズムであることは衆目の一致するところで、交通システム形成の基軸として従来にもまして利用の途が期待されている。その限界と有効性ならびに展開の方向については、既に述べてきたとおりである。

私的交通システムの分野では市場との調整領域は広く、また公共性課題の分野においても市場メカニズムを適応させ得る部分の析出は必要である。前者は市場の成長に多くの潜在性を与えており、後者は公共性課題という社会的責務に順応した市場の確立が要求されることでもある。市場は価値判断の個別参加集合的決定メカニズムを持つものとして、個別、多様化の中に成長の支脈を広げようとする時代にあって、流動性に最も対応能力を有した基軸であることは間違いない。例えば交通混雑における対策として市場メカニズムを応用して需給の調節を図ろうとするロード・プライシング（road pricing）、ピーク・ロード・プライシング（peak load pricing）の理論あるいはコンテスタビリティ理論などは公共性課題の領域に踏み込んだ理論として実効性が期待されている。[9]

殊に地域全体をとらえた交通需要管理の考え方が提唱される中で自由度の高い、しかも基軸間調整を念頭に置いて秩序ある持続的安定、成長を期待する場合、適応性の限界を認識しつつも流動的な変化に逐次対応し得るシステムとして、市場メカニズムの集合的意思決定の弾力性はそれなりに評価に値する。

Ⅳ　調整への意思決定

地域社会における交通調整の処方箋を得るための意思決定とは、基本的には社会を主導する権利主体の意思反映の行動に他ならない。その意味で地域歴史性の避けられないところであるが、市民社会の中で育成されてきた諸制度・組織の中で最も現実的な課題として利害の直接・間接性を主な尺度に集団的に意思決定が行われるのが今日の一般的な姿である。長期的かつ大規模な課題への

意思決定が地域社会の成員全体を基礎とした組織・システムによって行われることはいうまでもないが、それは直近の個別日常的な交通問題と必ずしも整合的調整を行い得るとは限らない。むしろ多くの場合、対立的な意思の調整に問題を残し、何らかの排除・抑制論理を働かせて意思決定を行わざるを得ない。
　ここにおいて社会の秩序パラダイムが強く作用する。討議への参加と比較多数を基調とするシステム、あるいは参入・退出の自由度の高い市場メカニズム、これらは今日最も一般的な意思決定のシステムとして知られているが、極めて多くの場合、慣習・慣行、そして個別の利害に関わる強弱からの意思決定への変化、特定意思の強力な影響力といったものが働いている。交通に関わる問題はあらゆる場面に遭遇して、特定の意思決定手法に固定的に依存することが難しいということが基本にある。むろん現象が明瞭で交通との因果関係が共通に立証できるような、例えば環境問題、就中、地球規模の課題にあって、それが人間社会の巨視的な生存条件に深く関わっているような場合の合意などは比較的意思決定の方向がはっきりする。しかし、多様な価値観を持った成員が自己の意思の下に立地、その他の諸選択を行うことが基本的に認められる社会で、結果として生ずる種々の交通問題を調整していくことの難しさは絶えない。変化に応じて幅のある弾力的に対応できる基軸横断的な意思決定システムが必要であるという共通認識を必要としている。

第4節　交通需要マネジメントの課題

I　交通需要マネジメントの論点

　地域社会における交通の展開は、そこに立地する成員と諸要素・資源の利用が如何に有効に行われるかの評価に掛かっている。集積の利益、効率性、参加への自由度、地域間条件の中での成長要件、社会的諸制度・組織、そしてより巨視的にはグローバルな再生産、循環体系の中で整合的な成長型秩序システムを構築していくことが期待されている。その要請に対応して価値実現の実体過

程である交通の地域社会整合的なシステムを形成するには、幾つかの、しかも連続的な選択の意思決定を不可欠としている。地域社会を一つの有機的な循環系と見て、それを成長的に方向づけるためには何らかの管理・調整が必要であるという考え方が出てくる。交通需要マネジメント（Transportation Demand Management, TDM）論はそうした問題意識に立った提議に他ならない。[10]

この議論が調整問題の一環としてあること、そして、需要管理という極めて明確な接近方法を提示しているところに特徴がある。それは改めて交通の本質を浮き彫りにした議論であるともいえる。交通は場所的移動という物理行為であるため、問題の接近が供給構造からという傾向が強い。しかし、交通サービス生産が需要充足と即時的関係にあることから、需要側面からの規制が強く働くことが避けられない。生産・供給過程の中に需要条件が直接関わってきているのである。地域社会における交通調整の問題が需要構造に深く立ち入った議論でなければならない理由がここにある。そして需要マネジメントとは、地域社会の価値実現過程への参加形態に一定の制約と方向性の選択を行うことであり、規模の如何に関わりなく優れて総合的な判断を必要とする社会的意思決定の行動に他ならない。それは市場における需要・供給分析とは異なる社会の秩序パラダイムに照らして、より調和のとれた基軸バランスを形成するための選択を模索する行動でもある。

TDMが地域社会の交通調整システムとして導入されるためには、少なくとも次のような諸点が検討されていなければならない。[11]

(1) TDM問題が発生した動機の明確化
(2) その動機が地域の社会特性に起因したものかどうか
(3) TDMを実施しなければならない条件は何か
(4) 問題発生の原因者が明確にされ得るか
(5) 原因者が発生問題にどのように対応しているか
(6) 原因者によって問題解決が成し得るような部分が存在していないか
(7) 社会が全体としてその問題を解決するための役割を担う範囲はどこまでか

(8) TDMという手法を受け入れる合意はなされ得るか
(9) その合意は規準化された制度の下に行われるか、それとも交通需要者の自由意志を前提としたシステムであるか
(10) 問題解決によって生ずる費用の負担配分
(11) 他の諸制度・システムとの相互調整はどの程度に行われ得るか
(12) 地域内、地域間の相互調整が可能か
(13) それが環境的条件に結びついた問題であった場合の調整
(14) TDMを導入するための地域社会の合意を形成するシステムを何れに求めるか
(15) TDMが交通需要をトータルの形で行おうとしているか、それとも交通システム間の調整が中心になるか
(16) TDMを行うことによって生ずる変化に応じた交通サービス生産・供給システムおよび生産要素との関係調整
(17) TDM実施の評価と改善システムが組織的に行われるようになっているか。評価はTDM全体に対して行われなければならないがその手法について検討、準備が行われているか

かように地域社会において交通需要を管理することの意味を評価して合意を得ながら現実の地域政策の中に反映させていくためには、幾つかのフィルターを経なければならない。それが現に発生している問題に対処するための処方として行われる場合もあれば、より積極的に長期的視野から地域の特性を効果的に活性化させる主体的な意図をもって行われるかなど、それぞれのスタンスが輻輳して、この問題に関わってくるところに難しさがある。しかし、TDMの必要が論じられること自体、既に一定の長期的視野に立った展望をもって対処しなければならない状況が発生しているともいえる。

特に今日のように交通の自由に対する要求が著しい時代にあって、交通関係を需要側面から論じようとする意図は明らかにそれを管理・制御しなければ、より良い交通環境が得られないという状況があるからである。例えば大都市における過密、交通渋滞、それらがもたらすさまざまな不利益、等々、こうした

問題に対処する処方を得る上でTDMの接近方法は極めて意義があるであろう。いずれにしても、需要構造がそのまま生産・供給構造に直接影響を与えるという交通関係からして、需要を制御することがより効果的な価値実現システム形成に望ましいという理解が基礎的認識としてなければならず、その意味でTDMは一定の積極性を持った考え方であると評価できよう。

Ⅱ　TDMシステム形成の基軸整理

　TDMが交通調整への接近方法として特別の意味を持つのは、それが地域社会の需要を制御調整することを視野に入れているという点で極めて社会性の高い含意を持っていることにある。それは自ずから地域社会に形成されている一連の有機的な価値実現過程を規定する基本的な問題に触れざるを得ないからである。既に度々指摘してきた如く、今日、交通システムの形成基軸は公共性基準、私的システム、市場メカニズムにあるが、それは正しく価値実現過程を規定する基軸に他ならない。その意味で交通調整の問題を本質的な部分から理解し処方箋を得ようとするならば、どうしてもこうした基軸の問題に触れざるを得ない。しかも供給側面からはこうした基軸論が個々に論じられ易いのに対し、需要側面からは交通システム選択の個別性と多様性の前にどうしても包括的に接触を図らなければならないところに問題の難しさがある。さもなければ、TDMは極めて限られた効果しか期待できないか、逆に極めて規制調整的な選択が行われかねないという問題が出てくる。

　その意味でTDMは多分に地域政策的、就中、地域交通政策的課題であるといわねばならない側面が強い。先に触れてきた地域社会の秩序パラダイムが大きく作用してくる場面に他ならない。しかも、それは重層して現われるのが普通であり、需要マネジメントが容易に処方箋を引き出すことの難しさを暗示している。価値判断が前面に出てくる課題だからである。

　マネジメントが何らかの意思を反映した主体的行動である以上、意思決定を支持する基軸が明らかでなければならない。結局、需要側面から生産・供給構造の変化を求めようとする行動であるから、先に示した基軸のいずれか、ある

いはそれらを組み合わせた調整基軸の下に行われるということになるわけで、自己制御型の選択になる点が特徴的であるということになる。例えば、都市における混雑の問題にしても、外部不経済の領域の問題のように明らかに共通の排除課題であれば、これを処方するために需要マネジメントに賛意と同意を得ることは一定の展望が立つ。しかし、それは混雑それ自身が否定されているわけではない。混雑への参加は祭日のように目的が単元化している場合は別にして、多くの場合、多様な目的、目標の中に行われている。集積の利益というのは、そうした状況を生み出す利益要素であり、また都市の繁栄はそれに支えられている。交通問題の難しさは一連の交通過程のある部分の交通現象が他の交通と比例的関係にあるわけではないことである。混雑がある部分で生じたとしても、全交通過程の中でその経路の選択が望ましいという判断がなされれば、その混雑は回避しない方が良いということになる。この選択された混雑は他の事情にして変化がないとすれば、現在時点での最適選択の結果ということになり、他の選択は何らかの意味でよりマイナス的であるという評価になる。交通過程の選択・評価というのはこうした即時・即場的判断の連続であり、まして混雑が一時的な場合などマクロ的な調整システムがない限りこうしたことが一般的である。その意味では総合的に情報処理の可能なシステムが最適経路判定を行いつつ交通システムを制御する有機的体系化が交通問題で常に求められる理由がある。しかし一方で、そうしたシステムは総合性という閉鎖系の持つ自由度の抑制は避けられず、不確定性の中の混雑発生を自然系の中で処理していくシステムの方が好ましいという選択は当然あり得る。TDMの問題が現実的課題に直面した時、こうした次善選択にせまられることが多くなるのは避けられない。ただ、TDMを地域社会に導入することの意図は、それがより全体的に好ましい結果を引き出せるという予見の中での選択であり、それを実施するための意思決定基軸の順位づけが事前に合意されていなければならない。

Ⅲ　TDMの手法選択

　TDMを実施するための手法の選択は基本的には交通システム形成の基軸に

相対応している。多くの場合、その範囲で需要との相互関係の中に随時調整を行っていくという手順が採られる。問題は改めてTDMとして論じられるためには、基軸間の弾力的な調整、組織化がより有機的に総合的視野から行い得るシステムの形成が期待されているということである。

第1には、TDMが行われるための目的、対象、範囲の明確化がなされていなければならない。

第2は、公共性基準、私的システム、市場メカニズムと三つの基軸それぞれの特性と、対象需要との相対関係の中にTDM実施のための位置づけが行われていなければならない。

第3に、TDM実施の条件が地域内的要因に基づくものか、地域間関係の中で生じているかによって調整条件に差異が生ずる。現実の場では内因的動機と外因的動機が融合してTDMの効果を不明瞭なものにしてしまうことも少なくない。論点を明らかにして実効性のあるものにしなければならない。

第4に、TDMは基本的には地域社会の価値実現システムの調整にあるわけで、特定の基軸による一元的な手法で行われるべき性質のものではない。調整とは何らかの意味で規制的であることを十分認識しておく必要がある。重要なことはTDMにおいては、交通需要の基本的特性ができるだけ損なわれることなく、しかも求められる管理の要請を達成する手法を検出することである。

TDMを実施するに際して、まず整理しておかねばならないのは対象の分類である。それは交通需要の発生条件、交通需要、交通サービス、交通サービス生産要素の4対象になる。TDMは需要側面から調整の問題に接近しようとする考え方であるから、交通需要の発生段階から議論を進めていかねばならない。先験的な価値判断を必要とする課題であり、当該社会の歴史性をもって多分に経験主義的になるのは避けられない。しかし、TDMが効果的に実施されるための土壌を整備するという意味で長期的な視野から継続的に行われることが必要である。

他の3対象については、物理的、経済的、制度的諸側面からさまざまな方法でTDMの目的に応じて実施していくことになるが、交通は価値実現の実体過

程として必ず物理的条件に結びついて結果が現われるわけで、他の側面はそれに相対的な評価と方向性を指示する基準を与える。制度が概して包括的かつ中・長期性を持つのに対し、経済的側面は個別交通需要に直接対応する手段を与えるという点で弾力的な手法を開発し得る余地が大きい。

　この場合、経済的側面からの接近というのは、交通需要者自身がそれぞれに持つ評価基準にしたがって利害を調節する意思と行動性を有するという前提の下での方法で、評価基準それ自体の如何は直接の対象としていない。交通需要、交通サービス、交通サービス生産要素それぞれに何らかの規制力を持つ因子を通じて個別効果的にTDMの機能を発揮させようとするところにポイントがある。が、それは形成基軸それぞれに異なる交通システムが形成されているということにおいて、接近方法も当然異なったものになる。殊に私的交通システムの場合、他に比して評価の個別多様性が大きく、TDMが効果的に行い得る手法の選択は容易ではない。すべての価値実現過程で結合的に発生する必須の需要として交通需要の評価は一元的な関数化が行い得ないからである。公共性基準あるいは市場メカニズムの中で形成される交通システムに対する需要はそれに比較すれば制約的であるけれども、それとても決して需要表を一元化できる程に単純なものではない。要するにTDMというのは多様な需要表を持つ交通需要の集合を対象にした複合マネジメントに他ならない。経済的な側面からの接近方法といっても多面・多角的な工夫と視点を必要とするのであって、むろん物理的、制度的諸側面の相互支援も得て具体化されていく性質のものである。

　これらのことを留意し、かつ経済的な側面に重点を置いてTDMを考える場合、少なくとも次の点を念頭に入れておく必要がある。

　第1に、交通は価値実現過程における必須の基礎要件として、抑制条件の適用は他に比して下位でなければならない。

　第2に、TDMの適用は交通需要、交通サービス、交通サービス生産要素それぞれに異なる幅と基準の導入に弾力的であるべきで、手法の簡易な一律、一元化は避けられなければならない。むろん手法間の整合、調整の行われるべきことはいうまでもなく、殊に情報の一元化はTDMの必須条件である。

第8章　地域と交通

　第3に、TDMは交通需要の種類、発生過程の分析、評価というものを前提としている。それが需要者自身による場合、あるいは供給者、第三者による場合と種々あるが、評価者の意図によってTDMの適用に差異が生ずることは当然あり得る。いずれにしても地域全体という社会空間での問題として、それらを調整するための組織、システムが組み込まれていることが必要である。

Ⅳ　TDMと市場機能の導入

　TDMの実施にあたって最大の課題は、それをどのような基準に求めるかという問題である。交通需要評価の個別性に鑑み、かつ利害の評価が最も関心が高いという点で経済的側面からのアプローチが理解を得やすいことは既述のとおりである。しかし、それを地域社会全体の需要調整の問題に当てはめて現実的妥当性を得る基準を得ることはそれほど容易なことではない。殊に交通権が基本的権利として認められ、諸権利が個別主体を単位として秩序化される社会にあっては、利害の調整は各権利主体個別の意思を反映した結果が引き出せる装置でなければならない。しかも、それは社会的分業の中に一定の整合を得て価値実現過程の社会的有機化が行えるような装置でなければならない。そうした諸条件を充足する装置として今日の社会で最も一般的に受け入れられているのは、市場メカニズムである。その機能、役割については改めて論ずるまでもないが、その特性をTDMに生かし得ないかという提起がなされるのは自然のことである。しかし、これまでも度々指摘してきたように、交通システム形成基軸として市場メカニズムの適応性は限定的である。要は必須の条件として、できる限り需要者主体的に制御できるシステムが望まれており、私的交通システムへの指向が著しく強いからに他ならない。しかも競争が激化するにつれ、交通市場の分解・重層化が進んでいることも明らかにされてきた。交通サービスの性質から、それ自身を直接対象にして市場形成を行うことに制約があり、むしろ生産要素段階での市場化メリットの方に有利さがあるということであった。こうした諸点を考慮しながらTDMへの市場機能導入を考えてみた場合、やはり相当制約の多い手法にならざるを得ない。したがって、TDMといった

社会全体の基礎的条件に関わる問題を市場メカニズムに委ねることの意味は何かという点について、いま少し整理しておく必要がある。

TDMは交通過程の上で交通サービス需要の管理を目的にしているが、それは結果として得られれば良いのであって、それを直接対象とする方法に限られているわけではない。殊に交通サービスの即時財としての特性を理解して、生産要素の需給コントロールを通じてTDMの成果を得るという手続きは効果的に違いない。実際、交通サービス需給の段階で直接管理することは必ずしも容易でなく、多要素に分解され機能の限定性が高められた要素別管理の方がはるかに具体的手法の開発が容易である。

重要なことは、TDMが地域社会の価値実現過程のより効果的な方法を採るための政策概念であって、ただ混雑を緩和させるといった単純な目標に置かれているわけではないことである。社会的不利益を可及的に抑制してマクロ的にその効果を還元できるようなシステムとして機能することに焦点が合わされている。したがってTDMの目的からすれば対象の順位づけは二次的課題にしか過ぎない。市場機能を有効に利用しようとするのであれば、それは交通過程の中で最も効果的に適用できる部分を通じてTDMに寄与できれば良いのである。

1　交通サービス需給への直接対応

交通サービスの需給を市場メカニズムの中で制御し、できるだけ介入なしにTDMの効果を挙げようとする立場が選択の軸になる。市場化を推進することが結果として地域社会の活性に結びつくTDMが実現されることになるという考え方である。参入・退出の自由な集団的意思決定機構として現在の社会体制にフィットし、また資源の有効利用、配分の最適化を目指す上からも好ましく、財・サービスの需給は可能な限り、市場メカニズムの実効化が望ましいとする立場である。

交通市場の問題については既に触れてきたところであり再論を要しないが、交通サービスは市場化の難しい対象であり、現に市場の中に組み込まれている比率は限られたものである。種々の規制が市場への参入を妨げて発展を阻害し

第 8 章　地域と交通

てきたという主張が盛んになって規制緩和政策が進められているが、交通サービスの性質と交通の本質に関わって市場化の限定性は避けられない。さらに「市場の失敗」条件からの改善も自ずから限界がある。しかし、一般的にいって財・サービスの需給における市場の有効性は明らかで、その応用、適応性の改善努力は望ましい方向の一つであるといえる。むろん、その場合においても交通の基礎性に鑑み、公共性基準、個別交通需要との対応性について一定の制約を必要とすることはあり得る。

　重要なことは、この場合、市場化の促進があくまでもTDMの実を挙げることに目標があるのであって、市場化それ自体にあるわけではないこと、これが第1。第2に、交通サービスの需給は時間、場所によってその関係が常に変動的で、ある時間帯は競争的であっても、他の時間帯は非競争的、独占的状態になるというような変化が常に付きまとう。したがって市場構造の固定的な評価は厳に避けねばならず、状況に応じた対応、介入調整が必要であることを留意しておかねばならない。そして第3に、市場機能を利用するといっても、それは他の基軸の中で形成されている交通システムを通じて需要充足している交通需要者から、市場を通じて得ることがより有益であるという評価が得られるような交通サービスが供給されること、ここにポイントがある。むろん市場化促進のための政策的誘導、他システムの規制、抑制といった外因的手法を加えればより効果的に行い得るであろうが、市場メカニズム自身、そうした外的因子の介入を必要としない自動調節能力に要点があることが重要なのである。

　いずれにしても交通サービスを対象とした市場機能の適用によるTDMの範囲は他の財・サービスに比して限定的である。しかも多くは既に実施されていて改めて市場化を企図する領域は限られてくる。主な対象は公共性基準下に行われているもの、また私的システムの中で潜在化している需要といった部分になる。例えば鉄道における運賃の弾力化によって需要調節を図ることを狙ったピーク・ロード・プライシングは前者の例であり、小口少量貨物の戸口から戸口への宅配輸送などは後者の典型的な例である。交通サービスへの需要は需要動機に強く規定されたものとして、市場を利用するか否かは二次的な課題であ

る。殊に私的交通システムへの傾斜は極めて強く、交通市場の成長限界に大きく覆い被さっている。

2 交通サービス生産要素対象の市場化とTDM

　TDMへの市場メカニズム導入は交通サービスを直接対象にするよりも、生産要素需給の領域で行う方がはるかに容易でもあり、また広範な展開が可能である。交通市場自身、要素市場との重層性を高めることで、その効率化を高めて成長の基盤としていることは度々述べてきたとおりである。実際のところ財・サービスの大半は何らかの形で市場を経由して需給関係を成立させているのが今日の姿であり、むしろ交通サービスのような例は限られているといった方が当たっている。したがって生産要素の段階で市場化することによって間接的に効果を出せれば、交通サービス段階での市場化は必ずしも第一次的に重要なことではない。即時財の特徴として生産要素の需給関係は直ちに交通サービス需給の関係に作用していく。TDMへの市場機能導入も、こうしたプロセス効果を通じて行うことの方がはるかに多様性があり幅広い応用性がある。即時財であることによる生産と需要の一致、要素限界生産力の均等化が生産性を最も高めるという経済条件、これらはTDMにおける要素市場の有効性を示唆している。

　財・サービスは価値実現過程に入っていく中で何らかの形で交通対象あるいは交通サービス生産要素として機能していく。これらの流通が市場を通じて行われている以上、交通過程が市場機能の効果を多面にわたって受容していることは明らかである。TDMに市場機能を応用するということは、そうした一般的な財・サービス需給関係にTDMを必要とする諸条件を加えて市場展開することを期待しているということである。また、ある要素については何らかの理由で市場化されていないような場合も、それが一定の条件が充たされることによって新たに市場化が可能になるという場合もある。いずれにしても、TDMの目的からこうした市場に一定の条件を付加することを考慮に入れた市場機能の導入でなければならない。

　例えば、公共財として提供されている一般道路を一定の価格づけを行うこと

第 8 章　地域と交通

によって自動車交通を制御しようというロード・プライシングにしても、交通サービス生産要素の一つである通路利用への市場機能導入によって地域交通需要の調整を行おうとしている。そうした関係は他の諸要素についても同様にあり、燃料費などの変化は交通費に直視的に反映されて制御効果が現われ易い要素であることは周知のとおりである。

　こうした手法をより広義に発展させ、地域を一つの財として見做し価格づけを行って、地域利用需要をコントロールしようとする考え方も生まれてくる。エリア・プライシング（area pricing）論である。ロード・プライシングやピーク・ロード・プライシングも多分にこの考え方に沿っているが、地域全体をこうした手法に委ねることは市場機能が効果的に動くとはいえない「財」として、事実上、強力な地域管理規制になりかねない。市場メカニズムの限界そして他の形成基軸との臨界領域では、こうした問題を含んでいることを留意しておかねばならない。

注

(1) 木内信蔵『地域概論』東京大学出版会, 1968年, 第Ⅱ章. 山口平四郎『交通地理の基礎的研究』大明堂, 昭和49年, pp.19〜30. White, H.P. & M.L. Senior, *Transport Geography,* Longman Group Ltd., London, 1983, 木村辰男・石原真人訳『交通運輸の地理』地人書房, 1986年, 第1章.

(2) 西岡久雄『経済地理分析』大明堂, 昭和51年, 第2,3章.

(3) 春日茂男『立地の理論』（上巻）大明堂, 昭和56年, 第1章.

(4) Weber, Alfred, *Über den Standort der Industrien,* Erster Teil, *Reine Theorie des Standorts,* 1909, 日本産業構造研究所訳『工業立地論』大明堂, 昭和42年, 第1,3章. 江澤譲爾『産業立地論と地域分析』時潮社, 昭和37年, 第1篇第1章. Hoover, Edger M. *Location Theory and the Shoe and Leather Industries,* Harvard Univ. Press, Mass., 1937, 西岡久雄訳『経済立地論』大明堂, 昭和43年, 第1編第3章.

(5) 中村英夫編・道路投資評価研究会『道路投資の社会経済評価』東洋経済新報社, 1997年.

(6) 拙稿「交通市場の分解」,流通経済大学『創立三十周年記念論文集』経済学部篇, 1996年, pp.80〜81.
(7) Rostow, W.W., *The Stages of Economic Growth*, Cambridge Univ. Press, London, 1960, 木村健康・久保まち子・村上泰亮訳『経済成長の諸段階』ダイヤモンド社, 昭和37年, 第5章. 榊原胖夫『経済成長と交通政策』法律文化社, 1961年.
(8) 拙稿「価値観の多様化と私的交通」, 清水義汎編著『現代交通の課題』白桃書房, 昭和63年, 第4章. 同「情報化社会と交通」, 流通経済大学『流通問題研究』No.16, 1990年10月, pp.7〜13.
(9) 小淵洋一『現代の交通経済学』第2版, 中央経済社, 平成8年, 第9章. 竹内健蔵「ロードプライシングの考え方およびその理論」,『道路交通経済』No.59,1992年4月, pp.22〜29. 中村清「ピークロード・プライシングと混雑料金」, 交通学説史研究会『交通学説史の研究』成山堂書店, 昭和57年, 第2章. ピーター・M・ジョーンズ「ロード・プライシングの適切性：評価」, 廣岡治哉編『都市と交通—グローバルに学ぶ—』成山堂書店, 平成10年, pp.44〜71.
(10) 武田文夫「交通需要管理に関する基本的課題」,『道路交通経済』No.59, 1992年4月, pp.9〜11.
(11) 太田勝敏「交通マネージメントの概念と展開」,『道路交通経済』No.59, 1992年4月, pp.12〜21. 経済調査会「特集・交通需要マネージメント」,『同』No.67, 1994年4月.

第9章　交通と環境問題

　環境とは、何らかの主体者を中心として、それを取りまく諸要素から構成される極めて幅広い概念として存在している。一般的に言えば、人間社会における個別主体間の諸関係においてと、いま一つは、人間社会自体とそれを取りまく諸条件・要素との関係においてと、大きく分けて二つ概念の中に整理される。社会環境と自然環境の大別である。各個別主体にとって、生存、成長、発展の過程は、この二重の環境との相互関係を通じて展開されていく。この環境における重層性は、社会環境が自然環境の中での展開であり、人類の生存が自然条件の中に合法則的な関係を維持しているという条件下でのみ、持続的発展(sustainable development)への展望が見出されるという制約下にあることを強く示唆している。環境への認識は、そうした意識展開の中に人間社会の個別主体の行動を客観視し、自然環境という空間条件下にある相対的関係を強く意識しているところに特徴がある。この空間的相対認識こそは、環境問題をして人間社会的主観から客観へのパースペクティブを明らかにする鍵となっている。環境問題において、交通学からの接近が必要であることの意味がここにある。

　この問題を扱うにあたっては、まず、「環境」概念について一応の整理をしておかねばならない。ここでの環境は基本的枠組みとして空間的条件下での概念として捉えようとしていることは周知の通りである。その条件下で極めて簡明に区分すれば、個別環境、地域環境、地球環境、地球外環境の4段階に分けることができよう。

　第1に、個別環境とは、人間社会において価値基準を固有する個別主体がその実現過程にあって直接、間接に何らかの形で外因的に作用関係を持つ存在概念としてある。環境概念の基本形態であり、単位環境としての位置づけにある。

　第2は、地域環境について。個別主体は必ず何らかの地域条件下にあり、地

域環境は、環境関係が実体化する場を構成する。ここに個別主体の集合が社会関係を形成して、さまざまな二次環境を生み出していく。この過程で環境は連鎖的に循環システムを内生しながら他の地域環境との間に地域間環境を発展させていく。それは局所的なものから、より多様な要素を包含する極めて広域にわたる環境といった、さまざまな態様をもって現象するダイナミックな存在である。

　第3は、地球環境である。個別環境は、地域環境という場において現実の環境課題に遭遇する。それが領域を拡大して地球全体にまで広がる段階に達すると、極度に広域的、複雑な環境空間を対象に考察しなければならなくなる。今日、問われている環境とは、正にこの段階での環境課題に他ならない。人類生存の最も基礎的なインフラストラクチュアである地球自体が議論の俎上に挙げられてきたことは、人間社会の発展史上に画期をなすものであることは間違いない。地球環境問題とは、地球科学的循環体系における生存条件の持続的能力を超えて、人間社会の資源利用体系が非同調的、非調和的に肥大化してきた状況の中での環境認識に他ならない。文明史的に観て、明確な臨界面に遭遇しつつあることを意味している。

　そして第4は、地球外環境についてである。これは地球環境を取りまく外因要素として生存条件をより巨視的に規定しており、大別すると二つの過程を通じて作用する。その一つはそれが地球環境化される過程を経て間接的に作用するものであり、大方はこの関係の中で展開している。そして、いま一つは人類生存に、より直接的に作用する環境条件としての存在である。それは、地球外環境をより積極的に地球環境化しようとする動きと、それを生活条件化する革新的な社会関係の発展によって規定される文明史的条件に依拠する。地球外資源の利用、さらに近未来的には地球外域への進出も展望される領域である。殊に前者の一例、太陽エネルギーは、地球資源有限性への認識と共にエネルギー多様化の中で最も重要な資源の一つになりつつあることは周知の通りである。

　地球環境の問題は、今や地球外環境をも視野に入れた生態ダイナミズムの課題であることを理解しておかねばならない。

第9章　交通と環境問題

　個別環境から地球外環境、まさしく、環境問題の今日的課題が、広大な生存空間に展開する人間社会の持続的発展を未来に展望する文明史上の新たな空間的認識領域の課題であること、そして、それは紛れもなく交通学的接近を必要とする課題であることは疑う余地がない。

第1節　文明史的新たな選択

　今日の環境問題が地球環境という地球科学的レベルにまで広がった課題としてあるということは、分析の方法に新たな視点が求められているということでもある。それは自然循環システムと社会循環システムの間に地球規模での乖離が生じ始めているというダイナミックな空間的状況を強く認識した接近方法でなければならない。地球が生存の基礎施設として持続的発展にとり限界のある存在と理解しなければならない程に、社会が肥大化してきた段階での課題だからである。明らかに文明史上に画期をなす新たな視点に立ったパラダイムの選択が必要である。それは、産業革命発祥に原動力を与えた科学・技術の発達と市民社会意識の広がりが、この課題の最も直接的な淵源となっているということに着目しなければならない。近代史における顕著な特徴は、これらを背景として人権を強く意識した個人・個別主体の能力を可及的に発揮し得る社会の実現、ここに焦点が合わされてきたことにある。社会の諸機構、諸制度、様々な開発は、あらゆる意味でここに収斂された社会環境の実現へと大きく歩を進めてきた。人間の基本的人権の保障と、その上により良い生活条件を実現すること、それこそが最大の目標に置かれてきたのである。それは人間社会という枠組みの中でという限り、多くの試練と葛藤を経て得られてきた輝かしい歴史上の選択と言わざるを得ない。しかし、その選択といえども一つの限られた論理規範として、歴史的事実の中で厳しい検証、評価を受けなければならないことに変わりはない。そして、その一つ、そこでは、明らかに自然環境、就中、地球環境は生存の基礎条件を保障する所与のものとして無意識的に前提とされ

てきたという事実である。しかしながら、ここにこそ地球環境が、今日最も緊要の課題として社会問題化してきた理由がある。地球環境を人類生存の、そして持続的発展のための不可欠の基礎条件としてあること、そのことを改めて強く認識しなければならないということ、これである。

　近代史におけるこの選択は、明らかに一つのモチベーション、テーゼの上に成り立っている。それは生存条件の向上を目指すということについて、自然の恵みを意識しつつも、一方でそれが持つ苛烈な状況、自然の桎梏からの解放、自由への闘争という強烈なモチベーションに支えられてきたということ、そして人類文明史上の選択は、その大半がこのモチベーションに主導されてきたということである。かかるが故にこそ、その手段、方法の開発、情報、成果は人類共通の資産として共有されるべきであるという認識が、社会の普遍的テーゼとして定着、発展してきたのである。科学・技術の発達こそは、正にその根幹を成してきた。地球資源さらには地球外資源をも視野に入れて、人間社会の主体的意志の実現に向けて多種多様な選択と試行を続けて数千年の文明史を築いてきた、この歴史こそは人類の知的生命体としての能力を遺憾なく発揮してきた証左に他ならない。しかしながら、それは同時に、人間の欲望と相乗しながら凄まじい鋭利を示して、資源条件の基礎となる地球自身の仕組みにさまざまな手術を施し、その環境的条件を忖度しなければならない程の事態に直面させることとなった。地球環境問題とは、正にその意味で文明史上の新たな選択を迫る歴史の屈折点をなす時代の様相、課題と言えよう[1]。

　科学・技術という利器によって地球資源の組み換えを活発に行うというこのシステムが、人間社会に多大な利便をもたらしてきたことは、周知の通りである。しかし、生存の資源条件が地球科学的循環性の中に仕組まれているというこの事実の前に、これまでの科学・技術と人間の利己的な自由への要求は余りにも未熟な選択であることを思い知らされつつある。殊に生命と地球・地球外資源との循環、生態系システムという観点からは既に明白な危惧が示されつつあること、そして、ある種の手法が人為的バイパス循環システムを形成して、たとえばバイオハザード(biohazard)というような極めてミクロ的な問題まで

第9章　交通と環境問題

も含めて、こうした問題は今日的緊要の課題となっている。これは明らかに、これまでの人間社会の在り方に警鐘を鳴らし、地球環境からの乖離を直視した新たな選択を求めている。市民社会そして科学・技術の発達と、それを基礎にして産業・経済を飛躍的に発展させてきたという近代社会の構図に、地球科学的視点という極めて巨視的な枠組みを加えて人間社会の新たな発展方向を探らなければならないということである。

　科学・技術の発達を土台とした産業・経済社会の発展、この構図の中での際立った行動は、地球資源の人間社会適合化への飽くなき追求、このことである。そして、そこでの実際の行動は、資源の不断の組み換え、より具体的には人、物、情報の場所的移動という行為である。むろん、人類生存の行動とは、まさしくこのことに尽きるということにおいて、今後も変わることのない姿ではある。しかし、地球環境がそこに一つの制約条件として組み込まれることになる今後の社会環境は、明らかに生存条件保全・改善を企図した地球環境循環型社会システムの構築を前提としたものでなければならない。むろん、それは所与の自然条件をそのまま最善とするようなシンプルなものではない。人間社会の持続的発展にとって科学・技術の発達は不可欠の要件であり、それを否定しては極めて脆弱な生物でしかありえない人類が、知的生命体としてその能力を自然法則的条件下に如何に英知を示し得るかの問題なのである。それは次のような条件を充足・実現するものでなければならない。

　第1に、地球環境問題の第一次的課題が資源利用の急速な拡大と資源分布の偏在性にあるとするならば、資源利用は地球科学的検証下に、人類生存の条件が維持、向上されることを基本前提としなければならない。まず、この命題が地球環境問題における総ての基礎であることを理解しておく必要がある。

　第2に、地球資源はその偏在性に鑑みて、多くの場合、資源の移動が避けられないが、第1の条件を損なうような形での移動は極力避けなければならない。言い換えれば、それは、移動資源における資源還元性の必要性を示唆している。ただ、資源還元性実現の現実的選択は、移動資源の復元を基本型としながらも、それに可及的近似性をもって地球科学的生存条件を維持、持続するという方法

を次善の選択として認めなければならない。いわゆる循環型社会とは、こうした還元構造を基礎として実現される資源有機的な社会形態に他ならない。

第3に、ここで明らかなことは、資源移動が地球環境を非生存条件促進的に作動することを抑制すること、これが望まれているということである。そして資源還元性とは、そうした条件を保全するための最も現実的な基準の一つに他ならない。それは、個別資源還元性、資源地域還元性、還元性を基礎とした資源の効果・効率的利用、資源利用迂回距離の抑制、さらには利用資源自身の抑制、等々、多くの側面が想定される。

第4は、省資源型需要構造の構築、これである。環境問題の拡大、それが人間社会の利己的発展の飽くなき追求から出て、それを土台とした社会と自然環境との均衡臨界面での限界に遭遇しつつあるという状況の中で、地球環境が現実の問題として登場してきたということである。かかるが故に、資源利用側面の構造こそが最も直接的、かつ緊要の検討対象ということになる。

そして、第5に、この問題が地球科学的課題として提示されているということは、地球自体の環境条件、すなわち地球外環境をも視野に入れた遥かに巨視的な存在としてあることが強く示唆されていることである。そのことは、環境領域を地球外領域にまで広めた議論対象として理解しておかねばならないことを意味している。かように、地球科学的条件が環境問題の対象として浮かび上がってきたということは、問題の領域が地球内条件を超えつつあるということに他ならない。それは同時に、生存の空間的領域をより広めて議論されるべき問題としてあるということであり、地球外資源の利用も視野に入れたより発展的な思考を必要としているということでもある。

以上のような諸条件の充足・実現において鍵になるのは、人間社会の発展というメルクマールが資源の構造・組成の組換え、資源要素の位置・場所の移動という行動を通じて現実化するということにおいて、それが持続的発展を可能にする地球環境的条件と如何に整合・有機的に実現されるかということに焦点が合わされなければならないということである。ここに交通学的アプローチによる分析の必要性が出てくる。[(2)]

第9章　交通と環境問題

第2節　交通学の視点と環境問題

　これまでの整理から明らかなように、人類は自然の桎梏からの解放、これを最大の課題として文明の歴史を積み重ねて今日に至ってきたこと、そして、それは科学・技術の発達を梃子に地球資源の不断の組換えという手法によって人間社会の発展に結び付けてきたということである。ここにおいて鋭利なこの手法が、資源供給の母体である地球自身の人類生存的条件維持に危惧を抱かせる程の状況を現出させるようになってきたのである。このことは、地球資源の組換えがどのような制約システムの下に行われるべきかの課題であり、如上の諸条件をクリアしながら社会の新たな構築が求められているということである。交通学は、人間社会における個別主体の意志を人・物・情報という形で展開する諸資源の場所的移動を通じて実体化する一連の過程を扱う学問として、提起されている課題に最も直接的に対処し得る方法の一つであると言えよう。
　生存能力の実体的基礎は、個別主体すなわち交通主体と、交通対象（人、物、情報）との相対的位置関係、この空間的条件の変換能力、すなわち交通能力に依存する。その意味で交通過程とは、まさしく生存過程そのものに他ならない。
　結局、人間社会の持続的発展のためには、地球環境条件をも考慮に入れた新たなシステムを構築することが不可欠だという認識に達してなすべきことは、文明の本質が人、物、情報の場所（位置）の移動による不断の組換え作業の過程であり、それがもたらす地球科学的条件の変化が生存の循環システムにどのような影響、作用をなすのかを回帰、検討すること、これに尽きる。環境が個別主体にとって外因的条件としてある以上、相互作用関係の中に対立・協力の両側面があることは言うまでもない。所与の自然環境そのままの姿が直ちに環境問題、殊に地球環境問題への解であるというような単純なモデル認識であってはならない。人間社会の発展が自然環境の組換えを行いつつ今日に至ってきたという事実を直視し、それらを安易に否定するような選択が行われるべきで

251

はないこと、そして、新たな選択が、その中位にあって、人間社会はむろんのこと人間自身の進化をも含め、持続的発展を可能にするような地球構造の非破壊的組織変換を視野に入れた議論の中にあることを理解しておかねばならない。しかし、当面、現実の問題としては、現段階所与の地球科学的条件下での環境問題として始めねばならないレベルにある。

　明らかなことは、この問題が近代市民社会の成立、そして産業革命発祥以来、科学・技術の発達を土台とした産業・経済社会の飛躍的な発展の中、資源のグローバルな採取利用に大きく原因していることである。さらには市場システムの急激な伸張が、競争的な展開の中に最大のメリットを見出すという特性を利して資源開発積極化に拍車をかけると共に、一方ではスプロール化を引き起こすきっかけともなり、環境問題深刻化への大きな動因の一つとして作用してきたことがある。こうした歴史的状況を望見して理解されることは、資源利用の地域的広がりを可能にする諸条件、特に交通システムの発達が距離と時間を克服する能力を著しく向上させ、資源移動の機会を飛躍的に高めてきたという事実である。個別主体と資源との関係において、この交通条件の向上は人間社会の空間的活動領域の急速な拡大を促し、偏在する資源の移動を連続的かつ長大な規模で実現する状況を現出させることとなった。ここにおいて、人間社会的要請に基づく資源移動・組換えという行為の、自然条件下における所与の資源構造システムに与える変化が、人間社会の持続的発展にとり負の条件蓄積にならないか、その解明が不可欠だという危惧を抱かせるようになってきたのである。正に、交通学的視点からの接近を必要とする理由がここにある。

　交通学は、人間社会における個別主体の価値実現過程を交通対象の一連の位置変化という見地から分析する方法論として、資源の移動・組換えが地球環境問題における本質、淵源であると捉えたとき、最も直接的に扱える学問分野であると言えよう。すでに明らかなように、交通学にあっては、資源は交通対象と交通手段（交通システム）の二つの形で価値実現過程に参入していくという概念整理の下に分析を進めている。　ここに、交通対象は交通主体にとって一次的需要対象であり、交通手段は交通対象の有用性を実体化する手段として位

第9章　交通と環境問題

置づけられている。資源がかように2種に分かれ、その組合せの展開の中で社会関係が成立しているということに、この問題の本質が端的に象徴されている。ここに更に、資源移動を動機づける諸関係が結び付いて、その社会特有の地域的、歴史的性格を示しながら現象化する。いずれにしても、資源の有用化が交通対象として配分された資源の位置変化を通じて実現されるというこの関係は、原初的には資源が自然条件下、所与の状態から始まり人為的加工を経て、持続的発展可能な状況を累積的に拡大させてきたという歴史の構図である。この構図の中に地球環境要素を基礎条件に加えて新たなシステムを再構築しようとする歴史的段階にあるということになる。

　科学・技術の発達が社会の要請に応じ融合、有機化して、産業・経済を飛躍的に成長させてきた近代社会は、その本質が利己的な資源の移動・組換えを軸にしたものであり、地球科学的な配慮を等閑視してきたというその現実が環境破壊の問題として浮かび上がってきたということである。こうした関係を理解することはさして難しいことではなく、事実、地球環境問題に対する意識は急速な勢いで広がりつつあり、緒についたばかりとはいえ、社会の様々な分野で研究、取組みが始まっている。地球が人類生存にとっての掛け替えのない存在であること、そして資源供給力に限界があり、人間社会の持続的発展にとっては、資源利用の地球科学的整合を得た循環型社会システムの形成が不可欠であること、このことに対する理解は確実に共有化されつつある[3]。が、問題の本質が偏在する資源の大規模な移動・組換えにあることは、必ずしも共通の認識になっているわけではない。資源の生存条件保障・持続的発展型循環社会のシステムは、資源展開における仕組みに特段の配慮をしたシステムでなければならない。以上のような理解の下に、地球環境問題を交通学的な認識に立って分析する視点を整理すれば次のようになろう。

　第1は、人類生存条件の地球科学的解明を基礎とした人間社会の持続的発展を保障する資源利用システムと社会構造の確立、これを基本命題に置き、現実社会から導き出されてくる乖離因子の分析、抽出そして代替システムへの手順策定、まず、これである。ここでは、一連の資源化過程すべてが分析の対象と

なることは言うまでもない。その際、特に重要なことは、資源の展開が一次的需要対象になる資源とそれを有用化するために必要となる二次的需要資源、この二つの系統・組合せの形で連鎖ネットワーク的に行われているということである。交通学的に言えば、交通対象と交通システムとの関係に対応にするということになる。循環型社会システムとは、この一連の交通過程における資源展開すべてにわたる地球科学的整合社会システムを指している。

　第2には、地球環境が人間社会の持続的発展にとって問題となる根源が資源条件の地域・需給アンバランスにあって、科学・技術に支援された産業・経済社会の成長がそれを著しく助長させてきたことである。さらに、それは地域、国境を越えてグローバルな資源展開を促す社会環境の拡大が地域間移動の増大をもたらし、資源加工技術の革新的向上と共に資源有用化手段への資源投下が飛躍的に拡大しつつあることである。交通学的意味における交通システムへの投下比率の増加、これである。この有用化手段装備率の増加こそは、人類文明史の足跡そのものに他ならないが、第一次的需要対象すなわち交通対象への資源化率に比して過大になることは望ましくない。有用化実現資源効率（交通対象化資源：交通システム化資源）の向上が、資源有効利用という点で常に配慮されなければならない課題だからである。

　第3に、交通システムにおける資源効率の問題を想起しておかねばならない。
　周知の通り、交通システムは即時財である交通サービスの生産装置として、先行投資に基づく不確実性の高さ、不使用能力の発生、生産性の不安定・低生産性傾向、交通過程の連続性による投資の大規模性、そしてまた交通過程には何らかの形で交通システム構成諸要素自身の移動も発生しており、第一次的需要対象である交通対象よりも遥かに大きな移動対象として随伴する場合が少なくないこと、等々、資源非効率を起こし易い特性を持っている。このことは、資源有用化手段すなわち価値実現手段として不可欠であるにもかかわらず、交通システムへの資源投下比率の増大は、地球環境維持・改善にとってマイナスに作用しかねない側面を持っているということである。さらに不確実性増大に個別主体自身の責任で対処することがより強く求められる競争社会の下では、

第 9 章　交通と環境問題

価値実現機会の遅滞・喪失をできるだけ回避するため、実現手段である交通システムへの投資をより増加させる傾向が強くなる。そうした動きがグローバル化する中で、交通需要の増大は級数的傾向を示しつつあり、資源利用における交通学的分析の必要性を急速に高めているということになる。

　そして、第4に、以上のことから関連して演繹できることは、他の事情にして等しい限り、交通過程の増大は、単位あたり交通対象化資源から得られる価値実現の資源効率を低下させるという事実である。資源の有用化、価値実現がこの交通過程を必ず経なければならないということに鑑みて、資源利用における交通過程増加が、地球環境条件的にマイナス負荷を増大させるというこの関係は、次のことを想定させる。すなわち、「資源の有用化は、交通過程への資源投下比率が増大しないような組合せでの選択が望ましい」という簡明な論理式である。これは地球環境問題を考察する上で、極めて重要な指標を与えている。交通システムの整備が資源有用化の基礎であるにもかかわらず、それへの資源投下は抑制的であるべきだという逆説的な関係が成立しているからである。むろん、価値実現過程の時間的関係からは、交通システムへの先行投資が不可欠であり、この関係からどうしてもある程度の不確実性の発生は避けられず、資源利用非効率の問題が残る。まして価値実現機会の不確実性条件を高めるような社会システムが助長されるような状況下では、この問題はより進行化する。地球環境問題とは、まさしく人間社会の生活パラダイム選択如何の問題としてあることを示していると言えよう。[4]

第3節　交通システムの環境対応性

　交通という視点から環境問題を考える場合の一つの方法が、交通システム構造の直接的な課題として取り扱う方法である。交通過程全体にまたがるマクロ的な処方への前提として、交通サービス評価の諸因子から環境対応性を向上させる諸側面を考察しておかねばならない。

I　環境因子導入への評価因子別接近
1　場所（位置）因子・時間因子の問題

　資源の有用化が交通対象という形で位置の効用の変換、すなわち場所変化、交通過程を通じて行われていくという事実の中に、総ての現実があるという関係は、環境とは、結局、一連の交通過程における外因的作用条件を指しているということになる。そして、それが場所と時間という2因子に規定されて、環境条件の空間的位置づけが決まる。資源の空間的移動の中に持続的発展条件を阻害する環境変化が地球科学的レベルで生ずるという危惧が予測される状況下では、当然のことながら資源移動の空間的拡大を抑制する利用選択が望まれることになる。

　この問題は地球資源利用における段階論的な接近方法が必要なことを示唆している。資源需給が限られた地域社会において地域完結的に行われている限り、当該地域社会自身の問題として対処すれば足りるという局地性から、地球環境的な課題としては、当面、個別の条件下にあるということになるからである。また、こうした範囲での環境問題は、多くの場合、日常生活圏の中に問題の因果関係を検証できるという点で限定的であり、人類史の大部分はこの領域で歴史を刻んできた。環境問題がグローバルな課題として現実化してきたのは主として前世紀の後半期以降であって、その淵源が科学・技術の発達と、個人の意志と行動を最大限に尊重しようとする社会思潮の広がりに支えられ、産業・経済が飛躍的に成長してきたこの1・2世紀間における人類史の一頁のことでしか

第 9 章 交通と環境問題

ないことである。そこで起こってきた特徴的なことは、情報の拡散、共有化の中で偏在する資源の膨大な地域間移動、組換え、資源循環の人間社会迂回距離の増大、これによって地球科学的資源循環システムに変異が生じてきたということである。このことが距離と時間に関わる資源配分の持続的拡大をもたらし、資源利用における実質効率性を相対的に低下させ、地球環境へのマイナス負荷を著しく増大させる結果になってきたことは、疑う余地がない。したがって、単位価値実現に関わる交通システム資源配分の相対的抑制、これがここでの課題になる。

2 交通サービス生産要素因子における環境対応

交通サービス生産・供給の物理的・技術的条件を規定する交通サービス生産要素因子の環境対応性は、最も直接的な立場にある。その構成要素はいずれも何らかの形で環境対応性の向上に寄与し得る対象として多くの工夫が期待される。基礎的な条件として、まず、この因子を通じて得られるデータの計量性に依拠して長期的な環境対策への具体的処方箋を描くことになるからである。生産要素の資源効率性・循環性、環境阻害因子の回避、地域完結性の向上、さらには地球外資源の利用さえも視野に入れた環境対応性の向上と、今や交通システム全体の革新的な変化が期待されているのである。実際、地球環境性が議論の俎上にのぼってきたのは、人間社会の資源利用、就中、化石燃料依存のエネルギー・システムが、大気・海洋といったグローバルに展開する流体構造に作用して、社会の持続的発展を阻害するマイナス条件が高まりつつあることに、警鐘が鳴らされるようになってきたことによる。それは、生産要素の一つ、エネルギーにおける地球環境対応性への配慮を欠いた当然の帰結であると言ってよい。そして、移動距離の増大による交通システムへのエネルギー投入の急増は、その広域性、拡散性の顕著であることにおいて、この問題を強く意識させるきっかけとなった。殊に、排出ガスは拡散速度の速い大気圏に放出されることによって、グローバルな環境破壊を引き起こす原因、いわゆる地球温暖化の問題として、強く印象づけることとなった。そうした認識が契機となって、いまや温暖化ガス排出規制、代替エネルギー・システムの開発は世界共通の環境対策課題として象徴的な存在となっていることは、周知の通りである。 それ

は、さらに進んで産業・経済構造から日常生活体系全体までもが再構築の必要性を叫ばれるようになってきていることは、環境問題が地球レベルの問題として如何に急速に理解を深めつつあることかの証左であると言えよう。

かようなエネルギー資源への認識が、交通サービス生産要素における環境対応の問題をトータルに考えさせる機会を与えたことは間違いない。これを軸にした生産要素それぞれの環境対応性向上は、中間財、二次加工資源として交通対象資源の有用化過程に参入していく中で積算されて、社会全体の環境対応性を著しく進化させる核になるからである。交通システムにおける需給バランスの不確実、資源効率不安定・低生産性傾向、等々は、すでに度々指摘してきたところであり、交通サービス生産要素への資源投入増加は慎重であるべきこと、そして、さらにその環境対応性の向上は、交通過程の連続性に鑑みて最も配慮さるべき課題であることは改めて指摘するまでもない。このことは、当然のことながら、生産要素の利用非効率を可及的に抑制するためのシステム構築、まさしく生産・供給システム因子の領域と接する臨界域の課題でもあり、技術条件を交通過程に有機的に組織化していく過程での見逃すべからざる課題である。

3 交通サービス生産・供給システム因子における環境対応

交通システム形成においては、まず技術的な側面が強調されることが多い。が、実際には、それを運用・機能化する場面で、交通サービス生産・供給システム因子がソフトウェアとして社会のダイナミズムに現実的な能力を与えるという点で、いま一つの直接的な作用因子として存在する。個別主体は交通主体として、交通対象にあたる資源を交通システム形成に付された資源部分から産出された交通サービスを消費しながら位置変換を行うことによって有用化していく。そして、この過程におけるシステム展開によって実現される価値に違いが出てくるということにおいて、システム因子の現実・直接的な意味を理解する。地球環境対応性はこの因子条件からは最も外因的なシステム枠であり、地球科学的条件下に持続的発展へのシステム系が調和的にシンクロナイズして組み込まれるような生産・供給システムの構築こそが最適交通システム形成の鍵

第9章　交通と環境問題

になっている。加えて、ここでのシステム因子はこうした要件を充たしながら地球構成要素の一部分として交通システムを最適価値実現システムとして再構築、有機化していかなければならないという課題を負っている。

　すでに明らかなように、交通システムに最も強く求められているのは、個別交通需要対応性である。そこに価値実現の自由度が基礎的に保証されているからである。これはシステム形成基軸の如何を問わず、一連の交通過程ネットワークの中では、必ず達成されていなければならない条件である。が、生産・供給システムの原初的要請ともいうべきこの条件も、環境、就中、地球環境という新たな制約条件下で実現しなければならないということである。重要なことは、交通システムにあってシステム形成は、必ず技術条件、すなわち交通サービス生産要素との組合せの中で相互支援・制約的に有機化されていかねばならないことである。その関係が社会的要請に応えて、統合的にシステムのレベルが革新性を示すほどに有機化したとき、社会の価値実現体系を新たな発展段階に導くような交通革命と言ってよい状況が現出する。地球環境を視野に入れた生産・供給システムは、科学・技術における展望、あるいは社会の諸思潮の展開に鑑みて、正にそうした交通システム形成を予見させるダイナミックに有機的な存在として発展していくことが期待されているのである。そこでのあり方は、地球外条件をも考慮に入れた地球科学的領域でのシステム形成、すなわち地球環境を他律的な外生因子として対置するのではなく、新たな人間社会の形成に組織的に内部化していく工夫が必要であるということ。そして、それは同時に、人間社会が地球科学的有機性を持ってその循環体系の中に組織化されていく関係の実現でもあるということ、これである。これをシステム形成の基本姿勢として、交通サービス生産要素の技術条件の向上と共に、その供給システムをも含めた交通サービス生産・供給システムの開発でなければならない。それらを整理すれば以下のようになろう。

（1）システム形成は、人間社会の持続的発展の基礎が地球科学的資源循環システムの中に整合・有機的に仕組まれていくものでなければならない。

（2）交通過程はその循環システムの人間社会における迂回過程であり、自

己発展性に強く傾斜した価値実現システム形成の実体過程として、その全過程が環境対応性課題の現実的存在としてある。
（3）資源が有用化される過程で発生する交通システムおよび交通対象に関わるすべての外部関係はこの課題の対象であり、生産・供給システムはその関係を明示し、対処するためのシステムが組み込まれたものでなければならない。
（4）環境問題が参入してきたことにより、生産・供給サービスの質評価に新たな規制因子が加わってきたことは、システム形成に、より幅広い視野からの接近が必要なことを示唆している。それは、需要側面における環境対応性に現実的制御力を示す装置として、環境対応TDMの思考が同時に配慮されたものでなければならないということである。

4　費用因子の環境認識

ここでの費用が、交通サービス取得に関わるあらゆる種類の犠牲量を指していることは、すでに述べてきた通りである。それは、当然、一連の過程において投入される資源の評価を基礎にしたものでなければならない。しかし、費用概念が資源効用の鏡影として、その実体を人間社会に明瞭な姿で現わしてきたのは、それほど古いことではない。それが実効性をもって広く社会システム形成の重要な因子として位置づけられていくためには、何らかの形で投入・産出関係、効率・経済性への意識が喚起されていく動因がなければならない。人類の生存欲求が人間社会という集団的仕組みの中に持続的発展性を認識し、それが大きく成長し始めた歴史、近代史こそはあらゆる意味でそのことを明らかにする資料を提供している。わけても、人間の利己性を端的に反映した資本主義の論理が社会システムの内部に深く浸透していく中で、市場競争のメカニズムが費用管理の意識を強力に推し進めてきたことが大きい。ここでは、収益性を向上させるための因子として投入・産出要素を一元的に捉え、対比評価するための定量・数値化を、価格メカニズムの機能化を通じて高度に発達させてきた。それは、資源の有用性を人為的に効用評価することによって得られる抽象化された量に支点を置き、さらに貨幣量で表示することによって市民権を得、人間

社会における評価ツールとして鋭利な切れ味をもって、近代社会の発展に大きく貢献する指標を与えてきた。しかし、この極めて好都合な指標も、人間社会的特性に強く傾斜した指標として、地球環境というすぐれて巨視的な自然法則との関係下に処方箋を得なければならない課題に対しては、決して十分なものではない。人間社会の行動が自身の持続的発展を阻害する自己撞着的未来を予見させる地球環境問題を引き起こしつつある状況からは、使用資源量それ自体を環境負荷への原価として見る費用、「資源費用」概念の導入が必要なのである。特に、交通サービスは交通対象資源有用化の手段、中間財として、資源効率の向上が最も期待されている存在だからである。

5　制度因子の役割

制度因子は、時代の秩序パラダイムを反映して、様々なレベルで生活様態を規律する社会システムとして存在する。社会がグローバルな規模で展開し、地球科学的アプローチを不可欠とする環境問題を引き起こして次代の発展に危惧を抱かせるような兆候が現れてきている以上、社会のあり方を再検討し、この課題に対処する処方箋を明確な形で組み込んだ新たな指針、制度を必要とする。

実のところ、環境問題は制度議論の対象としては、表舞台に出て来て既に久しい。「公害」論争は、その端的な事例で、理論的には、モラル・ハザード、外部不経済、社会的費用の内部化といった論理を土台にして社会制度として確立されてきたことは、周知の通りである。それらは主として地域環境という限定的な存在ではあったが、今日に繋がる環境問題意識への萌芽として、重要な役割を果たしてきた。そうした歴史を踏まえながら、環境問題が地球科学のレベルで考察されるべき課題であるという意識は、いまや人類共通の理解となりつつある。それは、地球科学の論理が社会制度の基礎因子として組み込まれるべきこと、このことが認知されてきたことに他ならない。資源有用化、価値実現の実体過程である交通過程、交通サービスの質評価にあって、このことは改めてその本質に立ち返って検証する機会を与えられることにもなる。先にも触れたように、交通過程が資源の人間社会における迂回過程であることを考えれば、そのシステムを規定する社会の諸制度が地球科学的整合性をもって再構成

されることの意義は、決定的に大きい。それは当然に、社会のあり方に交通学的なアプローチの必要性を改めて認識させる機会にもなる。要点は、資源展開が交通対象化資源と交通システム化資源の二つに分かれて価値実現の迂回過程を形成していくというこの事実を前に、制度体系が環境負荷低減性を強く意識した形で再編成されるためには、前者の有効利用選択と後者の相対的抑制、このことを基礎にしたものでなければならないということである。このことは単位価値実現における交通過程投入資源の増大を回避するシステム促進の制度整備が不可欠であることを強く示唆している。

6 環境因子の設定

環境因子が他の因子と異なるのは、それが人間社会外条件に大きく規定されているということである。地球環境が近未来緊要の課題になっている今日の環境問題が、この条件を強く意識したものであることは言うまでもない。人間社会の発展条件とは異なる論理下にある環境と相互関係を持ちながら自己変容、内部化を図りながら対応してきた歴史こそは、人類の持つ地球科学的適応能力の高さを証明するものである。その関係に長期の適合乖離が指摘されるようになってきた今日の状態は、むしろ特異な現象と言わねばならない。その主因が科学・技術の発達を梃子にした人間社会の余りに利己的で急激な拡大にある以上、改めて環境負荷増大の抑制を基調とした自己変容と、環境論理の内部化という伝統的な手法を再認識すると共に、より客観的に地球科学的合理性を追究する姿勢が望まれているということである。交通サービスの評価に環境因子を新たな独立因子として設定、導入することの意味は、これまでの諸制度・システム形成のあり方を超えた、より俯瞰的な客観性を備えた体系の中に位置づけて、地球科学的視野から人間社会の持続的発展を展望する新たな規範・パラダイムの形成が必要となってきたことに起因している。その要点は資源展開における地球科学的循環性にシンクロナイズしたシステム構築を方向づけ、実現するための諸制度の整備、社会意識の普及、様々な具体的行動、ここにある。そして、それは、まさしく地球科学における総合的な発展なくしては達成し得ない課題であると言えよう。[6]

第9章 交通と環境問題

第4節　環境指標
―地球環境への対応、資源費用概念の導入―

　地球環境を大きく視野に入れた環境問題への対応は、すぐれて総合的でなければならず、さらに、それは交通学的な接近を基礎に置いた分析、検討が不可欠なことである。そこに資源展開のあり方を相乗して地球科学的ダイナミズムに適合したシステム構築に処方箋を与えるためには、何らかの指針・指標を必要とする。そのことは、資源の循環・還元性、省資源性、地域還元・完結性、さらには地球外資源利用の問題までも含めて考察しなければならない課題であることは、すでに再三触れてきた通りである。重要なことは、その何れもが人間社会での資源展開迂回過程である一連の交通過程の中で実体化されなければならないということであり、ここに交通学からの提言が期待されているということでもある。それは、次のような諸点が考慮されたものでなければならない。
　第1に、人間社会においては、資源が交通対象化資源と交通システム化資源の二つに分かれて展開しており、後者は前者の有用化手段、中間財として、基本的に利用効率の向上が望まれていることである。
　第2に、交通対象化資源の有用化は、交通システムの存在が前提、不可欠であり、必ず先行投資されていなくてはならない。この交通需要発生との時間差は資源利用効率の不確実性増大をもたらす。
　第3は、交通サービスが持つ即時財としての性質に由来して、交通システムに投下される資源の有用化効率すなわち生産性の不安定、低位傾向のあることである。
　第4には、交通過程は個別・連続的、多種多様・複雑な連鎖過程から成っており、資源需要の増加、地球科学的不整合の臨界領域を増大させ易い傾向、特性を持っていることである。資源展開の広域化、市場競争の激化、社会の多様・複雑化、不確実性諸要素の増大、等々は、一般的にこの傾向を強める。

第5に、しかし、交通過程とは、結局、人類の生存行為そのものに他ならず、交通システムの形成は、生存の基盤、地球科学的条件を第一次的基礎条件としなければならない。人間社会の発展段階は、そのことを改めて科学的領域から認識する接近方法を必要としているということである。

　如上のような諸点を考慮して、新たな処方箋を描く上で最も基礎的な指標が、人間社会に迂回使用される資源量である。これが交通対象化資源と交通システム化資源に分かれて展開していくことは度々述べてきた通りであり、その総量の抑制・有効利用と、(交通対象化資源：交通システム化資源) 比の高度化、これらが基本原理としてあることを強く意識している。

Ⅰ　資源費用の意味と位置づけ

　交通サービス評価の1因子として費用因子があり、交通サービス取得に関わるあらゆる犠牲量としてあることは先に示した通りである。それは、交通サービスがどの程度に効率・効果的な資源利用の下に需給展開されているかを判定する指標として、投入・産出関係の中で実効的な役割を果たす。そして、それを地球環境の問題に接近させていくためには、定量化への手続きを確認しておく必要がある。一般に費用については、断念される他の用途から得られたと推定される最も大きな逸失利得をもって表す機会費用の概念をもって理解するのが普通である。これは産出評価の側面を基礎にしているという点で、明らかに資源需要からの相対評価にポジションが置かれている。その意味で、これは人間社会からの評価指標であり、地球という資源場からは改めて環境評価に対応した、新たな指標の選択が必要になっている。それは少なくとも地球科学的立場からの客観的な評価を可能にする指標でなければならず、人間社会固有の指標といったもので足りる訳がないことは明らかである。この条件を充足し、かつ今日一般に理解され得る指標ということになれば、使用資源それ自体の絶対量をそのまま費用量として示す方法、「資源費用」と呼び得る評価の方法がその一つである。これは使用された資源を直接に費用尺度とするという点で、地球環境に対する人間社会迂回資源影響測定のための基礎資料を提供することに

第 9 章　交通と環境問題

なる。この指標では、費用間に換算システムを介在させて単一尺度化し、トータル表示するといったことは二次的である。地球資源循環システムに対する人間社会の資源利用に基づく環境負荷を明確に把握するためには、使用資源そのものの定量的把握が基礎データとして整備されていなければならないからである。これらの点について、交通学的視点からする資源費用への認識を整理すれば次のようになろう。

（1）地球環境が人間社会の持続的発展にとって制約的に作用することが強く意識されるという状況下では、資源供給の殆どを地球に依存する存在として環境負荷をもたらす利用資源評価の基準は、まず、その客観性を明らかにするために利用資源を直接に反映、表示するものでなければならない。

（2）地球科学的立場からすれば、その構成要素の一部分が人間社会に迂回して資源循環が行われているという関係は、迂回資源が人間社会形成のための投資、費用として位置づけられる存在になっているということである。「資源費用」とは、その理解にしたがった費用概念として、まず、使用された資源を総てそのものの量的単位で表示する方法を採る。

（3）この資源費用は、資源利用が交通対象化資源と交通システム化資源の二つに大別される形で展開しているという関係にあることを捉え、地球科学的立場から地球環境条件を解析するための基礎を提供するものとして導入される費用概念であるということである。

（4）これは、地球科学的条件下に人間社会がどのような形で持続的発展可能な仕組みを構築できるかへの基礎データを準備すると共に、資源利用における効果的な配分に交通学的なアプローチが不可欠でることを明確にするための手立てでもある。（交通対象化資源：交通システム化資源）比の高度化は、地球資源の効率・効果的な利用にとって緊要の課題だからである。

（5）費用を使用資源そのものの実量によって計ろうとするのは、それが人間社会を迂回し地球科学的に観て持続的発展にどのような影響をもたら

し、そこからフィードバックして利用システムの改善を図るという社会構造を定常化させるための新たな投入・産出システムの形成を展望しているからに他ならない。結局、地球科学的条件に整合した形での人間社会の実現、ここに帰着する。

II 交通費用の資源費用的認識

　交通過程は連続的な追加的資源投入を通じて利用資源の有用化を図る過程として、距離の増大は資源費用の増大を不可避としている。社会の発展と共に進むグローバルな活動領域の広がりは、このことを通じて地球環境問題に深刻な課題を提起する。すでに明らかなように交通システム化資源は、最も直接的に有用化資源部分となる交通対象に比べ遥かに伸縮度の高い費用部分であり、交通過程の増大は直ちにこの部分の増大となって環境負荷を飛躍的に高める危険性を持っている。

　一般的に、費用は個別主体個々の価値基準に基づく相互比較を通じて算定する機会費用認識の下で行われている。そして、その比較評価の方法は種々あるにしても、今日最も一般的に受け入れられているのは、市場メカニズムを通じて導き出された価格を貨幣表示数値化することによって比較可能な指標を得るという方法である。しかし、それは人間社会に足場があって、地球科学的評価を行う客観的指標として位置づけられているわけではなく、新たな指標として資源費用の導入が必要なことは縷々述べてきた通りである。　殊に地球環境に関わっての交通費用算定は、交通対象化資源利用のグローバル化で累積的な増大が現実化する状況にあって、その有用化過程の手段として現に使用された投入資源量こそが、まず費用の絶対的基礎指標として捉えられていなければならない。

　そして、地球環境問題の基礎が資源利用のあり方にあり、それを通じて得られる有用性、効用に人間社会の評価基準があるという関係の中で、客観的に見れば使用資源量こそが人間社会存在のための犠牲量すなわち費用そのものであることは疑う余地がない。

第9章　交通と環境問題

　資源流通が市場メカニズムを主軸にして展開する中で、競争条件下に資源配分の最適化を実現するという論理関係は、市場の広域化を強力に促進する動因となる。それは、当然に距離・時間空間の拡大を導き、殊に交通距離の増大は直ちに資源投入の増大に結び付くものとして注目しておかなければならない。例えば、ある財・サービスついて市場展開の中で、より好条件、低廉な価格で取得できる条件を競争関係の中で実現しようとすれば、こうした現象はごく普通に現れることになる。まさしく今日、急速に進むグローバリゼイション化もこうした市場メカニズムが浸透、定着していく中での端的な現象であると言ってよい。言い換えれば、市場メカニズムの拡大については、地球環境問題が地球資源利用に起因した課題である以上、改めてこうした現象傾向に注目し何らかの処方箋を準備していかねばならないはずである。資源配分の基準を個別主体の競争・集団的効用評価という意思決定システムを通じて導出される、すぐれて人間社会的な尺度である価格に置いて最適化を図ろうとする手法それ自体が、すでに一定の限界を内包したものであることは明らかである。殊に交通距離の飛躍的増大による投入資源の拡大が、価格メカニズム評価による換算・間接化によって直接表示されなくなるということは、地球環境問題への交通学的認識を稀釈化させかねない。投入資源量をそのまま直接表示する資源費用概念導入の必要性は、正にここにある。人類生存の地球科学的適合性という認識側面からの資源配分最適化をめざすことこそが、人間社会の持続的発展を展望する際の基調でなければならない。

　資源費用とは、その意味で地球という資源供給側面からする費用認識に他ならない。そして、それは交通過程に投入される資源量を明らかにし、交通対象化資源の有用化に要する費用の実体が直接、地球科学的環境負荷を表す指標として明示されるところに、処方箋組み立てへの基礎を与える意義を持つ。あくまでも有用化の手段としてある交通システムへの投入比率は、他の事情にして等しい限り、可及的に縮小化されることが望ましいことは言うまでもないことだからである。

Ⅲ 交通過程増大と資源費用

　価値実現の実体過程である交通過程の拡大は、直ちに資源費用の累積的な増大に結び付く可能性が大きい。それは、主として次の諸点に起因する。
　（1）交通サービスの即時性からする投入資源産出効率の不安定・低率傾向、
　（2）交通投資の先行投資性に基づく不確実性の存在、
　（3）交通システムの連続性に基づく資源投入の累積性、
　（4）生産要素の随伴移動発生に伴う交通サービス自己消費部分の存在が（生産量＞供給量）の関係を余儀なくさせること、
　（5）不使用能力発生の問題、そして何よりも、
　（6）資源有用化の過程を担う交通システムが、生存に不可欠のインフラストラクチュアとしてあるということ、等々。

　これらの諸特徴を理解し、人間社会の持続的発展への新たなデザインを描こうとすれば、これまでの諸因子、インセンティブ指標を超えて、交通学の視点からする更なる検討が加えられなければならないことは明らかである。交通の飛躍的な拡大が見越されるこの世紀に、地球環境問題が膨大な資源利用を経て展開する人間社会のあり方に発している以上、改めてこの視点からのアプローチが必要であることは強調してもし過ぎることはない。殊に、市場メカニズムに支援されて激しい競争社会がグローバルに展開する社会状況下では、価値実現過程における交通投資資源比率の相対的上昇は避けられない。そのことは資源利用の非効率性向を強く持つ資源配分への傾斜という環境評価上、望ましくない方向にあることを意味しており、その関係が明瞭に析出される指標の必要性を強く浮かび上がらせてくる。使用資源量をそのまま費用として表示する資源費用の概念は、資源交換の指標としては未加工の素材にしか過ぎなく、投入された複数の資源費用間換算システムが必要になることは言うまでもない。しかし、どのような算定システムが採られようとも費用の基礎がここにあることは明らかであり、資源交換の第一次評価指標として通過しなければならないフィルターなのである。資源費用が増大する取引は、他の指標、例えば市場価格を基礎として積算された費用ではより低いと算定されたとしても、地球環境負

第9章　交通と環境問題

荷という側面からは抑制されなければならない。これは、人間社会迂回資源を地球科学的循環システムの中に整合・有機的に仕組む資源供給側面からの認識に他ならない。交通過程の増大はこの認識に最も端的な検証対象を提供しているのである。これらの緒論から演繹されることは、交通距離の増大は資源費用の累積的増大をもたらすことから、それを無原則に促すような資源配分の方法は改められなければならないということ、これである。単位空間あたり資源の有効化促進、再資源化、資源還元性、地域完結性、自己完結性、等々の向上、そして、より巨視的には地球外資源導入の推進など、この課題への処方は多岐にわたる。しかし、その基礎に資源移動のグローバル化を促進させるような配分システムは、地球科学的検証を前提としたものでなければならないということ、このことへの合意、認識なくしては、それらを有効、有機的に機能させることはできない。その意味で、地球環境問題への対処は、まず、資源供給の基礎を成す地球科学的条件との相対関係の中に人間社会の持続的発展の方向を探るという、本来の姿に立ち帰っての議論でなければならないということになる。[7]

第5節　環境負荷因子拡散の抑止と交通

すでに明らかなように、環境問題は人間社会の生活行動のあり方に起因し、すぐれて社会意識の問題に深く根ざしている。殊に現代社会の生活様態に、生存環境回復循環に機能不全を引き起こさせるような因子のあることへの明白な警告に他ならない。自然環境を人間社会の発展手段として資源化することは、それが地球科学的循環システムにシンクロナイズして組織化された方法によらない限り、生存条件としての自然環境は確実に後退していくのである。

I　地域環境から地球環境への展開

環境問題はその中核に地域があり、それが大きく発展して地球環境、さらに

は地球外環境へと広がる様相を呈する。人間社会が地域に根ざして生活行動を展開している以上、地域社会を通じた環境課題への対処が基本にあることは論をまたない。実のところ、環境論においてこの地域環境に対する意識は永い歴史を持っている。人間社会の発展は個別環境を原核としつつも、生存、生活行動を展開する地域という空間場で現象化するからである。その意味では地球環境もまた地域環境の発展型であるとも言える。しかし、一方で広域化の中で環境空間そのものが変質していくという側面を見逃してはならない。環境問題が地球規模で論じられる段階での地域とは、すでに独立固有の環境空間としてあるのではなく、相互が連鎖・重層して複雑系の領域に入っていること、さらにはそれが地球全体に拡散して自己損壊を引き起こしかねない負の循環システム生成の核になることも危惧されるのである。こうした状況下、地域社会の持続的発展評価フィルターの中に、地球科学的条件が環境という包括的制約因子の形で入り込もうとしているということに他ならない。持続的発展のフロンティアを地域拡大の中に求めてきたこれまでの手法がグローバルという地域限界に直面し、地球科学的条件を外因的な存在としてではなく、それ自体を人間社会発展の基礎として内部化し、整合・有機的な循環システム構築へと意識を変えなければならなくなってきたのである。

　こうした限界が明らかになってくる中で、資源利用についてもその仕組みに、地球環境と人間社会の双方向的関係を通じた地域社会形成という新たなアプローチが必要になってきた。言い換えれば、人間社会の主観的意思での資源利用拡大は、もはやその条件を失いつつあるということである。わけても交通距離の増大は、資源非効率、資源費用増大の加速というこれらの問題が直ちに前面に出て来るということを強く認識しておかねばならない。このことから、資源循環・地域完結性の向上を基本尺度として、その系譜に連なる様々な処方箋の工夫が期待されてくることになる。この問題には、地域資源利用率の向上、還元型資源利用、再利用・省資源性、さらには地球外資源の導入さえも視野に入れた多元的な資源利用システムを通じて対処しなければならない。そして、交通過程の増大を抑制しながら効果的な資源利用を図るという、このことが地球

環境問題に対処する地域社会発展の基本姿勢に組み込まれていかなければならないのである。

Ⅱ 環境負荷因子拡散の抑止と交通学的認識

　人間社会の諸現象があらゆる意味で交通過程を通じて展開しているという事実に注目すれば、環境問題がそのレベルの如何にかかわらず、こうした視点からの接近が不可欠であることは明らかである。殊に資源循環が地球科学的レベルで考察されなければならない程に広域にわたる時代での様相は、一連の交通過程に注目した資源展開の中に、より直接的な分析課題を設定しなければならないことを強く示唆している。環境負荷因子の発生、拡散は、まさしくそこに現象化するからである。

　まず、第1に、この問題の根源である資源利用の環境負荷因子抑制に関わるあらゆる側面からの分析、対処の究明が行われなければならないことである。

　直接的かつ明確なアプローチであり、今日、問われている環境問題の多くはこの領域でカバーされる問題である。例えば、LCA（Life Cycle Assessment）など、一連の資源展開過程に着目した分析方法として、環境問題評価において欠くべからざる手法になりつつあることは、周知の通りである。それは紛れもなく交通過程に乗った人間社会迂回の資源展開に現れる環境負荷因子の分析、評価の手法に他ならない。しかもそれは、最終的には地球科学的資源循環システムに還元されて安定化されるまで体系化されたものになることが求められている。この過程の中で資源個別に関わるさまざまな環境対応技術・システム、さらには経済的・制度的仕組みが地球科学的合理性をもって組織的に処方されていかねばならないのである。[8]

　第2に、資源利用の効率化、環境負荷資源利用比率の低減、地域完結性、地球科学的資源還元性の促進、資源消費抑制型社会システムの構築、等々、こうした課題に対して、資源論理形成の基礎には、その展開が必ず交通過程の上にあるという事実に対する認識がなくてはならない。そして、その過程が資源非効率に陥り易い存在であること、そのことが交通距離の増大と共に急速に拡大

していくという事実に改めて注目しなければならない。基本的には、交通過程は可及的に短縮されることが望ましい。交通過程に投じられる資源とは、まさしく交通対象の価値実現に費やされる費用そのものに他ならないからである。むろん、より総合的には人間社会における資源需要全体のマネジメントを基礎にしなければならないことは当然のこととして、交通学の視点からは、まず、交通対象化資源の有用化過程に焦点を合わせたところから始めなければならない。このスタンスに立って一連の資源展開過程を見、交通の資源非効率性向に注目すれば、交通距離の増大を無原則に前提とするような選択はできるだけ回避されねばならないことは、余りにも明白である。資源費用による測定、評価の必要もそこにあることは、たびたび指摘してきた通りである。

　第3の問題は、交通距離の増大は、時間因子と共に連鎖して不確実性条件を級数的に増加させるということである。これは長大な交通過程の上に展開する社会のあり方に、改めて資源非効率を加速させる条件が内在しているという事実を認識しておく必要があるということである。 不確実性の増大、これに対する最も効果的な対処法の一つ、情報化の促進こそはまさしく今日的課題であり、それはまた同時に、交通過程の資源非効率、環境負荷因子拡散抑止の課題を究明するための基礎を準備するものでもある。あらゆる意味において不確実性の増大は、負の産生を内在させたまま資源の人間社会迂回過程を増殖する。当然のことながら、そうしたことに対処する効果的な制度、仕組みが、社会全体に強力に組織化されていくのでなければならない。

　第4に、こうした交通過程における諸課題は、さらに人間社会を取り巻く諸環境の複雑な連鎖構造にまで有機的に接合していく地球科学的総合性をもって対処していかなければならない。ここでは人間社会の主体的意志は環境との間で客観化され、相互規制関係の中で生存条件の持続性を如何に実現していくかの課題に直面し続けることになる。その境界域は両側面の論理乖離が現象化する極めて流動的な空間領域であることは言うまでもない。しかし一方で、それは人間社会が発展していく道筋を大きく示し浮かび上がらせるリトマス界を形成する領域であるとも言える。

第9章 交通と環境問題

注

（1）Barry, John, *Environment and Social Theory*, Routledge, N.Y., 1999, chap.2.

（2）濱田隆士『地球環境科学』放送大学教育振興会, 2002年, 第10,11章. 鷲田豊明『環境と社会経済システム』勁草書房, 1996年, 第1章 第4,5節, 第2章 第5節.

（3）Weizsäcker, Ernst Ulrich von, *Ökologische Realpolitik an der Schwelle zum Jahrhundert der Umwelt*, Wissenschaftliche Buchgesellschaft, Darmstadt, 1992, 宮本憲一・楠田貢典・佐々木建 監訳『地球環境政策』有斐閣, 1994年, 第Ⅳ部. Boyle, Godfrey, Bob Everett and Janet Ramage ed., *Energy Systems and Sustainability*, Oxford Univ. Press, Oxford, 2003, chap.1,13. Proost, Stef and John B. Braden, *Climate Change, Transport and Environmental Policy*, Edward Elgar, Cheltenham, 1998, chap.1.

（4）Banister, David ed., *Transport Policy and the Environment*, E & FN Spon, London, 1998, part 1,2. Feitelson, Eran and Erik T. Verhoef, *Transport and Environment, In Search of Sustainable Solutions*, Edward Elgar, Cheltenham, 2001, part 1.

（5）Friedrich, Rainer and Peter Bickel ed., *Environmental External Costs of Transport*, Springer Verlag, Berlin, 2001, chap.2,3. Oberthür, Sebastian and Hermann E. Ott, *The Kyoto Protocol*, Springer Verlag, Berlin, 1999, 岩間 徹・磯崎博司 監訳『京都議定書』シュプリンガー・フェアラーク東京, 2001年. 澤昭裕・関 総一郎『地球温暖化問題の再検証』東洋経済新報社, 2004. 高田邦道『CO_2と交通』交通新聞社, 2000年. Baumert, Kevin A., *Building on the Kyoto Protocol: Options for Protecting the Climate*, World Resources Institute, 2002.

（6）牛山 泉『エネルギー工学と社会』放送大学教育振興会, 1999年. Vig, Norman J. and Regina S. Axelrod, *The Global Environment, Institutions, Law, and Policy*, Congressional Quarterly Inc., Washington, D.C., 1999, part Ⅰ.

（7）福岡克也『エコロジー経済学』有斐閣, 1998年, 第4章. Turner, R. Kerry, David Pearce and Ian Bateman, *Environmental Economics: An Elementary*

Introduction, Harvester Wheatsheaf, 1994, 大沼あゆみ『環境経済学入門』東洋経済新報社, 2001年. Chichilnisky, Graciela and Geoffrey Heal, *Environmental Markets*, Columbia Univ. Press, N.Y., 2000.

(8) 鷲田豊明『環境評価入門』勁草書房, 1999年, 第1,5章. 酒井伸一・森 千里・植田和弘・大塚 直『循環型社会、科学と政策』有斐閣, 2000年, 第3章. 原科幸彦『環境アセスメント』放送大学教育振興会, 2000年. 通商産業省環境立地局 編『循環経済ビジョン』通商産業調査会出版会, 2000年. 吉澤 正『環境マネジメントの国際規格,ISO規格の対訳と解説』日本規格協会, 1997年. Voorhees, John and Robert A. Woellner, *International Environmental Risk Management*, Lewis Publishers, CRC Press LLC, Boca Raton, 1997, part One.

第10章　交通政策

第1節　交通政策の任務

I　基本的視点

　交通政策とは、交通の本質に照らして人間社会における価値実現の実体過程の自由度と合理性を追求する意思を主体的に方向づけ実施していく社会的行為である。それはあらゆる社会的諸関係に関わる交通を巨視的に規制する基盤的政策を基礎にして個別交通関係にまで至る一連の交通過程を有機的に組織化、調整する直接、間接の各種施策を包含している。

　交通政策の役割を議論する場合に考慮しなければならないことは次の諸点である。

　第1に、社会の価値実現の実体過程を対象とするものとして、社会成員がそれにどのように参与し得るかの条件が明確にされていなければならない。移動の自由、立地選択の自由あるいは時間制約からの自由度など、一般に交通権と関連して論じられるような諸問題も含めて、この条件との間で基本的枠組が与えられる。当該社会がどのような体制、体系の下に規定されているかという歴史的関係の中で選択された社会的パラダイムの具体的認識なくしては、交通政策の秩序立った展開はあり得ない。

　第2に、交通政策は場の条件すなわち位置という絶対的空間条件に規定された課題を対象としているから、常に地域社会という概念枠の中で行われる存在であるということである。この場合、地域社会とはむろん単に一地方という意味ではない。個別小規模な領域から国、国際間という広域な領域を含む人間社

会が営まれている空間領域のすべてを含んでいる。都市、諸集落とはそうしたものの現象形態に他ならない。交通政策はそうした諸現象の展開する空間概念として地域をとらえ、その意味での地域社会的課題として理解されている。今日、最も中心的な枠組としては国家という領域の中での地域社会であり、それを一つの軸として、交通政策が展開されていることは周知のとおりである。

　第3に、交通政策は交通システム形成基軸、今日的には公共性基準、私的システム、市場メカニズムの3基軸それぞれに応じた目的、課題に対応した政策ならびに基準相互間の調整課題を併せ行われるものでなければならない。

　第4に、交通は社会活動の物理的基礎条件を成すものとして、交通政策における選択は地域社会形成の方向性を決める意思決定の第一次的選択に他ならない。しかも、それは個別地域社会の歴史的条件に規定された多元的価値判断を必要とする。

　第5に、交通政策は単に地域の内部社会的課題をのみ対象としているわけではない。それを取り巻くさまざまな外因的課題に対処して社会的利害の調整、保護、規制等を行わなければならない任務を負っている。外部不経済、環境問題、安全保障、等々、その課題は多岐にわたっており、地域間あるいは課題によっては地球規模の問題を抱える。

　第6に、交通政策はその性質上、基本的に交通体系の総合性を念頭に置いたものでなければならない。しかも基軸それぞれの機能を効果的に作動させて相互に有機的な組織性を構築し、自由度の高い持続的成長条件に寄与するという意味においての総合性でなければならない。いずれにしても特定の基軸だけでこの目的を実現し得る交通体系の形成はあり得ず、したがって調整政策が交通政策上、最も中心的な課題として存在している。

　第7に、交通政策は交通体系の有機的な発展の中に社会的厚生の向上を目指して行われる政策課題として、それを具体的に構築するために多岐にわたる関連部門に関与しなければならない。それは一方で交通過程の問題としてあるけれども、他方でそれを通じたさまざまな波及効果、外部性の問題等を含んでいる。殊に大規模な交通投資を行うような場合、産業・経済へのインパクトは大

きい。こうした側面からは、交通政策が景気対策として、あるいは地域社会、国民経済の成長、発展に主導的役割を担う政策として大きく機能する。その意味で交通政策は多分に社会全体の動きに効果的に対処し得る政策分野であるということができる。

かように交通政策は社会のあらゆる分野に直接、間接に作用する諸施策を通じて、その展開を巨視的、長期的に方向づける最も基礎的な政策分野であり、社会の意思を具体的に反映する価値判断の行われる場であるといってよい。

Ⅱ 交通システム形成基軸と交通政策

交通政策の基本にあるのは、社会の諸活動にあってある課題が交通システムを通じて作用する価値実現過程への影響を適切に制御することにある。それは交通システム形成基軸それぞれに行われる政策目的に沿った評価と、それを土台にした意思決定によって方向づけられる社会的行為に他ならない。したがって、政策対象となる社会の範囲とその特性から引き出された秩序パラダイム、諸規範、慣行、慣習等によって規定された価値認識と、その実現システムの態様に応じて個別地域歴史性の中に認知された形成基軸の要点に整合したものでなければならない。今日の最も一般的な形態は公共性基準、私的システム、市場メカニズムの3基軸をもって展開している社会であるが、交通システムもそれらを軸としながら同時に基軸機能の実体化を担う役割を果たしている。交通政策はそれぞれの基軸の中で形成される交通システムの役割を社会的に評価し位置づけを行うと共に、その要請に即して基軸比重の調整を行い、社会全体の価値実現能力の効果的な有機化を促進することに目標がある。したがって、基軸それぞれにおける政策、ならびに基軸間調整・組織化への政策が総合的に連携対応したものであることが期待されている。

第2節　公共性と交通政策

　交通における公共性の問題は、他の基軸分野とは異なり政策担当者の直接的課題として存在している。先に触れてきた公共性基準に基づく種々の課題は、交通政策を行う上でそれ自体の中に相互調整を行いながら実施しなければならない難しい問題を含んでいる。特にこの問題の基礎をなす交通権に対する現実的理解は必ずしも明確ではなく、公共性論議が抽象性を示しがちになる一つの理由にもなっている。しかし、少なくとも次のような諸点を含む概念枠であることは間違いない。

　第1に、それは社会成員が共通に利害を授受する社会的関係の中に、秩序ある成長、発展に不可欠の共通の社会的意思に基づく交通諸関係に関わる基礎的な規範、施設・設備、管理・運営を視野に入れたものであること。

　第2に、したがって公共性に関わる諸基準の策定は、主権者である社会成員の価値意識に基づく厚生基準に即した意思決定システムを通じて行われること。

　第3に、公共性課題は交通権をすべての基礎として、現実に実施されていく諸基準は幾つかの範囲、役割に任じている、それらは

　(1) 社会の成員のすべてに関わる価値実現システムの基礎条件としての基準

　(2) 社会の展開方向に主たる役割を果たす成員の意思を傾斜的に反映した準則としての基準

　(3) 公共性基準に基づく課題を達成するために社会の各成員がそれぞれ担うべき役割、範囲を明らかにする基準

を含み、組織化されたものでなければならない。

　そして、こうした基準の下に行われる交通政策は社会全体に関わる課題として他の基軸との間に整合的な調整が行われつつ実施されていかなければならな

第10章　交通政策

い。

　公共性基準に関する諸課題は社会の各成員にまたがる課題であるとはいえ、それを実施していくにあたって主たる担い手となるのは政府ならびに諸公的機関であり、それを軸として社会の持続的成長の基盤整備と秩序ある方向性を確固としたものにしていかねばならない。交通の分野は他にもましてその比重は大きく、かつ長期的である。そして政策対象は公共性基準に照らして政府・諸公的機関が継続して担うべき固有の分野と、ある状況下においてはそうした機関が主たる担い手となることが望ましいという関係の中で行われる。しかも、それらは社会の共通の意思に支持された価値判断の中で選択される対象として、常に相対的流動性を持っているということも理解しておかねばならない。

　むろん、その度合は対象間に開きがあって、ある種の対象にあっては公共性の領域で安定的に取り扱われることが望ましく、所謂、公共財あるいはそれに準ずる財・サービスはこうした対象になる。が、その場合にあっても個別には社会条件の中で評価に高低が生ずる相対性を完全に払拭しているわけではない。ただ、そうした最も基礎的な条件に関わる評価が大きく流動化するような場合には、社会の巨視的な構造変化が伴うのが普通である。それはパラダイムの変化の中で新たな価値尺度の選択が行われていることの証左でもある。

　かような基礎的認識と論理構成の中で公共性に関する交通政策は

(1) 社会全体の交通体系形成の方向性を明らかにすること、およびそれを実現するための指針となる規範の整備

(2) 交通システム形成の分担。公共性の高い交通機関の整備に対する参与、組織化

(3) 社会的要請に応じた投資、補助、保護政策、社会的基礎施設の整備

(4) 交通サービスの需要・供給の場における社会政策的目的に沿った規制、制御、方向づけ

(5) 地域間、外因的条件に基づく交通体系、交通システム構造の規制、制御、管理

(6) 環境問題に代表される成長の限界、均衡の中での秩序ある発展へのグ

ローバル、国際的共通規範形成への寄与、およびそれとの整合ある交通体系形成への主導、方向づけ
(7) 有事・安全保障、災害、社会秩序維持、等々、公共政策固有の任務に関わる交通政策

　これらを含め、多くの二次、三次的課題を担っている。若干の例を除けば、その多くは他の形成基軸にまたがる包括的な規制力をもって主導しなければならない難しさがある。
　例えば、市場メカニズムを基軸とした交通システムにあっても、その機能が有効に作動するためには幾つもの制度的な整備が必要であるし、公共性に関わる課題を付加することが求められることも少なくない。所得の再分配、参入・退出規制、運賃・料金の許・認可、福祉政策的課題、安全性、等々、これらの多くを市場での自由な意思に委ねるといった領域にまで広い自由度を想定して、交通と市場メカニズムの関係を考える場合はほとんどない。いい換えれば、市場メカニズムが交通関係に結びついていく過程は、その交通関係が他の形成基軸に代わって社会的に一定の地位を占める中で、市場そのものの社会的必須性が規制的方向に働き始めるという関係があるということである。交通が価値実現の上で絶対的な必要条件であることに由来している。そこでは必然的に公共性を傍視した交通政策が行われていかなければならなくなる。こうした関係は私的交通システムの場においても同様に当てはまる。

第3節　私的交通システムと交通政策

　交通政策の上で私的交通システムの社会的位置づけを明確にし積極的に評価して、より自由度の高い交通体系を構築していくことは重要な課題である。交通はその本質からして私的交通は原初的形態として最も基礎的な形態であり、また可及的に要請される基本形態でもある。
　交通政策が第一次的に期待されている課題は価値実現能力における交通機能

が社会の調和ある持続的発展と、それに連動、整合した個別交通需要対応能力の優れた自由度の高いシステムに組織化されることである。その意味において私的交通システムの効果的な社会的有機化こそが、この場合の最も重要な課題になる。

　私的交通が交通の原初的形態としてその中核に位置していることはいうまでもないが、それは自家用交通機関といった限られた範囲の問題としてとらえられているわけではない。他の基軸に基づく交通システムにしても、交通の本質に鑑みて私的交通性は指向すべき回帰軸としてあることを認識しておく必要がある。[1]

I　私的交通における政策的課題

　その第1は、私的交通システムを社会的交通体系全体の中に有機的な位置づけを行うことの必要性である。これはその社会における価値実現構造を実体化する交通過程の中で私的交通システムを如何に位置づけるかという評価を通じて、交通体系のあり方を明確にする基本的政策指針を示すことに他ならない。

　交通の基礎的形態としての私的交通が効果的に作動するシステムの形成は交通政策における最大の関心事であるといわねばならない。個別交通需要の充足を第一次的に保証するシステムとして、それが社会的に有機化されたシステムとして効果的に組織化されることは、今日の社会体制の中で最も重要な課題として提示されている。

　第2は、他の基軸に基づく交通システムと私的交通システムとの間の政策的整合化の問題である。私的交通とはいっても、今日の時代にあって他の交通システムから離れ社会的関係から隔絶して存在することは例外的である。そして、それが交通体系の中にどのように位置づけられているかによって、その社会における価値実現行動の意思が浮き彫りにされてくる。

　社会という巨視的枠組の中で、交通政策の主眼は基幹システムとして公共性、汎用性という広い需要対応能力を持った交通システムへのニーズならびに役割に向けられる傾向が強い。しかし、それは需要の共通性という面で不可欠であ

ることはいうまでもないが、個別交通需要の連続性の中での一交通過程である交通需要の集合部分に焦点が合わされた存在に他ならない。既に触れてきたように、交通過程の中にあっては需要充足手段としての位置づけに差はなく、一連の価値実現過程において同位の存在であるということである。そして重要なことは、一連の交通過程の中で私的交通システムが必須の存在としてあること、このことである。その意味で交通需要者にとって第一次的な選択対象であるということになる。殊に個別需要の多様化、多頻度化の中で、その要請は高まりこそすれ低下することはない。むしろ他の交通システムがそうした要請に如何に対応するかの方がはるかに重要な課題になってきている。私的交通の問題が単に個別需要者の狭い領域の問題でないところに、交通の本質に関わる特徴があり、また交通政策の上で留意すべきところがあるといわねばならない。

第3は、私的交通システムの社会的有効性を促進するための政策選択の問題である。私的交通は個別交通需要それぞれのケースにおける価値判断が強く前面に押し出されている。したがって、そうした特性が充足されるような交通体系の形成は社会的に政策的選択が行われるような状況がなければ効果的に促進されることは難しい。それは諸制度、基礎施設・設備、投資形態・配分、他基軸との整合・調整、諸関連部門の育成、等々、諸条件の整備と共に考慮されたものでなければならない。

第4に、私的交通システムは個別成員の意思と資源の可及的有効化を図る上で最も期待される基本システムに他ならないが、個別主体相互の交通関係を整合的に有機化する結合・調整システムを必要とする。それは公共性の問題、市場メカニズムによる補完・支援を含め、交通政策が社会の展開を大きく方向づける意思決定政策としてあることを立証する場面でもあるといってよい。

II　情報化社会と私的交通政策

私的交通への指向が交通の本質に根ざした基本的方向性であることは否定する余地のない事実として、その個別性を調整し、より有効なシステムとして育成すべきであるという意識が社会的に一般化しているとは必ずしもいえない。

第10章　交通政策

否、むしろ社会性との関係で対極的存在として位置づけ、抑制的に論じられることも少なくない。それにもかかわらず現実は多様化の中に交通空間は広がり、個別交通需要対応性への要請は強まるばかりである。しかも、それが相互に有機的に結合していなければ、社会関係の中で醸成される集積の利益を内部化することはできない。各個別主体が社会の成長、発展の中に同期して行動を可能にする条件は、それに対応した交通システムの存在である。いい換えれば、基幹交通システム等にしても個別需要に如何に効果的に対応し得る能力を持つかが持続的成長、発展への鍵になるということである。私的交通に対する十分な認識が交通政策を実施する上で重要な地位を占める所以である。

　その問題に対する一つの処方箋は、今日急速に進みつつある情報化の中に求められる。交通が即時財である交通サービスの生産、消費を通じて行われるという関係から、それを効率的に実施する条件は需要と供給の事前結合条件を高めることにポイントがある。それは時間と場所の乖離、不整合を可及的に縮小することによって行われねばならず、情報化の進展はこれに著しく寄与的である。殊に私的交通にあっては、その個別性によって潜在化されている余剰能力を情報化を通じて社会的組織力を高めることが投下資源の効率化に大きく役立つことは想像に難くない。そして、それを積極的に推進するためには、マクロ的視野からする政策の中での位置づけが不可欠である。

　情報化はいうまでもなく、その経済性と技術的特性の中に社会のニーズを先験的に組織化、提示することを容易にする。それは正しく交通需要者の選択行動を大きく広げる条件を整えることにもなる。交通サービスはその特性から需給関係に不確実性を伴い易い。それを可及的に抑止する条件の多くが情報化の中にあることによる。

　第1に、情報はそれ自体が交通サービス生産要素の一つを構成しており、その質評価の先験的必要条件になっていることである。私的交通システムは需要者との間では最も情報的充足性の高い存在ではあるが、同時に各交通過程間の結合情報が不足しているシステムとして社会的有機化が十分に行われ難い。それを推進させるための第一次的要件が情報化の促進ということになる。情報化

によるの私的交通のネットワーク化による経済性の向上、効率化である。

　第2に、いずれの基軸によるにしろ交通機関は交通サービスを生産するシステムとしてその特性に規定される。就中、即時財としての特性は生産が需要の同時・同所存在を要件として、生産性、収益性の悪化、不安定を招きやすい対象である。このマイナス条件をできるだけ少なくさせる最も効果的な方法は情報化による不確実性の縮小、これに尽きるといって過言でない。需給の情報的結合による不使用能力の縮小、生産の安定・効率化、これらはあらゆる交通システムにおいて共通した課題であるが、個別需要対応性がより一層期待される多様化が進む社会状況の中では、私的交通システムの増大とその有機的な社会的組織化が特に重要な課題として現われてきている。

　第3に、交通は如何なる場合にあっても、交通需要充足の全過程が価値実現過程として等位の重要性を持っており、部分が全体を規定する。この関係は交通が如何に脆弱な側面を持っているかを示している。この脆弱性に対するリスク・マネジメントは交通の不確実性を縮小し、資源の効率的利用の持続性を確保する上で不可欠のことであり、その多くは情報の高度化によって実現されねばならない。

　第4に、私的交通が高度に社会の交通体系の中に組み込まれていく過程にあって、それを組織的に行っていくためには情報システムが社会的インフラストラクチュアとして整備されていくことが不可欠であるということである。情報ネットワークは交通におけるネットワークの経済を効果的に作動させるための前提であり、社会の機会メリット、資源の有効利用、就中、価値実現空間の拡大に伴う交通過程の不確実性増大に対する顕著な処方箋を提供する。こうした関係を認識するならば、交通需要者にとって最も望ましい交通システムである私的交通システムのより一層の自由度と効率性を促進する挺子として、情報化の促進がマクロ的視野から政策的に促進されることの重要性が理解できるであろう。

Ⅲ 私的交通システムの政策的方向

　交通の本質からする私的交通化への指向は、私的交通システムが社会の第一次的交通システムの形態として存在することを証言している。それは交通政策がこの特性を基本的前提として策定されなければならないことを示唆してもいる。重要なことは、あらゆる交通過程は何らかの形で異種交通システム間のネットワークの中で有機化され価値実現の実体過程を形成していることである。
　しかも需要条件が多様化して個別対応性の優れた私的交通性の高い交通システムの育成が、社会の発展に相応して交通政策上、明確な地位を占めなければならない状況にある。そして、それは同時に空間的な広がりの中で、他の諸交通システムとの間に相互に整合的な関係が実現される政策的方向づけが不可欠である。あらゆる意味において交通の自由度は価値実現過程の基礎であり、そこに個別、私的性が社会的機能の一つとして評価され位置づけられることの必要性がある。私的交通システムを他の基軸による交通システムとの間に対抗的にとらえるのではなく、交通の本質からする原初的、基礎的形態として他のシステムによる交通にしても、それへの要請が底流にあるということが理解されていなければならない。公共交通機関、各種交通企業、これらも一連の個別交通需要充足の過程で集合的に現われる部分需要を主たる対象としたシステムという存在に他ならない。交通政策はこの基本的特性を認識し、交通システムの組織的なネットワーク化により社会全体が巨大な有機体として秩序ある持続的発展が促進されることを展望したものでなければならない。

第4節　市場形成と交通政策

Ⅰ　市場形成と交通政策の対象

　交通システム形成の上で市場メカニズムが作動する場面は二つの層を成している。一つは交通サービスを対象とする、所謂、交通市場であり、他は交通サービス生産要素を対象とする市場である。両者はそれぞれ特有の市場構造を持

ちながら、同時に結合的関係をもって交通過程に参入してくる。交通と市場メカニズムとの関係は著しく広範な領域にまで広がり、この面での交通政策の役割は単に一般的な領域での交通という側面からの接近では足りない総合性を持った市場政策に結びついていく。殊に経済成長の過程で産業構造が大きく転換していく過程で交通および交通関連諸分野が幅広い波及効果を展開し顕著にその姿を現わしてくることはよく知られている。それは交通システム形成における市場メカニズムとの関わりが如何に広範な広がりを持ったものであるかを端的に表わした事象である。経済活動が市場メカニズムを軸にダイナミックな展開を示していく時代様相の中でこのことの持つ意味は大きく、交通政策が市場という空間的条件に強く規定された領域に結びついて、常に総合性を基本命題として位置づけられていることを理解しておかねばならない。

　交通過程に市場機能が結合していく局面がかように重層性を持って、しかもそれぞれの持つ特性の中に市場展開をする生産要素市場個別の問題を抱えて相互規制関係にあることが政策意思の統一的選択を難しくする。

　第2に、交通システム形成において市場メカニズムが起動する第一の局面である交通サービスを対象とした市場、すなわち交通市場は市場機能の諸特性を効果的に発揮させるための要件である競争に対し脆弱であり、それが促進される条件は主として供給側面を中心とした構造分解と、それに対応した生産要素市場の成長という重層性化が求められることである。そして、それらを有機的に結合するシステム、情報化の推進が不可欠の要件となっている。重要なことは、こうした流れの中で成長が期待される生産要素市場は、別段、交通市場からの需要のみが対象となるわけではない。公共交通機関、私的交通システムそれらの形成にとっても、それは重要な要素供給市場に他ならない。不使用能力が発生しやすく低生産性に悩まされがちな交通システム共通の課題に対して、要素市場の成長は交通システム形成における投資の効率化、不使用能力部分の流通化による有効利用に著しく寄与する。その意味で交通市場の活性化ばかりではなく、あらゆる種類の交通システム形成において価値実現能力の効率性を高める上で重要な地位を占めている。市場メカニズムによる交通システム形成

における役割は、こうした重層、複合的な効果を通じて資源の有効利用という課題に接合していくという展開を重視すべきである。交通市場における市場機能展開の限界性は、こうした関係の中で新たな打開策を見出していくという処方箋を必要としている。

第3に、交通における市場メカニズムの機能化が生産要素供給構造の中に核心があるということは、交通政策を行う上で著しく重要な認識である。生産要素はそれぞれに異なる諸特性を持って供給構造、市場構造において相違する展開を示す。この相違を一市場内に内包した市場の形成は立場を異にする論理の不整合を招き、政策の指針を不明瞭なものにさせる原因にもなる。交通市場の分解、重層化はこの不整合性における圧轢を解きつつ新たな市場展開を可能にするダイナミズムに他ならない。政策は生産要素それぞれの特性を活かしながら、かつ交通市場への結合の有機化を促進する方向で推進されねばならない。

それは他の基軸に基づく交通システムの発展にも寄与する共通の課題として、交通政策に強力な指針と責務を与える存在であるといえよう。

Ⅱ 市場特性と交通政策

交通システム形成における市場メカニズムの展開が重層構造を成すということは、市場対象が多岐にわたることからする政策の多元化という難しい問題を提起する。しかも、それは交通市場ばかりでなく、公共性基準、私的システムによる交通システム形成にも結合していく課題として、交通体系全体の発展に寄与する方向で促進されることが期待される。交通に関わる市場関連政策として、交通政策がより多元的総合性をもって有機的な交通体系形成に有効な支点を与えられるということで、極めて意義のあることといわねばならない。

市場メカニズムが財・サービスの交換システムとして今日の社会に受け入れられているのは、市民社会においてその成員が権利と能力に応じて自由度の高い価値実現過程への参入を可能にする社会関係を実現する上で、高度に発達した分業下に資源の有効利用を促し社会的厚生の増大を導くという効果的なシステムとして存在するからに他ならない。この機能が有効に作動する限り、市場

メカニズムの適応は多くの場合容認されてしかるべきところである。交通サービスの需給もまたその対象の一つであることには違いない。しかし、交通は価値実現の実体過程を担うものとして最も優先される基礎要件であり、市場メカニズムはそれをより効率的にかつ社会的要請に応ずるものとして適用の意味を持つという制約の下にあることを理解しておかねばならない。私的交通システムが交通システムの原初的形態であり、また回帰基軸であることは度々指摘してきたところであり、それは正しく交通の基礎要件性を現象的に立証するものになっている。交通にとって他の基軸は社会の変化、発展に伴って新たに加わってきた基軸として歴史的に規定された存在である。そして、それらはいずれも基礎基軸である私的交通システムとの連鎖性の中で存在意義を見出しているということである。

　市場メカニズムが一連の交通システムに共通のメリットを与える機能性を示す展開は、社会的要請に応ずるものとして評価される。その意味で交通市場の分解を契機とした生産要素市場の成長、重層化は市場メカニズムの有効性をより広い領域において展開する機会を与えるものということができる。交通市場それ自身が市場メカニズムに必ずしも適合性が十分でなく制限的競争性が伴う反面、生産要素市場における要素別特性に応じた市場形成は、市場メカニズムの有効性を追求する上で限界と可能性の範囲についてより明確さを与えてくれる。それら諸要素が同一事業体の中に固定的に置かれれば、それぞれの特性差が経営の不統一性を生む原因になり易い。その意味からも生産要素別市場化の動きは経営の効率化を図り、資源の有効利用を促進する上で有効であるといわねばならない。

　ある要素は独占性が避けられないが、他の要素は競争の促進が容易であるといった相違を同一事業体内で整合的に処方することは難しい。殊に競争が激しくなって原価引下げが経営の中心課題になってくる場合など、この問題は最も大きな障害になる。鉄道が道路交通の発達過程で直面した競争力の脆弱性はその端的な例であった。交通は連続性の中に価値実現能力の発展を見る。それは大規模な投資を必要とし、就中、通路要素においては技術的不可分性が端的に

現われ、その負担、投資は最も経営上難しい問題を提起する。鉄道と道路交通との競争の中で指摘されたイコール・フッティング論も、その中心はそこにあった(2)。かように顕著な場合ばかりでなく、交通サービス生産・供給における脆弱性と低生産性傾向に対し、生産要素それぞれ個別の分析を通じ処方を加えていくことによって効率化を図ることは、交通体系全体の整合的発展に大きな展望を与える。情報化の促進、技術の進歩、投資能力の向上、投資形態、経営形態の多様化、等々、これらはさまざまな形で交通システム形成の多様化と効率化を図る上で有用な環境を提供していく。そして市場メカニズムが個別の特性に応じた形で結合していくことによって、効果的な供給構造の形成されることが望まれる。交通政策はこうした広い視野から市場問題を取り扱うことが要請されているといえよう。

III 競争の問題と交通政策

市場メカニズムが他にもまして有効性が発揮されるのは、競争条件が効果的に与えられた場合である。競争というダイナミズムの中で価格の均衡的な形成過程を通じて種々のメリットが導き出される。交通政策における役割の一つは、交通過程に関わる市場が競争性をより有効な形で実現させ得るような状況を誘導することである。しかし、交通は市場メカニズムが有効に作動する条件が必ずしも適合的に形成される対象でないという制約と、あらゆる価値実現過程の基礎要件としての優先性が市場の制御機能の条件を越える場合が少なくないということがある。公共性基準、私的システムという他の基軸が大きな地位を占めていることは、そのことをよく立証している。

いい換えれば、交通における市場メカニズムの有効化は、交通サービス需給の場においては必ずしも第一次的課題ではなく、他の過程でそれが実現される状況の存在が一方で期待されているということである。むろん直接に交通市場自身の活性化が望まれるけれども、関連する客観条件が並行して整わなければ十分な実現が難しいということである。それ以上に市場効果が交通市場だけでなく、他の基軸による交通システム形成にも有為化する形で展開することが期

待される。市場競争の促進はこうした広い視野から交通システム形成に貢献する方向で政策的誘導が行われることが必要なのである。今日、規制緩和論が叫ばれ交通分野においても例外でなく、むしろ政策的に規制条件の多かった部門として最も重要な対象に挙げられていることは周知のとおりである。しかし、それは単に交通市場の競争活性化という点にだけ焦点が合わされたものであれば、結果的に市場の混乱と崩壊を招きかねない。一般に規制が最も強力に行われてきた分野として、それ自身の特性が決定的な変化を遂げているわけではないからである。ポイントは社会全体の諸条件、就中、技術の発展、投資能力・規模、投資形態・経営形態の多様化、情報化の推進、そして交通システム形成の多様化を可能にする関連分野の市場の成長などが、それを可能にする領域を広めつつあるということに他ならない。

　交通における競争の問題は、かような一般的性向の中で同種交通機関、異種交通機関それぞれの競争が複合的に絡み合っているところに問題の複雑さがある。それは交通サービスが交通対象の場所的移動という極めて簡明な行為を基本形としており、交通機関間に代替的競争関係が生じ易い特性を持っているからである。日常的な多頻度、小規模、小口需要における交通市場と私的交通システムとの関係、長距離、大規模、大量需要を中心として展開する場での公共交通システムと交通市場の関係など、こうした基軸隣接領域における代替的競争は珍しいことではない。まして同基軸、同種交通機関間にあっては破壊的競争に陥る熾烈な競争さえ起こし易いことは度々指摘してきたとおりである。むろん、技術的条件を主因として自然独占が生ずるような供給構造を持つ場合は別にして、交通サービスの特性およびそれに強く規定される供給構造、経営構造がそうした傾向を生む。例えば、鉄道と自動車の競争関係において、異種交通機関と見られながら、近・中距離においては交通サービスの同質化が生じて激しい競争を現出させてきた歴史は記憶に新しい。その過程で運賃競争の中で原価に関わる負担の差を指摘してイコール・フッティング（equal footing）論が学界の中心論題となっていたことは周知のところである(3)。そこでは競争を政策的介入を通じて適正化する議論も行われた。実をいえば、こうした異種交通

機関間の競争問題は、交通機関のライフ・サイクルの交替期には必ず生じてくるものであって、特に社会構造、産業・経済構造が大きく変化する過渡期には顕著に現われてくる。

　交通における競争の問題はこうしたことも含め、単に市場問題としてだけで対処し得ない複合性を持った課題として存在している。しかし、交通市場それ自体が市場メカニズムの本来的機能を有効に作動させて、よりメリットの大きい交通体系形成の主導的役割を担う存在として成長するための条件整備はマクロ的視野からする政策誘導が必要である。市場の重層化は求められる一つの処方箋を提供しているといえよう。こうした市場構造の中にコンテスタブルな、あるいは有効競争可能な条件を見出していくことが交通政策の重要な課題として位置づけられるのでなければならない。そして、それを通じて他の基軸による交通システムにおいても市場メリットを有効化していくことが展望される。

第5節　環境問題と交通政策

　一般的に言って、環境問題は他に比して政策傾斜への比重が高い。それは、環境が個別主体の意思・行動からは乖離した位置にあり、環境からの資源採取、利用、フィードバック過程を通じた負荷配慮などは間接的になりがちで、それへの認識には多くの場合、何らかの客観的意思の存在が必要だからである。そして、個別主体にとっての環境とは、蓋然的な側面が強く認識特定が必ずしも容易でないことが問題を難しくしている。　交通において環境とは、交通対象、交通サービスの生産・消費、需給、一連の交通過程における諸場面、総てにわたる諸現象がこの問題に触接している。交通に関わる問題はこのことに限らず、常にトータルな接近方法を必要とするが、この問題は別けてもこの視点が必要な対象として、改めて政策の役割が重要になっている。

　すでに明らかなように、交通過程はあらゆる価値実現行為が展開する場として、環境空間に接しながら直接にこの問題が現象化する過程である。したがっ

て、そこにおける基本的諸条件は、同時に、この問題に対する処方箋への基礎を提供するものでもある。

　第1に、交通はすぐれて物理的・技術的条件に基礎づけられた行為であるから、環境に対しては、まず、この側面での処方が講じられなければならない。

　ここでは、その多くが交通サービス生産要素の問題としてあり、さまざまな工夫、改善、開発によって直接的な効果が期待され、環境負荷をもたらす諸条件の規制と共に、政策的誘導・支援等は多方面にわたる成果を導き出す極めて有効な手段として機能し得る。この場合、政策的方向は大別すると二つの領域に分けられる。一つは、技術的な領域を幅広く支援することはむろんのこと、それは同時に、地球科学的なレベルにまで至る環境適合性を持った開発、改善でなければならないことによる総合的な政策支援が行われなければならないということである。この領域では、純粋に学術的な研究をも含めて社会的基礎情報のレベルアップを図る上で、政策の果たす役割は大きい。いま一つは、それらが人間社会の中で、より効果的に推進されるような促進条件を社会システムの中に育成していくための政策である。これは、日常生活から、教育・学術、産業・経済、国際関係、等々、あらゆる分野において環境意識の促進を図る社会体制を構築していくという、正に政策主導型総合性が極めて効果的に作動する領域である。殊に、利益誘導性の高い産業・経済の領域における政策的支援は、今日の社会環境の中では最も効果的かつ直截的な方法として有効である。実際、環境産業、環境経済といった領域を通じた社会機構への有機化は、この問題への取組みを加速度的に波及させるインセンティブ・ポリシーとして極めて有効であることを立証しつつある。

　第2には、すでに明らかなように、環境問題は認識の二次性にもかかわらず極めて包括的な理解と共に、人間社会の持続的発展を志向する上で不可欠の認識対象としてある。しかも、それが交通過程の場で生ずる現象である以上、交通過程全体を環境現象対象として対処する政策選択が行われていかなければならない。例えば、ある財におけるLCAにしても、それが交通過程で展開する環境現象の問題として捉えるのでなければ、人間社会と環境ダイナミズムの中

第10章　交通政策

での評価としては不十分なものにならざるを得ない。まさしく、環境問題は交通過程全体を視野に入れた処方の構築が不可欠なのであって、それは個別主体の認識領域では管理し切れない広範な公共領域の課題として政策的主導なくしては達成し得ない、すぐれてマクロ的なアプローチを必要とする課題なのである。この視点に立って、交通政策は環境問題を契機として改めてその社会的基礎性を認識し、総合性を視野に社会全体が有機的にネットワーク化された中での役割に任じていることを理解していかねばならない。

　第3は、環境問題の地球科学的認識に立った政策課題である。この問題は人間社会においては、まず地域という場から隣接して広大な空間領域へと広がる課題としてあり、当然のことながら、環境政策はこの側面からの接近がなされていなければならない。たびたび指摘してきた通り、人間社会が環境空間との間に資源の需給を通じ相互規制関係をもって持続的発展への展望を開こうとしている以上、資源環境という視点からの処方を不可欠としている。これまでの分析からも明らかなように、人間社会への資源化は、交通学的には交通対象と交通システムの2形態を経て展開している。環境問題にとって処方の基礎は、省資源、有効利用、循環性、等々、さらに積極的には、人間社会の地球科学的適合性の向上へと、様々な段階がある。この諸段階において資源展開が効果的に作動する指向選択こそが、交通政策の基礎に据えられていなければならないのである。その要点の一つが交通サービスの諸特性、展開にあること、さらには単位価値実現あたり消費交通サービスの生産に関わる投入資源量の抑制、すなわち資源費用マネジメントへの認識が必要であること、こうしたアプローチが資源展開のあり方に強力な支点を与えていくことになることは明らかであろう。

　これらが交通政策の中に組み込まれていくことが、環境政策上、長期的な展望を得る上で極めて有効であることは疑う余地がない。

第6節　交通政策の総合性

　交通政策の目的は社会の価値実現能力を可及的に高めるモビリティの向上を図る実体的なシステムの形成に主眼がある。それはあらゆる分野にわたって社会が巨大な有機体として展開するネットワークを通じてグローバルな領域にまで発展する展望を持ちながら、資源の効果的な利用と、それを持続的に維持、発展させる生態条件を視野に入れた秩序ある組織システムの発達が期待されている。この関係式の中に社会の発展過程に現実的方向性を与えることが交通政策の基本的課題である。その意味において交通政策は常に総合性を基本特性とする巨視的な社会政策としての地位を基礎としていることを認識しておかねばならない。

I　総合性の問題

　交通があらゆる価値実現行動の実体的基礎としてある以上、交通政策は総合性を第一の前提条件としたものでなければならない。が、それは単一特定の規範の下に形成される交通体系を想定し得る程、簡易なものでないことはいうまでもない。需要の個別性を総合性というマクロ的な視野から評価し調整を図りながら社会の成長、発展に寄与することが交通政策に与えられた課題であることを認識すれば、その役割の大きさと困難さが想像されるに違いない。

　ある地域、時代という空間的条件下に展開する社会関係を歴史的発展過程の中にとらえて先見的な指針を与え、持続的な成長、発展への基盤、基礎として先行投資を行う交通システム形成への意思決定を適切に行わせ得るような交通政策の策定は著しく難しい。しかも個別成員の権利、就中、基本的人権に関わってその前提となる交通権が大きく前面に出る民主主義の時代にあって、交通政策における総合性とは一義規範的にとらえ実施できるような存在でないことは明らかである。[4]

第10章　交通政策

　総合性が交通政策の基本的前提であることは交通の本質からして当然のことながら、それを具体化していくための施策は多角、多元的な処方箋を必要とする。それを整合的に秩序化し、実施の優先度を明らかにして組織的な交通体系形成への指針を与える基礎を明確にしておくことが不可欠なのである。

　その点を今日の社会条件に照らして見れば、公共性基準、私的システム、市場メカニズムという3基軸にあって、各基軸展開と基軸間調整の中に総合的に有機化を図っていくことが交通政策の現実的な方向性を明らかにしていくということになる。基軸は交通システム形成に一定の共通した特性の中に組織性を与える指標であるが、現実の交通システムが各基軸別に独立して存在しているわけではない。交通の連続性、システム形成の技術的・経済的諸条件あるいは需要の相対性など、そして何よりも交通サービスの類似性に基づく代替性、共通性が基軸間の臨界領域を大きくしている。交通政策が総合性を認識する中で常に考慮しなければならない点である。いい換えれば、総合性はそれぞれの社会条件の中で要請される交通需要に対応するシステム形成に基軸別システムの役割を相対的に位置づけると共に、基軸相互の重層性を認識して現実の各種交通機関に対応させていく複合的な接近が必要であるということである。例えば、所謂、総合交通体系論においてこの問題は次の点において重要な意味を持っている。

　第1に、交通の総合性は社会全体の交通需要に対応するシステムの充足性における整合を動態的にとらえようとする概念であって、特定のシステム形態をモデル的に描こうとしているものではない。基軸の多元性とそれが相互に入り込んで交通システムが多様な展開をする中に、しかし全体として一定の有機的な価値実現空間を実体化しているのが現実の社会関係であり、そのダイナミックな現象をとらえる上での認識スタンスが総合性という概念であるということである。したがって、ある時点でのクロス・セクショナルな静態断面では各システム、各要素が著しく不整合な状態にあると見えるかもしれない。

　第2に、そうした静態的不整合は総合性を論ずる場合の部分的検証データを提供するという範囲を出ないことを認識して、問題は現実の交通需要に対応し

て個別対応性の高い柔軟な交通システムが如何に構築されるかにある。交通における総合性とは、そうした見地からの認識尺度であって単なる技術的構成の整合的総合を静態的にとらえようとするものではなく、一連の交通過程がより自由度の高い価値実現能力を如何に実現するかという課題に対峙している。総合交通体系が交通政策の中で論じられる場合、この交通における総合性の問題が基調にあるのでなければならないことはいうまでもなく、しかも基本的な諸条件がその能力を規定する。その意味で総合交通体系論とは、社会の価値実現能力の実体的評価を行うと共に、その後の社会構造の形成を大きく展望した構想論でもある。

第3に、総合交通体系論は社会におけるあらゆる交通システムの有機的結合を巨視的にとらえて持続的な成長、安定を実現する目的をもって論じられるものであるから、既存のシステムの現在評価と社会展望の中での再評価を経て新たなシステム形成に処方箋を与えるものでなければならない。それは個別交通機関の能力がインター・モーダルな領域で評価され、適合性の如何を問われる議論でもある。

第4に、交通の総合性は社会の諸要素の効用を位置の変化と結合の利益を通じて有為化していく過程で直面する不可避の課題であり認識である。総合交通体系論がこの認識を基礎とするものである限り、交通政策上の位置づけは多少とも展望論的性格になることは避けられない。しかし、それは特定の価値基準の中で構想される単純なモデル論であるべきでないことはいうまでもない。多様、多元的な基準、価値判断、意思決定の下にそれを現実の行為の中に実体化していくことを担うものとして、交通システムは著しく幅の広い受容力を持つものでなければならない。

II 調整の問題

総合性を不可欠の基礎とする交通政策は、基軸相互ならびに各基軸における社会的整合性を求めてさまざまな見地からの調整を必要とする。殊に今日のように交通権が広く認められて社会成員それぞれの価値意識に基づく行動がさま

第10章　交通政策

ざまな形で行われているような社会にあっては、総合性を一義的に描き出すことは難しいし、また適切なことではない。しかし、交通システムが社会のライフ・ラインとして有機的に作動し得るためには、何らかの基準の下に整合性を実現する処方を必要とする。交通システム形成の基軸はその目的に一定の軸を与えるものであるが、それは直ちに基軸間相互の調整軸を充足するものではない。実際には、それらの基軸が交差して重層的に交通システムが形成されている。いい換えれば、総合性の中に整合、調整を求めることは相対的な基軸間バランスを持続的に行っていく中で具体化していく他はない。そして社会の偏在、状況の違いから基軸それぞれに比重の置き方が異なってくることはいうまでもない。[5]

　調整の問題は基本的には先に挙げてきた交通サービス評価の諸因子すべてにわたって基軸別、基軸間についてシステム形成の分析、評価を通じて行われるわけであるが、因子内整合ばかりでなく因子間同期性の整合を必要とすることが問題を難しくしている。ここでも交通サービスの即時財として性質が整合の下位規制性を強く働かせ、交通システムの効率的な作動を妨げる方向で展開することが少なくない。交通は価値実現の実体過程としてこの下位規制性が社会活動の隘路として現われてくるところに問題の難しさがある。これは各因子すべてに共通の課題としてあり、しかも一つの隘路が当該交通過程全体を規制してしまう横断性を持つ。場所、時間、交通サービス生産要素、交通サービス生産・供給システム、費用、制度、これら各因子はそれぞれ固有の評価性を持つと共に因子間相互に規制関係を持ちながら交通システムの分析手段として交通政策における調整課題に重要な指標を与えている。

　例えば、費用因子は、共通性の高い因子としてシステム形成分析ならびにシステム間相互の比較分析に最もよく使われる因子になっている。これは投入資源を貨幣量、エネルギー量、労働量などで一元化して換算する手法を通じ、比較分析を行う上で極めて有効な手段を提供するからである。しかし、実際の交通システムはその基礎手段としての必需性が強調されて、投入側面における分析、評価は二次的になり易いという傾向がある。いい換えれば、交通需要者に

とって費用の問題は実現価値量との比較関係の中で相対的に評価される対象であって、第一次的課題ではないという認識があるということである。しかも即時財生産における非効率性と、需要者の生産過程における関与の度合が強いことによる不安定性、これらが相乗して交通事業経営の悪化を招き易い状況はよく知られているところである。

　こうした個別事業経営の観点からばかりでなく、より巨視的に社会的資源の有効利用という見地からも、改めて投入側面から効率性と整合的な費用構成を探る政策意識が必要になっているということができよう。費用・便益分析、費用対効果など費用という共通尺度の上に比較可能な論理式が与えられることは交通政策に客観性を高め、継続的な調整行政を遂行する上で著しく寄与することは疑う余地がない。その一つの顕著な例が市場メカニズムを通じて需給間に均衡的な整合を得て資源配分の最適化を図ろうとする処方箋である。交通過程の市場システム化についての適合性と限界については既に述べてきたとおりであるが、交通政策に明示的な論理を与えるという意味では極めて有用な接近方法の一つであることは間違いない。この場合、重要なことは交通があらゆる意味で第一次的必需対象としてあり、それを規律するシステム論理の一つとして市場メカニズムもあるということである。その意味で公共性基準、私的システムといった基軸領域が市場メカニズムの中に埋没してしまうということはあり得ない。交通過程が市場メカニズム適合性に欠ける場合が少なくないこと、また市場論理の中で制御されることを望まない個別性、その他の要求が強い規制力を持っていることなど、その調整能力に限界があることはいうまでもない。

　かように費用因子のようにシステム間共通性の最も高い因子であっても、それが調整因子として有用な手段として作動する条件は制約的である。とはいえさまざまな事象を一元的な指標に還元して比較可能な量的評価を可能にしている点で調整政策に好個の手段を与えていることは否定できない。例えば、外部不経済、混雑といった課題を社会的費用という形で析出し、その負担を政策的に処理していくといった処方箋を与えるといったことなど、他の因子では明示化しにくい対象の量的評価に著しく有用な手段としてあることは間違いない。

第10章　交通政策

　交通政策における調整の問題は各基軸におけるシステム形成の自律性の限界と、基軸間相互の臨界域における不整合、これらの秩序ある整合化への処方を任務としたマクロ的視野に立った課題である。したがって、それを行うための意思決定は必ずしも明確な規準の下に行われるわけではない。むろん交通システムの基軸間変移の問題は、システムのライフ・サイクルが技術的、経済的、制度的諸条件の変化の中で流動化する領域が顕著に現われる場合など、社会的に大きな政策課題として意味を持ってくる。そうした場合には、特定の基軸により傾斜した形で交通政策が積極的に推進されることになる。例えば、規制緩和政策が市場メカニズム基軸に強く傾斜した政策となっていることなどは、その端的な例であるといえよう。

Ⅲ　規制の問題

　交通政策は社会全体の要請を現実に反映して、大きく時代の方向性を示唆するものであると同時に、交通および交通に伴って発生するさまざまな課題について制御、規制を行う役割を担っている。交通システム形成の軸を成す基軸それぞれの範囲における諸問題、基軸間調整に伴って生ずる諸基軸システムへの規制、さらには交通体系全般に関わって地域間相互にまたがる調整課題、より広域的にグローバルな視野からする資源の有効利用、生態系構造・自然環境との調和ある生存と発展を目指した生活体系の選択、これらはすべて何らかの形で交通過程を規定する要因として作用する。交通政策は当然それらの課題に対処して実効性のある現実的処方箋を提示していかなければならない。これら社会の要請に応じてシステム基軸それぞれの機能の自律性を生かしながら、一方で総合的な視点で持続的成長、発展に資する交通体系の整備、育成を図ることは交通政策固有の任務であるといわねばならない。交通政策における規制とは、正にこれらの諸問題に対処して処方箋を得る過程で選択される現実的手法に他ならない[6]。

　交通は優れて現実的な課題として社会の要請に合目的であるべき先験的選択の上に成り立っている。その意味で交通政策の果たすべき役割は社会の基礎条

件を規定するものとして、他にもまして重要な地位を占めているといわねばならない。交通政策における規制とは、そうした条件を現実の場に適合させるための手法に他ならない。例えば、市場メカニズムを適用して交通システムの形成をより効率的に実現し資源の有効利用に資するという展望も、実際の場では交通の持つ本質的な諸条件に規定されて著しく不安定な市場を現出することが少なくない。市場メカニズムを効果的に作動させるためには、政策的支援という形の規制政策が不可欠になる。むろん伝統的な非市場的条件が強く出ている場合の規制政策の出動はいうまでもないことながら、交通と市場メカニズムの関係が他の分野以上に政策的関与の必要性が高いことは基本認識として持っていなければならない。それは社会全体の価値実現体系の中に有機的な連続性をもって展開する過程として、基礎要件を充足する任務を持った存在として位置づけられている性質があるからである。そして重要なことは、これらの関係が常に変化する流動性を持って展開していることに注視しなければならない[7]。いい換えれば、いずれの基軸にしても、それ自体独立の調節機能に委ねられることによって完結し得る交通システムは存在し得ないのであって、各基軸の現実的存在は既に一定の選択の中で規定されているという点で何らかの制御・規制が不可欠なのである。交通における規制政策とは交通システムの社会的位置づけを持続的に秩序ある機能を効果的に実現する上での必須の要件としてある。その意味において規制政策は社会の変化と共に対応すべき歴史性を持った存在であるといわねばならない。

注

(1) 拙稿「私的交通の成長と交通政策」, 高橋秀雄編『公共交通政策の転換』日本評論社, 1987年, pp.133〜144.

(2) 斎藤峻彦『交通市場政策の構造』, 中央経済社, 平成3年, pp.198〜218. 小淵洋一『現代の交通経済学』第2版, 中央経済社, 平成8年, pp.156〜158. 岡野行秀「交通調整における次善の問題—「イコール・フッティング論」をめぐっ

て」,東京大学『経済学論集』36-2, 1970年, pp.1〜11.

(3) 交通学説史研究会編『交通学説史の研究』(そのⅢ) 運輸経済研究センター, 昭和63年, p.172.

(4) 増井健一「交通政策への要請―その総合性と合理性―」,日本交通学会『交通学研究』1969年研究年報, 1969年9月, pp.41〜57. 同「総合交通政策論の回顧と展望」,『同上』1981年研究年報, 第25号, 1982年3月, pp.1〜12. 今野源八郎「総合交通政策の課題―先進国の政策論をかえりみて―」,『同上』1971年研究年報, 1971年10月, pp.23〜67. 岡野行秀「総合交通政策の基本的視点―競争と規制―」,『同上』1971年研究年報, 1971年10月, pp.1〜22. 岡田清「総合交通政策をめぐる若干の問題点」,『同上』1971年研究年報, 1971年10月, pp.69〜87. 同「総合交通体系論の「構造」」,『同上』1981年研究年報, 第25号, 1982年3月, pp.13〜22. 角本良平『現代の交通政策―移動の論理と経済―』東洋経済新報社, 昭和51年, pp.211〜216. 今野源八郎・岡野行秀編『現代自動車交通論』東京大学出版会, 1979年, Ⅶ.

(5) 斎藤峻彦「交通調整論」,交通学説史研究会編『交通学説史の研究』成山堂書店, 昭和57年, 第5章. 同『前掲書』, pp.193〜231. 同「戦後交通政策と交通調整論議」,日本交通学会『交通学研究』1984年研究年報, 第28号, 1985年3月, pp.13〜27.

(6) Pegrum, Dudley F., *Transportation Economics and Public Policy*, revised ed., Richard D. Irwin, Inc., Illinois, 1968. Part Ⅲ, Ⅳ. Phillips, Charles F., Jr., *The Economics of Regulation, Theory and Practice in the Transportation and Public Utility Industries.*, Richard D. Irwin, Inc., Illinois, 1965. Linden, Walter, *Grundzüge der Verkehrspolitik*, Betriebswirtschaftlicher Verlag Dr. Th. Gabler GmbH, Wiesbaden, 1961, Dritte Kapitel.

(7) 清水義汎編『交通政策と公共性』日本評論社, 1992年, 第1章. 奥野正寛・篠原総一・金本良嗣編『交通政策の経済学』日本経済新聞社, 1989年, 序章, 第Ⅱ部序. 藤井彌太郎・中条潮編『現代交通政策』東京大学出版会, 1992年, 第1,4章. 角本良平『交通における合理性の展開―現代の評価―』りくえつ, 1979年, Ⅰ,Ⅶ. 岡野行秀「規制政策のパラドックス―規制の意図と結果―」,日本交通学会『交通学研究』1984年研究年報, 第28号, 1985年3月, pp.29〜38. 山

内弘隆「規制の経済理論」,『交通学研究』1987年研究年報, 第31号, 1988年3月, pp.1～4. 角本良平「社会環境の変化と交通のあり方」総論,『交通学研究』1993年研究年報, 第37号, 1994年3月, pp.65～76. 斎藤峻彦「交通産業における民営化の意義と限界」,『交通学研究』1996年研究年報, 第40号,1997年3月, pp.21～32. Linowes, David F. and others, *Privatization toward More Effective Government*, Univ. of Illinois Press, Urbana, 1988. Bell, Philip and Paul Cloke ed., *Deregulation and Transport Market Forces in the Modern World*, David Fulton Publishers, London, 1990, Part Ⅰ,Ⅳ. Jackson, Peter M. and Catherine M. Price ed., *Privatization and Regulation: A Review of the Issues*, Longman, London, 1994.

参 考 文 献

島田孝一『交通経済学研究』東京泰文社、1938年
富永祐治『交通学の生成』日本評論社、1943年
　　　　『交通における資本主義の発展』岩波書店、1953年
佐波宣平『交通概論』改版、有斐閣、1954年
　　　　『現代日本の交通経済』東洋経済新報社、1968年
小泉貞三『交通輸送力経済学の基本問題』弘文堂、1959年
石井彰次郎『交通の経済学的研究』春秋社、1961年
麻生平八郎『交通経営論』白桃書房、1964年
秋山一郎『交通論』有斐閣、1964年
佐藤敏章『交通学研究』白桃書房、1969年
増井健一・佐竹義昌『交通経済論』有斐閣、1969年
増井健一『交通経済学』東洋経済新報社、1973年
池田博行『交通資本の論理』ミネルヴァ書房、1971年
平井都士夫『社会主義交通論』汐文社、1971年
運輸調査局・中島勇次編『交通経済学Ⅰ〈理論と政策〉編』運輸調査局、1971年
岡野行秀・山田浩之編『交通経済学講義』青林書院新社、1974年
岡野行秀『交通の経済学』有斐閣、1977年
永田元也・細田繁雄『交通経済論』税務経理協会、1975年
中西健一・平井都士夫『交通概論』有斐閣、1977年
斎藤峻彦『交通経済の理論と政策』ぺんぎん出版、1978年
　　　　『交通市場政策の構造』中央経済社、1991年
今野源八郎『交通経済学』四訂、青林書院新社、1980年
前田義信『交通経済要論』改訂、晃foa書房、1988年
小淵洋一『現代の交通経済学』中央経済社、1993年
　　　　『同上』第2版、1996年
村尾　質『体系交通経済学』白桃書房、1994年
細田繁雄『交通論—経営と政策』税務経理協会、1996年

角本良平『交通学130年の系譜と展望』流通経済大学出版会，1998年
Voigt, Fritz, *Die volkswirtschaftliche Bedeutung des Verkerkssystems,* 1960，岡田　清・池田浩田郎訳『交通体系論』千倉書房、1972年
Frankena, Mark W., *Urban Transportation Economics, Theory and Canadian Policy,* 1979, 神戸市地方自治研究会訳『都市交通の経済学』勁草書房、1983年
Stubbs, P.C., W.J. Tyson and M.Q. Dalvi, *Transport Economics,* 1980, 高田富夫訳『交通経済学』晃洋書房、1984年
Bell, G.J., D.A. Blackledge and P.J. Bowen, *The Economics and Planning of Transport,* 1983, 中西健一・丸茂新・松澤俊雄訳『交通の経済理論』晃洋書房、1986年
Mohring, Herbert, *Transportation Economics,* Ballinger Pub. Co., Cambridge Mass., 1976, 藤岡明房・萩原清子監訳『交通経済学』勁草書房、1987年

麻生平八郎『交通および交通政策』白桃書房、1954年
榊原胖夫『経済成長と交通政策』法律文化社、1961年
角本良平『現代の交通政策―移動の論理と経済―』東洋経済新報社、1976年
大島藤太郎・蔵園進『日本交通政策の構造』新評論、1976年
松尾光芳『日本交通政策論序説』文眞堂、1978年
慶応義塾大学商学会『交通政策と経済』増井健一教授退任記念論文集、1983年
高橋秀雄編『公共交通政策の転換』日本評論社、1987年
奥野正寛・篠原総一・金子良嗣『交通政策の経済学』日本経済新聞社、1989年
藤井彌太郎・中条潮編『現代交通政策』東京大学出版会、1992年
清水義汎編著『交通政策と公共性』日本評論社、1992年
石井晴夫『交通ネットワークの公共政策』中央経済社、1993年
Nash, C.A., *Economics of Public Transport,* 1982, 衛藤卓也訳『公共交通の経済学』千倉書房、1986年
Button, K.J. and D. Gillingwater, *Future Transport Policy,* 1986, 中西健一訳『現代の交通政策』成山堂書店、1988年

大島藤太郎編・交通理論研究会『現代日本の交通』法政大学出版会、1962年
運輸調査局編『現代交通―その理論と政策―』運輸調査局、1966年

参考文献

中西健一・廣岡治哉『日本の交通問題』ミネルヴァ書房、1976年
廣岡治哉・雨宮義直『現代の交通経済』有斐閣、1977年
今野源八郎・岡野行秀編『現代自動車交通論』東京大学出版会，1979年
金子俊夫『現代の交通経済学』広文社、1980年
中西健一編著『現代の交通問題』ミネルヴァ書房、1987年
清水義汎編著『現代交通の課題』白桃書房、1988年
伊尹允博『現代の交通経済―アメニティ時代の交通』税務経理協会、1989年
池田博行・松尾光芳『現代交通論』税務経理協会、1994年

中西健一編『現代日本の交通産業』晃洋書房、1984年
中田信哉『運輸業のマーケティング』白桃書房、1984年
山野辺義方・河野専一『陸運業経営の基礎』白桃書房、1986年
岩澤孝雄『交通サービスと経営戦略』白桃書房、1989年
塩見英治『交通産業論』白桃書房、1990年
石井晴夫『交通産業の多角化戦略』交通新聞社、1995年

佐竹義昌『交通労働の研究』東洋経済新報社、1966年
角本良平『交通における合理性の展開―現代の評価―』りくえつ、1979年
　　　　『交通研究の知識学』白桃書房、1984年
　　　　『新・交通論―史学の体系―』白桃書房、1985年
　　　　『交通の風土性と歴史性』白桃書房、1988年
大久保敦彦『交通社会学』八千代出版、1985年
交通権学会編『交通権―現代社会の移動の権利―』日本経済評論社、1986年
廣岡治哉『市民と交通』有斐閣、1987年
松尾光芳・小池郁雄・中村実男・青木真実『交通と福祉』文眞堂、1996年

武田文夫『交通の計画と経営』白桃書房、1986年
近藤勝直『交通行動分析』晃洋書房、1987年
太田勝敏『交通システム計画』技術書院、1988年
村山祐司『交通流動の空間構造』古今書院、1991年

中村英夫編『道路投資の社会経済評価』東洋経済新報社、1997年

角本良平『都市交通論』有斐閣、1970年
　　　　『都市交通政策論』有斐閣、1975年
　　　　『都市交通』晃洋書房、1987年
加藤晃・竹内伝史『都市交通論』鹿島出版会、1988年
廣岡治哉・渡辺興四郎編『都市交通』成山堂、1989年
廣岡治哉『都市と交通―グローバルに学ぶ―』成山堂、1998年
平井都士夫『都市交通の展開』法律文化社、1995年
大塚祚保『現代日本の都市政策』公人社、1993年

宇沢弘文『自動車の社会的費用』岩波書店、1974年
Kapp, K.W., *The Social Costs of Private Enterprise*, 1950, 篠原泰三訳『私的企業と社会的費用』岩波書店、1959年
Michalski, W., *Glundlegung eines Operationalen Konzepts der "Social Costs"*, 1965, 尾上久雄・飯尾要訳『社会的費用論』日本評論社、1969年．同, *Environmental Disruption and Social Costs*, 1975, 柴田徳衛・鈴木正俊訳『環境破壊と社会的費用』岩波書店、1975年

中島勇次『鉄道原価計算』交通経済社、1955年
前田義信『運賃の経済理論』峯書房、1964年
丸茂新『鉄道運賃学説史』所書店、1972年
森谷英樹『私鉄運賃の研究』日本経済評論社、1996年

麻生平八郎『海運及び海運政策研究』泉文堂、1955年
　　　　『海運補助政策論』白桃書房、1964年
飯田秀雄『コンテナ輸送の理論と実際』成山堂、1968年
岡庭博『日本における海運の研究』海文堂、1970年
黒田英雄『世界海運史』成山堂、1972年
北見俊郎『港湾総論』成山堂、1972年

参考文献

東海林滋『海運論』成山堂、1975年
織田政夫『海運経済論』成山堂、1975年
　　　　『海運要論』海文堂、1987年
宮本清四郎『海運同盟制度論』海文堂、1978年
宮下国生『海運』晃洋書房、1988年
Sturmey, S.G., *British Shipping and World Competition*, 1962, 地田知平訳『英国海運と国際競争』東洋経済新報社、1965年

伊藤良平編『航空輸送概論』日本航空協会、1977年
木村秀政・増井健一編『日本の航空輸送』東洋経済新報社、1979年
太田正樹『航空輸送の経済学』早稲田大学出版部、1981年
坂本昭雄『現代空運論』成山堂、1989年
増井健一・山内弘隆『航空輸送』晃洋書房、1990年
Doganis, Rigas, *Flying Off Course, Economics of International Airlines,* 1985, 中西健一・塩見英治・高橋望訳『国際航空輸送の経済学』成山堂、1988年
Taneja, Nawal K., *The International Airline Industry, Trends, Issues & Challenges*, 1988, 吉田邦郎訳『国際航空輸送産業』成山堂、1989年
Doganis, Rigas, *The Airport Business*, 1992, 木谷直俊訳『エアポート　ビジネス』成山堂、1994年

山上　徹『国際物流概論』白桃書房、1988年
柴田悦子編著『国際物流の経済学』成山堂、1991年
織田政夫『国際複合輸送の実務』海文堂、1992年
Sherlock, Jim, *Principles of International Physical Distribution*, 1994, 山上徹監訳『国際物流論』白桃書房、1996年

中田信哉『戦略的物流の構図』白桃書房、1987年
唐沢豊『物流概論』有斐閣、1989年
三木楯彦『物流システムの構築』白桃書房、1989年
北澤博編著『物流情報システム』白桃書房、1991年

山野辺義方『物流管理の基礎』白桃書房、1991年
北岡正敏編著『物流システム』白桃書房、1991年
阿保栄司『ロジスティクス・システム』税務経理協会、1992年
唐澤豊・今野哲平『物流情報システムの設計』白桃書房、1992年
田中一成・小倉正弘『実践ロジスティクスシステム』日刊工業新聞社、1993年
村田潔編『ロジスティクス型情報システム』日科技連出版社、1996年
高橋輝男，ネオ・ロジスティクス共同研究会『ロジスティクス、理論と実践』白桃書房、1997年

中西健一『日本私有鉄道史研究』日本評論新社、1963年
　　　　『戦後日本国有鉄道論』東洋経済新報社、1985年
日本国有鉄道外務部編『欧米諸国の鉄道と交通政策』運輸調査局、1967年
T.C. パーカー・C.I. サヴィジ、大久保哲夫訳『英国交通経済史』泉文堂、1978年
近代日本輸送史研究会編『近代日本輸送史』運輸経済研究センター、1979年
生田保夫『アメリカ国民経済の生成と鉄道建設—アメリカ鉄道経済の成立—』泉文堂、1980年
米田博『私の戦後海運造船史』船舶技術協会、1983年
杉山雅洋『西ドイツ交通政策研究』成文堂、1985年
運輸経済研究センター編『鉄道政策論の展開』白桃書房、1988年
湯沢威『イギリス鉄道経営史』日本経済評論社、1988年
運輸経済研究センター編『戦後日本の交通政策』白桃書房、1990年
小澤治郎『アメリカ鉄道業の生成』ミネルヴァ書房、1991年
　　　　『アメリカ鉄道業の展開』ミネルヴァ書房、1992年
橋本昌史編著『ECの運輸政策』白桃書房、1994年

江澤譲爾『経済立地論の体系』時潮社、1967年
木内信蔵『地域概論』東京大学出版会、1968年
青木栄一・有末武夫・柾幸雄編『交通地理学』大朋堂、1968年
大塚久雄・小宮隆太郎・岡野行秀『地域経済と交通』東京大学出版会、1971年
山口平四郎『交通地理の基礎的研究』大明堂、1974年

参考文献

西岡久雄『経済地理分析』大明堂、1976年
春日茂男『立地の理論』(上)(下) 大明堂、1981,82年
奥野隆史『都市と交通の空間分析』大明堂、1996年
中村良平・田淵隆俊著『都市と地域の経済学』有斐閣、1996年
藤目節夫『交通変革と地域システム』古今書院、1997年
Kohl, J.G., *Der Verkehr und die Ansiedelungen der Menschen in ihrer Abhängigkeit von der Gestaltung der Erdoberfläche,* 1841, 淡川康一訳『コールの交通聚落論―産業立地論の源流』雄渾社、1966年
Weber, Alfred, *Über den Standort der Industrien, Erster Teil ,Reine Theorie des Standorts,* 1909, 江澤譲爾監修・日本産業構造研究所訳『工業立地論』大明堂、1966年
Hoover, Edgar M., *Location Theory and the Shoe and Leather Industries,* 1937, 西岡久雄『経済立地論』大明堂、1968年
Lösch, August, *Die räumliche Ordnung der Wirtschaft,* 1962, 篠原泰三訳『レッシュ経済立地論』大明堂、1968年
Isard, Walter, *Methods of Regional Analysis: an Introduction to Regional Science,* 1960, 笹田友三郎訳『地域分析の方法』朝倉書店、1969年
Armstrong, Harvey & Jim Taylor, *Regional Economics and Policy,* second ed., Harvester Wheatsheaf, 1993, 坂下昇監訳・(財)計量計画研究所地域経済学研究会訳『地域経済学と地域政策』流通経済大学出版会、1998年

野口悠紀雄『情報の経済理論』東洋経済新報社、1974年
飯沼光夫・大平号声・増田祐司『情報経済論』有斐閣、1987年
宮澤健一『制度と情報の経済学』有斐閣、1988年
佐々木宏夫『情報の経済学』日本評論社、1991年
河村哲二『制度と組織の経済学』日本評論社、1996年
斎藤精一郎『情報エコノミーの衝撃』日本経済新聞社、1985年
増田米二『原典情報社会』ティビーエス・ブリタニカ、1985年
池上惇『情報化社会の政治経済学』昭和堂、1985年
林周二『日本型の情報社会』東京大学出版会、1987年
梅棹忠夫『情報の文明学』中央公論社、1988年

公文俊平『情報文明論』NTT出版、1994年
今井健一『情報ネットワーク社会』岩波書店、1984年
今井健一・金子郁容『ネットワーク組織論』岩波書店、1989年
遠山暁・小川正博編『ネットワークビジネス型情報システム』日科技連出版社、1996年
涌田宏昭編著『経営情報科学総論』中央経済社、1989年
島田達巳・海老澤栄一編『戦略的情報システム』日科技連出版社、1989年
北川重太郎『経営情報システムの開発と管理』中央経済社、1989年
斎藤璟『戦略情報システム入門』東洋書店、1989年
宮川公男『経営情報システム』中央経済社、1994年
Toffler, Alvin, *The Third Wave*, 1980, 徳山二郎監訳『第三の波』日本放送出版協会、1980年

野口悠紀雄『公共経済学』日本評論社、1982年
奥野信宏『公共経済』東洋経済新報社、1988年
経済企画庁総合計画局編『規制緩和の経済理論』大蔵省印刷局、1989年
常木淳『公共経済学』新世社、1990年
中村太和『民営化の政治経済学』日本経済評論社、1996年
Waterson, Michael, *Regulation of the Firm and Natural Monopoly,* 1988, 木谷直俊・新納克廣訳『企業の規制と自然独占』晃洋書房、1996年
野尻俊明『規制改革と競争政策』白桃書房、1984年
佐々木弘編著『公益事業の多角化戦略』白桃書房、1988年
林　敏彦編『公益事業の規制緩和』東洋経済新報社、1990年
山谷修作編著『現代の規制政策』税務経理協会、1991年
OECD, *Regulatory Reform, Privatisation and Competition Policy,* 1992, 山本哲三・松尾勝訳『規制緩和と民営化』東洋経済新報社、1993年. 同, *Regulatory Co-operation for an Interdependent World,* 1994, 中邨章監訳『規制の国際化』龍星出版、1996年
Dempsey, Paul Stephen and Andrew R. Goetz, *Airline Deregulation and Laissez-Faire Mythology,* 1992, 吉田邦郎・福井直祥・井手口哲生訳『規制緩和の神話—米国航空輸送産業の経験』日本評論社、1996年

参考文献

塩見英治・齊藤　実編著『現代物流システム論』中央経済社、1998年
高橋　望『米国航空規制緩和をめぐる諸議論の展開』白桃書房、1999年
齊藤　実『アメリカ物流改革の構造』白桃書房、1999年
松本　勇『EU共通海運政策と競争法』多賀出版、1999年
中村　徹『EU陸上交通政策の制度的展開』日本経済評論社、2000年
高田邦道『CO_2と交通-TDM戦略からのアプローチ-』交通新聞社、2000年
大久保哲夫・松尾光芳監修、『現代の交通―環境・福祉・市場―』税務経理協会、2000年
川口　満『現代航空政策論』成山堂、2000年
山田浩之編『交通混雑の経済分析-ロード・プライシング研究-』勁草書房、2001年
和平好弘『交通のバリアフリー』成山堂、2002年
戸崎　肇『現代と交通権』学文社、2002年
山内弘隆・竹内健蔵『交通経済学』有斐閣、2002年
坂下　昇・土井正幸『交通経済学』東洋経済新報社、2002年
宮下國生『日本物流業のグローバル競争』千倉書房、2002年
衛藤卓也『交通経済論の展開』千倉書房、2003年

宇沢弘文『地球温暖化を考える』岩波書店、1995年
鷲田豊明『環境と社会経済システム』勁草書房、1996年
石　弘光『環境税とは何か』岩波書店、1999年
牛山　泉『エネルギー工学と社会』放送大学教育振興会、1999年
鷲田豊明『環境評価入門』勁草書房、1999年
原科幸彦『環境アセスメント』放送大学教育振興会、2000年
酒井伸一・森　千里・植田和弘・大塚　直『循環型社会 科学と政策』有斐閣、2000年
飯島伸子・鳥越皓之・他編『環境社会学-環境社会学の視点』有斐閣、2001年
濱田隆士『地球環境科学』放送大学教育振興会、2002年
澤　昭裕・関総一郎編著『地球温暖化問題の再検証』東洋経済新報社、2004年
Weizsäcker, Ernst Ulrich von, *Erdepolitik, Ökologische Realpolitik an der Schwelle zum Jahrhundert der Umwelt,* Wissenschaftliche Buchgesellschaft, Darmstadt, 1990, 宮本憲一・楠田貢典・佐々木 健監訳『地球環境政策』有斐閣、1994年

Turner, R. Kerry, David Pearce and Ian Bateman, *Environmental Economics: An Elementary Introduction,* Harvester Wheatsheaf, 1994, 大沼あゆみ訳『環境経済学入門』東洋経済新報社、2001年

Oberthür, Sebastian and Hermann E. Ott, *The Kyoto Protocol,* Springer Verlag, Berlin,1999, 岩間　徹・磯崎博司監訳『京都議定書-21世紀の国際気候政策-』シュプリンガー・フェアラーク東京、2001年

交通学説史研究会編『交通学説史の研究』成山堂、昭和57年.『同』（そのⅡ）運輸経済研究センター、昭和60年.『同』（そのⅢ）、昭和63年.『同』（そのⅣ）、平成3年
日本交通学会『交通学研究』研究年報
運輸政策研究機構『運輸政策研究』
運輸調査局『運輸と経済』
高速道路調査会『高速道路と自動車』
海事産業研究所『海事産業研究所報』
日本海運集会所『海運』
日本コンテナ協会『コンテナリゼーション』
日本エネルギー経済研究所『エネルギー経済』
日本地域開発センター『地域開発』
流通経済大学物流科学研究所『物流問題研究』
流通経済研究所『流通情報』
流通システム開発センター『流通システム』
情報処理学会『情報処理』
情報科学技術協会『情報の科学と技術』
科学技術振興事業団科学技術情報事業本部『情報管理』
都市問題研究会『都市問題研究』

索　引

[あ行]

アウト・オブ・ポケット・コスト … 85
EU ………………………………… 73
イコール・フッティング論 ………… 289
異種交通システム ……………… 35, 285
位置（場所）の効用 ………………… 3
一貫輸送システム ………………… 33
移動できることの自由 …………… 205
移動の自由 ………………………… 204
インダストリアル・キャリア ……… 13
インフラストラクチュア … 73, 125, 217
迂回過程 …………………………… 46
運送価値説 ……………………… 162
運賃・料金 ……………………… 150
運賃・料金形成の諸因子 ………… 186
運賃・料金形成理論 ……………… 160
運賃・料金弾力性 ………………… 82
運賃・料金の基本的役割 ………… 150
運搬具 …………………………… 32, 128
エネルギー …………………… 37 131
エネルギー循環システム ………… 38
エネルギー変換 …………………… 33
LCA ……………………………… 271
エリア・プライシング論 ………… 243

[か行]

回帰軸 …………………………… 281
回避可能費用 …………………… 132
乖離率 …………………………… 185
価格メカニズム ……………… 118, 150 189
価格理論 ………………………… 160
価値観の多様化 …………………… 18

価値基準 ……………………… 3, 161
価値説 …………………………… 162
価値展開過程 ……………………… 48
可変費 …………………………… 131
下方硬直性 ………………………… 85
環境因子 …………………… 44, 56, 218, 256
環境因子の設定 ………………… 262
「環境」概念 ……………………… 245
環境問題 ……………………… 218, 249
環境問題と交通政策 ……………… 291
環境負荷因子 …………………… 271
間接評価性 ………………………… 42
外部性 …………………………… 159, 191
外部不経済 …………………… 221, 236
基幹産業 ………………………… 16, 224
規制介入 ………………………… 55
規制緩和 …………………… 147, 191, 290
規制業種 ………………………… 145
規制の問題 ……………………… 299
基本的人権 …………………… 157, 203
規模の経済 ……………………… 144
競争的市場 ……………………… 53
共通費 …………………………… 169
共同運送 ………………………… 155
均衡指標 ………………………… 150
技術的条件 ……………………… 66
技術的不可分性 ………… 119, 142, 144
業際化 …………………………… 103
クラブ・システム ……………… 134
経営構造 ………………………… 123
経営の組織形態 ………………… 133
経営論的接近 …………………… 173

313

経験主義的歴史性	192
経済的条件	68
経済の離陸	224
結節機能要素	34, 128
結合市場	115
結合需要	77, 78
結合生産	64, 166
結合費	175
権利保障機構	17
限界生産力	46
限界費用価格形成原理	180
原価計算	51, 154
原初的形態	280
公企業	135
公共経済学	208
公共交通機関	74, 207, 285
公共交通システム	97, 207
公共財	98, 134, 197
公共性	98, 134, 195, 278
公共性課題	195, 206
公共性基準	195
公共投資	223
公共独占	142
公共の利益	207
交差弾力性	87
公私混合型	139
工場制工業	13
公正報酬方式	181
拘束的・垂直的規制関係	53
交通因子	219
交通革命	9
交通過程	28, 71, 214, 282
交通学	27
交通機関のライフサイクル	5
交通経済学	68, 160
交通権	202
交通サービス	26
交通サービス生産・供給システム因子	46
交通サービス生産要素	29
交通サービス生産要素因子	45
交通サービスの質評価	42
交通サービスの生産・供給	62
交通サービスの即時性	26
交通市場	120, 141, 144
交通市場の重層化	77
交通市場への参入	121
交通システム	5, 73
交通システム化資源	263
交通システム形成の諸条件	66
交通システムの形成基軸	73
交通資本	70, 124
交通資本の従属性	122
交通需要	77
交通需要管理	221
交通需要の多様化	102
交通需要の弾力性	80
交通需要マネジメント	232
交通政策の総合性	294
交通政策の任務	275
交通体系の革新	10
交通対象	26
交通対象化資源	263
交通態様	2
交通調整	226
交通投資	222
交通の自由度	19, 204
交通の定義	2
交通の発達	3
交通の不確実性	284

索　引

交通費 …………………… 50, 128, 219	市場形成 …………………… 96, 285
交通費弾力性 …………………… 84	市場対象と範囲 ………………… 113
効用価値学説 …………………… 166	市場の失敗 ………………… 119, 145
国際複合一貫交通システム ……… 73	市場メカニズム …………… 113, 191
国際分業 ………………………… 73	市場論的接近 …………………… 174
国民経済 ………………………… 14	システム形成の方向性 ………… 48
国民国家 ………………………… 14	自然独占 …………………… 144, 191
交通の本質と意義 ……………… 1	質弾力性 ………………………… 86
個別環境 ………………………… 245	私的 ……………………………… 91
個別原価主義 …………………… 154	私的管理 ………………………… 93
個別需要対応性 …………… 94, 230	私的交通システム ……… 91, 229, 285
コモン・キャリア ……………… 10	私的交通の定義 ………………… 90
混雑問題 ………………………… 189	私的システム …………… 48, 75, 276,
コンテスタビリティ理論 ……… 144	シビル・ミニマム ………… 73, 187
コンテナリゼーション ………… 35	資本主義 ………………………… 10
	資本主義的生産様式 …………… 12
［さ行］	資本の回転 ……………………… 45
サービス（用役）……………… 27	資本の有機的構成 ……………… 130
最小生産能力 …………………… 224	市民社会 ………………… 12, 72, 228
差別運賃・料金 ………………… 164	社会科学 ………………………… 1
差別化 ………………… 55, 108, 164	社会活動の地域性 ……………… 214
差別化因子 ……………………… 76	社会関係因子 …………………… 218
産業育成政策 …………………… 139	社会資本 ………………………… 135
産業革命 ………………………… 10	社会的間接投資 ………………… 11
サンク・コスト ………………… 147	社会的規制力 …………………… 51
参入・退出の自由度 ……… 76, 147	社会的基礎施設 ………… 157, 224
資源因子 ………………………… 217	社会的共通性 …………………… 195
資源還元性 ………………… 249, 250	社会的厚生 ………………… 113, 287
資源の稀少性 …………………… 68	社会的費用 ………………… 201, 298
資源の適性配分 ………………… 158	社会的分業 ……………………… 9
資源の有効利用 ……… 120, 158, 287	社会の自由度 …………………… 205
資源費用 …………… 261, 263, 268	集積効果 ………………………… 222
資源費用的認識 ………………… 266	集積の利益 ………………… 216, 236
資源費用の意味 ………………… 264	主導的役割 ………………… 22, 74
市場機構 ………………………… 174	所得弾力性 ……………………… 85

所得の再分配機能	158	情報有意化	23
時間因子	44	人・キロメートル	189
時間因子系	189	垂直的結合需要	78
時間価値	45	水平的規制関係	53
時間による結合	66	水平的結合需要	78
次善の問題	121	政策的運賃・料金	179
持続的成長	22, 224	政策論的接近	178
持続的発展	245, 249	生産性・収益性	62
自動調節能力	241	生産費	170
需・給量条件	43	生産要素市場	115, 124, 143, 288
充足需要量	43, 172	政治的運賃・料金	179
重力モデル	37	成長インパクト	22
需要主導的システム化	13	制度因子	51
需要論的接近	177	制度的条件	72
循環型社会システム	249, 254	セカンド・ベスト理論	183
準公共財	134	先行投資	16, 62
準備経営	209	潜在需要	43
準備産業	46	前方・後方連関効果	224
情報	21, 38, 132, 283	ソーシャル・ミニマム	98, 159
情報・情報化の経済	222	総括原価	181
情報・情報関連産業	24, 103	総合原価主義	153
情報依存型社会	21	総合交通体系	15
情報迂回距離	24	総合交通体系論	295
情報化社会	21, 101, 188, 282	総合性の問題	294
情報化社会の離陸	101	双方向型情報交通	24
情報化の経済	40, 103, 104	即時財	27, 42
情報化率	103	即時財条件	43
情報完結型経済活動	104	組織	56
情報企業型	123		
情報結合	38, 67	[た行]	
情報主導型	101	Taussig, F.W	166
情報代替化	104	ターミナル	35, 128
情報ネットワーク	24, 108, 133	多角化	56
情報の一元化	238	他人輸送	49
情報ミックス	24	短期限界費用	180

索　引

代意手段 …………………… 103, 188	二元構造 …………………………… 48
大航海時代 ……………………………… 8	二重の結合需要 …………………… 78
第三級の独占条件 ………………… 169	ネットワーク・システム ……… 108
第三セクター ……………………… 125	ネットワーク化 …………… 107, 222
代替性 …………………………… 81, 88	ネットワーク社会 ………………… 222
代替の弾力性 ……………………… 81	ネットワークの経済 ……………… 106
代替流通 …………………………… 96	
脱工業化社会 ……………………… 22	[は行]
弾性値（弾性係数）……………… 80	排他的権利 …………………………… 75
地域 ………………………………… 214	排他的支配 …………………………… 91
地域環境 …………………………… 245	波及効果 …………………… 22, 224
地域間分業 ………………………… 216	派生需要 …………………………… 79
地域交通 …………………………… 235	範囲の経済 ………………… 108, 144
地域社会 …………………………… 220	場所（位置）因子 ………………… 44
地域政策 …………………………… 235	場所因子系 ………………………… 189
地球温暖化 ………………………… 257	パブリック・キャリア ………… 207
地球環境 …………………………… 245	パラダイム ………… 51, 226, 275
地球外環境 ………………………… 246	パレチゼーション ………………… 33
中間財 ……………………………… 46	バイオハザード ………………… 248
長期限界費用 ……………………… 180	非競合性 …………………………… 134
調整政策 …………………………… 276	罷業行動 …………………………… 130
調整の問題 ………………………… 296	非排除性 …………………………… 134
通路 ………………………… 30, 127	評価因子 …………………………… 44
トン・キロメートル …………… 189	評価の流動性 ……………………… 43
積上げ方式 ………………………… 181	費用・便益分析 …………………… 44
ＴＤＭ ……………………………… 233	費用因子 …………………… 50, 219
ＴＤＭの手法 …………………… 236	費用基準 …………………………… 170
鉄道型離陸経済 ………………… 225	費用最小化指向性 ……………… 220
鉄道経済 …………………………… 176	費用特性 …………………………… 127
同盟的組織 ………………………… 108	費用認識 …………………………… 69
動力 ………………………… 33, 128	費用配分 …………………… 154, 166
動力装置 …………………………… 33	費用論争 …………………………… 166
独占 ………………………………… 141	ピーク・ロード・プライシング ……………………………………231, 243
[な行]	ピグー・タウシッグ論争 ……… 166

317

Pigou, A.C. ……………………… 166
複合一貫輸送 ………………… 78
複合需要 ……………………… 78
複合生産の経済 ……………… 64
複合生産物 …………………… 65
不使用能力 …………… 63, 122, 286
負担力 ………………… 81, 162
負担力主義運賃・料金 ……… 162
不特定多数の需要 …………… 208
フル・コスト ………………… 154
フロンティア史 ……………… 215
物的流通 ……………………… 109
物流システム ………………… 33
物流センター ………………… 36
Bradford, D.F. ………………… 183
分解・重層化 ………… 124, 190
分解型経営 …………………… 190
分業 ……………………… 40, 49
プレッシャー・グループ …… 179
平均費用価格形成原理 ……… 180
変動費 ………………………… 131
Baumol, W.J. ………… 145, 183
Boiteux, N. …………………… 183
封建制社会 …………………… 72
方向による結合 ……………… 66
法則性 ……………………… 1, 50
Hotelling, H. ………………… 182
本源需要 ……………………… 79

[ま行]

マーク・アップ方式 ……… 175, 181
マーチャント・キャリア ……… 8
自らの交通需要 ……… 90, 94
Mill, J.S. ……………………… 167
無形財 ………………………… 28

[や行]

要素別供給システム ………… 63
要素別経営 …………………… 125

[ら行]

ラムゼイ・ナンバー ………… 185
ラムゼイ価格 ………………… 183
Ramsey, F.P. ………………… 183
リスク・マネジメント ……… 284
立地の選択 …………………… 217
立地論 ………………………… 219
ルネサンス …………………… 10
連結の経済 …………………… 107
ロード・プライシング … 231, 243
労使関係 ……………… 41, 130
労働過程 ……………… 28, 40
労働集約性 …………………… 41
労働対象 ……………………… 40
労働力 ………………… 40, 129
ロジスティクス ……………… 109

〈著者略歴〉

生田　保夫（いくた　やすお）

1943年　東京都滝野川区に生まれる
1967年　明治大学商学部卒業
1972年　明治大学大学院商学研究科博士課程修了
1978年　商学博士
現　在　流通経済大学経済学部教授（交通論担当）

[改訂版] 交通学の視点

発行日	2004年5月10日　初版発行	
	2009年6月1日　第3刷発行	
著者	生田　保夫	
発行者	佐伯　弘治	
発行所	流通経済大学出版会	
	〒301-8555　茨城県竜ヶ崎市120	
	電話　0297-64-0001　FAX　0297-64-0011	

ⓒ Y.Ikuta 2004　　　　　　Printed in Japan／アベル社
ISBN4-947553-32-4 C3033 ￥3500E